Subalternidade e opressão sociorracial

FUNDAÇÃO EDITORA DA UNESP

Presidente do Conselho Curador
Mário Sérgio Vasconcelos

Diretor-Presidente / Publisher
Jézio Hernani Bomfim Gutierre

Superintendente Administrativo e Financeiro
William de Souza Agostinho

Conselho Editorial Acadêmico
Danilo Rothberg
Luis Fernando Ayerbe
Marcelo Takeshi Yamashita
Maria Cristina Pereira Lima
Milton Terumitsu Sogabe
Newton La Scala Júnior
Pedro Angelo Pagni
Renata Junqueira de Souza
Sandra Aparecida Ferreira
Valéria dos Santos Guimarães

Editores-Adjuntos
Anderson Nobara
Leandro Rodrigues

COMISSÃO EDITORIAL DE COLEÇÕES E LIVROS DA SBHE
Carlota Boto
Gizele de Souza

Coleção
DIÁLOGOS EM HISTÓRIA DA EDUCAÇÃO

CYNTHIA GREIVE VEIGA

SUBALTERNIDADE E OPRESSÃO SOCIORRACIAL

QUESTÕES PARA A HISTORIOGRAFIA DA EDUCAÇÃO LATINO-AMERICANA

PREFÁCIO
Rosa Fátima de Souza Chaloba

© 2022 Editora Unesp

Direitos de publicação reservados à:
Fundação Editora da Unesp (FEU)
Praça da Sé, 108
01001-900 – São Paulo – SP
Tel.: (0xx11) 3242-7171
Fax: (0xx11) 3242-7172
www.editoraunesp.com.br
www.livrariaunesp.com.br
atendimento.editora@unesp.br

Dados Internacionais de Catalogação na Publicação (CIP) de acordo com ISBD
Elaborado por Vagner Rodolfo da Silva – CRB-8/9410

V426s
    Veiga, Cynthia Greive
       Subalternidade e opressão sociorracial: questões para a historiografia da educação latino-americana / Cynthia Greive Veiga. – Prefácio de Rosa Fátima de Souza Chaloba – São Paulo: Editora Unesp / SBHE, 2022. [Coleção Diálogos em História da Educação].

       Inclui bibliografia.
       ISBN: 978-65-5711-080-5

       1. Educação.   2. Educação latino-americana.   3. Historiografia. I. Título.

2021-3089   CDD 370
                                                                                  CDU 37

Editora afiliada:

Asociación de Editoriales Universitarias de América Latina y el Caribe

Associação Brasileira de Editoras Universitárias

A escrita deste livro só foi possível pela acolhida do professor Marcelo Caruso, da Humboldt-Universität, que me apresentou o Ibero-Amerikanisches Institut (IAI), localizado em Berlim. Essa instituição possui um acervo riquíssimo de obras, periódicos, mapas etc. da América Latina, e lá fui recebida, com muita cordialidade, pela curadora da coleção "Revistas Culturais", Dra. Ricarda Müsser, e pelos funcionários da biblioteca.

No fundo do mato-virgem nasceu Macunaíma, herói da nossa gente. Era preto retinto e filho do medo da noite. Houve um momento em que o silêncio foi tão grande escutando o murmurejo do Uraricoera, que a índia tapanhumas pariu uma criança feia. Essa criança é que chamaram de Macunaíma. Já na meninice fez coisas de sarapantar. De primeiro passou mais de seis anos não falando. Si o incitavam a falar exclamava: – Ai! que preguiça!... e não dizia mais nada.
(Andrade, 2019, p.21)

Sumário

Prefácio   11
Introdução   15

1 Subalternidade e inferiorização étnico-racial: da subalternidade colonial à subalternidade nacional   43
 1.1. Subalternidade como categoria de análise   45
 1.2. Processos de organização nacional e a inferiorização étnico-racial – a problemática da epiderme na formação das identidades   85

2 A "estética da falta" como fator de opressão sociorracial   123
 2.1. Organização das nações: para que servem os afrodescendentes e os povos indígenas? A invisibilização como estratégia política   130
 2.2. Ciência e inferiorização racial   159
 2.3. A falta da cor branca – estigmatização e evitação social   188

3 Educar as cores pela escola: desigualdade escolar e institucionalização de infâncias subalternas e inferiores   237
 3.1. Educação para todos: escola/educação desigual   248

3.2. As políticas das desigualdades na difusão da instrução
    elementar   275

Conclusão   339

Referências bibliográficas   347

Prefácio

Apresentar aos leitores este primeiro volume da *Coleção Diálogos em História da Educação* é tarefa honrosa e ao mesmo tempo desafiadora, pois este livro de Cynthia Greive Veiga constitui, sem dúvida, um marco na historiografia da educação latino-americana, não somente por abordar uma temática crucial para o entendimento das nossas sociedades, mas pela abordagem utilizada pela autora e pelas reflexões instigantes que o livro provoca.

Ao interrogar os processos de subalternização e opressão sociorracial a que foi submetida boa parte das populações da América Latina, especialmente as pessoas negras, mestiças e indígenas, desde o processo de colonização, a autora põe em discussão a construção histórica das desigualdades na região. Portanto, a atualidade do tema não poderia ser mais oportuna quando vemos emergir nos últimos anos, em vários países, particularmente no Brasil, ondas de regressão conservadora, agravadas no transcurso da pandemia de Covid-19, ameaçando a democracia e os avanços nos direitos de cidadania arduamente conquistados.

Trata-se de uma obra de maturidade da autora, cuja trajetória intelectual vem, há vários anos, tratando de questões relacionadas ao processo civilizador e à subalternização da infância. A originalidade deste livro se encontra em uma dupla incursão inovadora, e, por que não dizer, ousada e corajosa, tendo em vista as práticas ordinárias presentes na área da história da educação, marcada pela fragmentação temática e o regionalismo: por um lado, o recorte temporal e espacial abrangente, abarcando a América Latina no contexto da colonização/colonialidade e da constituição dos estados nacionais; por outro lado, o paradigma analítico adotado, que articula duas perspectivas teóricas mobilizadas com maestria – os campos conceituais desenvolvidos por Norbert Elias (conceitos de interdependência, figuração, equilíbrio de poder e estigmatização) e a análise da colonialidade/decolonialidade e da noção de divisão racial do trabalho de Aníbal Quijano.

É justamente essa perspectiva teórica potente que mais surpreende na leitura do livro, pois demarca novas possibilidades para a investigação histórica em educação. A obra conclama e instiga a escrita de uma história da educação latino-americana com ênfase na colonialidade do saber e nos processos de estigmatização, chamando atenção para a necessidade de se romper com os modelos eurocêntricos de escola, educação e infância.

Nesse sentido, o livro alerta para as diferenças na imposição da escola pública universal na Europa e na América Latina, uma vez que, aqui, a educação escolar desempenhou papel relevante na integração das populações negras, indígenas e mestiças na dinâmica capitalista da divisão racial do trabalho.

Em cada um dos três capítulos, o leitor encontrará resultados de uma pesquisa rigorosa com base em abundante argumentação empírica capaz de desconcertar e até mesmo confrontar interpretações instituídas. No que diz respeito à educação, os questionamentos provocativos propostos pela autora suscitam a reflexão ao longo de todo o livro: "O que dizer da escolarização? Da proposição de uma escola universal, com fins civilizadores de homogeneizar costumes, hábitos, sensibilidades e crenças?". O convite para perscrutar como a educação participou dos processos de subalternização e opressão sociorracial se impõe como fronteira a ser explorada.

Desde o início, chama a atenção o exame da subalternidade. Valendo-se de diversas fontes documentais de diferentes países latino-americanos, a autora examina as ações de subalternização e inferiorização realizadas de forma a apresentar as pessoas negras, mestiças e indígenas como bárbaras e incapazes para os padrões ditos civilizados. Na mesma direção, evidencia como os discursos de formação das nações também contribuíram para consolidar a hierarquia racial e como as discussões sobre raça, mestiçagem e branqueamento se tornaram questões de governo das populações.

Com muita acuidade, a autora conduz o leitor para a problematização da "estética da falta" como fator de opressão sociorracial, analisando os discursos depreciadores de costumes e hábitos das populações afrodescendentes e indígenas como estratégia de segregação racial, de inferiorização e de entendimento desses grupos como problema social, além de sua consequente responsabilização pelo atraso e pelos problemas nacionais. Muito interessantes são as reflexões a respeito de como a ciência contribuiu para a inferiorização racial. Neste particular, sobressai o meticuloso exame da eugenia e das ideias de vários cientistas, em diferentes países, que propugnaram a diferenciação racial como critério de hierarquização e desqualificação de afrodescendentes e indígenas, afirmando a mestiçagem como degeneração das raças.

E, de modo incisivo e muito intrigante, o livro interpela a estigmatização pondo em evidência, por meio de inúmeras imagens, representações das crianças negras, mestiças e indígenas veiculadas em revistas, livros e desenhos em quadrinhos reiterativas de preconceitos e discriminações. A força interpretativa dessas imagens desestabiliza a indiferença.

O mesmo se pode dizer em relação à difusão da escolarização pública e universal. Tão acostumados estamos a tomar como naturalizado o valor intrínseco da educação escolar que pouco nos atemos aos modos pelos quais os sistemas estatais de ensino contribuíram com os processos de inferiorização e opressão sociorracial. A reflexão proposta neste livro é, portanto, inquietante e necessária. Pautando--se nos limites da interpretação eurocêntrica da produção da escola pública, o leitor é convidado a refletir sobre a divisão sociorracial da educação e sobre as desigualdades escolares implicadas na oferta de oportunidades de escolarização e nas práticas pedagógicas difusoras de padrões de inferiorização de crianças negras, mestiças e indígenas.

A leitura deste livro me fez lembrar outro texto clássico sobre opressão, *O discurso da servidão voluntária*, de Étienne de la Boétie, escrito no século XVI. Nesse libelo à liberdade, o autor, a certa altura, afirma: "Todas as coisas que têm sentimento sentem a dor da sujeição e suspiram pela liberdade...". Sob vários aspectos, *Subalternidade e opressão sociorracial* é um livro que sensibiliza e nos mobiliza para o clamor de todos aqueles que sofrem a violência e as injustiças intrínsecas aos processos de hierarquização e opressão social. A propósito, é sempre bom lembrar que não estamos falando de uma minoria, mas de centenas de milhares de pessoas submetidas aos processos de subalternização em toda a América Latina. Pode-se dizer, dessa maneira, que este livro aborda uma questão humanitária e política de primeira grandeza, o que se constitui em um de seus maiores méritos.

Por todas as razões assinaladas anteriormente, a leitura deste livro se torna uma referência incontornável na formação de educadores e historiadores de todos os matizes. Trata-se de uma obra inspiradora, que suscita reflexões profundas sobre a configuração das sociedades latino-americanas no passado e no presente. Um trabalho de fundamental interesse não só para os historiadores da educação, mas para todos os educadores latino-americanos e para aqueles que se preocupam com o interesse público e republicano relacionado à democracia, dado que a opressão sociorracial praticada dentro e fora das escolas constitui um dos problemas mais prementes da atualidade.

Se há algo mais a salientar é o significado emblemático e acadêmico da publicação deste livro pela Editora Unesp, fruto de um projeto editorial colaborativo com a Sociedade Brasileira de História da Educação e entretecido pelo compromisso com a difusão do conhecimento e a promoção do debate intelectual.

Rosa Fátima de Souza Chaloba
Araraquara (SP), fevereiro sombrio de 2022,
em meio à tragédia humanitária de mais
de 632 mil mortos pela Covid-19 no Brasil

Introdução

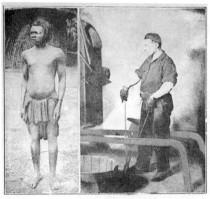

Qual desses cidadãos vocês preferem? O negócio do governo é melhorar a qualidade dos cidadãos. O negócio do industrial é melhorar a qualidade e o aspecto de seu produto. Se o industrial acredita que seu produto é bom, deve etiquetá-lo devidamente. Nós produzimos boas etiquetas. É nosso negócio. (*Sucesos*, 1921)

As imagens e o texto que compõem o folheto da propaganda de uma gráfica localizada nas cidades de Valparaíso e Santiago, no Chile, são impactantes. A disposição das imagens sugere uma comparação entre pessoas providas de humanidades distintas, e a pergunta "Qual desses cidadãos vocês preferem?" confirma isso. Este livro se propõe a refletir sobre a história dessa pergunta.

Sua origem remete à longa duração do processo civilizador/colonizador, quando, desde o final do século XV, no contexto das viagens ultramarinas do Atlântico, delinearam-se profundas alterações nas dinâmicas políticas, sociais e econômicas da organização dos povos. Essa história global conta as vidas de pessoas que tiveram suas terras invadidas e foram escravizadas, subjugadas e oprimidas, mas também fala da formação de ricas cortes e impérios, constituídos numa dinâmica social que transformou o trabalho e a terra em mercadorias. Nesse novo sistema econômico, as pessoas e suas identidades foram submetidas à lógica da economia de mercado. Portanto, essa é uma história de negócios e etiquetas.

Os negócios da colonização favoreceram amplamente a formação das sociedades de corte europeia e a produção de etiquetas como distinção, introduzindo uma prática social em que a regulação dos diversos grupamentos humanos se fez pela rotulação de seus comportamentos. Ao longo desse processo, na mesma conjuntura, os povos indígenas e africanos, escravizados e subjugados, receberam outras etiquetas, desqualificadoras de sua humanidade (tais como "bárbaros", "selvagens" e "primitivos"), mas também indicadoras de sua resistência por não se subordinarem à nova condição ("preguiçosos", "lascivos", "indolentes", "viciosos" etc.). Com a institucionalização da escolarização, outros epítetos surgiram: "analfabeto", "ignorante" e "débil", por exemplo.

Assim sendo, para contar a história da pergunta "Qual desses cidadãos vocês preferem?", é preciso indagar sobre os processos de subalternização e opressão sociorracial a que foram submetidas as pessoas negras, mestiças e indígenas, categorizações na verdade fictícias, produzidas no âmbito das dinâmicas colonizadoras da América desde o século XVI, ou, no entendimento de Walter Mignolo (2008), identidades que foram alocadas. Meu pressuposto é o de que esse debate é fundamental para a investigação da história da educação na América Latina, especialmente no contexto em que se ampliaram as discussões relativas à necessidade de expansão da escolarização como projeto de homogeneização cultural das populações nos séculos XIX e XX.

Três ideias se entrelaçam nesse debate, a saber: raça, eurocentrismo e América Latina. Tal como elaborada no contexto da colonização, a ideia de raça se apresentou como inovação frente à tradição de defini-la como casta ou linhagem, pois as "raças" passaram a ser distinguidas principalmente pela cor da pele e por traços fenotípicos. Destaca-se que, desde então, a identificação de pessoas como pertencentes à raça negra, mestiça ou indígena se disseminou com cada vez maior vigor. De acordo com Quijano (2005), essa nova construção mental expressa as experiências de dominação colonial constituídas por relações raciais de poder, fundadas em diferenças pseudobiológicas que visavam legitimar a suposta superioridade do colonizador frente ao colonizado. Nessa nova perspectiva de dominação, aqueles nomeados como pertencentes às raças negra, mestiça e indígena foram identificados como um grupo humano inferior em relação aos colonizadores, categorizados como brancos ("raça caucasiana"), estabelecendo uma balança de poder extremamente desequilibrada. A história da colonização e mesmo do período pós-independência, como veremos, revela esforços incessantes para a manutenção desse desequilíbrio, o que pode ser verificado nas mais diferentes ações: desintegração territorial e desqualificação dos modos de vida das populações originárias e africanas; escravização; e produção de estigmatizações e desigualdade no acesso à educação, entre muitas outras.

É certo que, sem a dominação e subjugação dos povos nativos ou indígenas e sem a mercantilização dos corpos africanos e a sujeição do "povo negro", não teriam sido possíveis a ocupação e exploração das terras americanas e, portanto, o enriquecimento e empoderamento das cortes absolutistas europeias.[1] Assim, a prática de

---

[1] Observa-se que, no período, a América não foi o único território da expansão da Europa ocidental. Nesse contexto, a Espanha obteve o domínio das Filipinas; Portugal se apoderou de vários pontos da China, da Índia e de ilhas meridionais; os holandeses, das Índias orientais; e os dinamarqueses, de ilhas do Caribe. Inglaterra e França disputaram também a Índia; contudo, de acordo com Harry Shapiro (1970), devido ao fato de serem regiões mais povoadas, a colonização desses territórios nunca tomou as proporções da América.

associação entre a "raça" e a posição dos sujeitos na nova ordem econômica instituiu, segundo Quijano (2005), uma sistemática divisão racial do trabalho. Por outro lado, ao se estabelecer como fonte legitimadora das relações de dominação e poder, a categoria raça deu origem ao racismo, pois implicou também a inferiorização e desqualificação dos costumes, das línguas, dos valores e dos saberes dos povos dominados, pela imposição de modelos sociais, culturais e estéticos europeus, fontes do eurocentrismo.

Já a ideia de América Latina, surgida no período pós-independências, traduziu a tentativa de invisibilizar os processos de subalternização/destruição dos povos negros, mestiços e indígenas, ao instituir a "raça latina", e, por outro lado, favoreceu a estigmatização do "povo latino" como inferior à população da América anglo-saxônica. Esse é um tema sempre instigante, pois se trata de um conceito, e não de um espaço geográfico, o qual, ademais, está em permanente construção, pois se vincula à identidade, ou à busca de uma identidade. Vários autores escreveram sobre a temática, no sentido de interrogar a ideia de América e a de América Latina. Tal temática, como propõe Walter Mignolo (2005), pode ser pensada sob duas perspectivas, a da modernidade eurocêntrica e a da colonialidade.

Na primeira, o quarto continente é interpretado como expansão do continente europeu; sua existência só se tornou possível com a chegada dos europeus, com o "descobrimento". Desse modo, povos como os kuhikugo, tuxanas, aruaques, tupis, guaranis, os habitantes dos impérios Inca, Asteca e Maia e tantos outros grupamentos humanos que habitavam essas terras, incluindo os povos africanos transportados, foram tomados como povos sem história. Já a perspectiva da colonialidade denuncia o colonialismo e permite interrogar sobre o apagamento da existência de outras dinâmicas de sociedade para dar lugar à imposição do modelo eurocêntrico, o que, consequentemente, fundamentou a produção dos argumentos de hierarquia racial e inferioridade dos povos colonizados. A ideia de América como apêndice da Europa é uma construção narrativa que expressa as dinâmicas do poder colonial europeu. A extraordinária diversidade dos povos nativos de toda a América se fez totalmente invisibilizada pela identidade distorcida de "índios" ou "indígenas", tendo o mesmo acontecido em relação à origem étnica dos grupos africanos aqui transplantados, chamados todos de negros.

O nome "América", de acordo com Toby Lester (2012), apareceu pela primeira vez em um mapa do geógrafo alemão Martin Waldseemüller de 1507, como homenagem ao mercador italiano Américo Vespúcio, que, numa certa versão, teria chegado à região antes de Colombo. Em seu texto, Waldseemüller justifica a grafia no gênero feminino para acompanhar o gênero dos nomes dados às outras três partes do mundo: África, Ásia e Europa. Lester (2012) chama atenção para o fato de que, no mapa de Waldseemüller, a região nomeada América nada tinha a ver com o que hoje se chama coloquialmente de América, ou seja, os Estados Unidos, representando, na verdade, a América do Sul.

Por sua vez, a noção de americano, a princípio, não representava as elites descendentes dos grupos colonizadores, o que ocorreu somente no século XIX, quando também surgiu o nome "América Latina". Essa denominação para a região foi acompanhada de outras, tais como "Hispano-América" e "Ibero-América", mas o nome "América Latina" foi o que se fixou, em meio a muitas controvérsias étnico-raciais. Ressalta-se que as elites brasileiras pouco se reconheciam nessas nomeações e que raros foram os autores que incluíram os povos negros, mestiços e indígenas na discussão da identidade/denominação do território. Entre aqueles que o fizeram, destaco Víctor Raúl Haya de la Torre, que publicou, em 1928, *A donde va Indoamérica?* e apresentou o conceito de "Indo-América", em substituição ao de América Latina; outro autor, José Carlos Mariátegui (1894-1930), elaborou a ideia de "América Indo-Ibérica" (Bethell, 2009, p.300).

Os debates sobre qual nome melhor definiria o território da América do Sul foram politicamente estratégicos e foram marcados por vários conflitos. De acordo com Arturo Ardao (1980), nos anos iniciais do século XIX, de um modo geral, as elites *criollas*[2] colocaram em questão a urgência de se emanciparem das metrópoles, além dos avanços imperialistas dos Estados Unidos, cujo lema "A América para os americanos", da Doutrina Monroe (1823), fora direcionado não somente aos europeus, mas também à demarcação das intenções intervencionistas dos estadunidenses. Ardao (1980) destaca ainda que, no mesmo contexto, o nome "América" passou a localizar os Estados Unidos, cujos habitantes logo se autonomearam "americanos", enquanto a ideia de hispano-americanismo alimentava a tentativa de afirmar uma identidade inferior, comum às ex-colônias espanholas, diferenciando essa população dos americanos do norte, o que pode ser mais evidenciado quando da formulação do termo "América Latina".

Vários autores discutem a origem do nome e, em geral, concordam com a tese de John Leddy Phelan (1993) de que o conceito de América Latina é de procedência francesa, a partir do entendimento do mundo dividido em três "raças" (latinos, eslavos e anglo-saxões), lideradas por França, Rússia e Inglaterra, respectivamente (Beired, 2014, p.634). Nessa perspectiva, um grupo de intelectuais desenvolveu o conceito de "panlatinismo", pautado pela afirmação da existência de uma unidade religiosa católica e linguística entre França, Bélgica, Espanha, Portugal, Itália e Romênia. A justificativa ideológica da liderança da França no panlatinismo foi elaborada por Michel Chevalier (1806-1879), conselheiro de Napoleão III, para justificar as investidas imperialistas da França no México, contra os interesses dos Estados Unidos na região. Vários intelectuais da América, incluindo francófilos que moravam na França, aderiram ao panlatinismo (ibidem).

Contudo, a ideia adjetivada do termo "latino", presente no debate francês, ganha outra dimensão na pena do colombiano Torres

---

2 *Criollo* era a denominação usada para os descendentes de espanhóis nascidos na América espanhola; já na América portuguesa, a palavra "crioulo" designava os escravos nascidos no Brasil (Tostes, 2010), se fixando posteriormente como epíteto pejorativo de pessoas da cor preta.

Caicedo (1830-1889), que apresentou a expressão "América Latina" como substantivo composto, na contraposição ao nome "América saxônica". De acordo com Ardao (1980), a expressão aparece de modo substantivado pela primeira vez no poema "Las dos Américas", publicado em Paris em 1856:

> Mas isolados eles estão, desunidos,
> Esses povos nascidos para se aliar:
> A união é seu dever, sua lei a de se amar:
> A mesma origem e missão têm;
> *A raça da América Latina,*
> *Na frente tem a saxônica raça,*
> *Inimiga mortal que já ameaça*
> *Sua liberdade e seu pendão destruir.*[3]
> (apud Ardao, 1980, p.182, grifo nosso)

De qualquer modo, nessa conjuntura, desenvolveram-se intensos debates sobre a interpretação da América Latina, envolvendo disputas de Estados Unidos, Espanha e França pela liderança da região. A querela da denominação se assentou, ainda, na elaboração da suposta inferioridade da "raça latina" frente à "raça anglo-saxônica" com variações no período, sendo que, após a Primeira Guerra Mundial (1914-1918), a disputa entre o hispanismo e o latinismo se radicalizou, com o crescimento do pan-americanismo, capitaneado pelos Estados Unidos (Beired, 2014). De acordo com interesses econômicos e/ou culturais, os hispanistas se posicionavam contra o americanismo (anglo-saxão) e o latinismo; e os latinistas contra os hispanistas; já outros grupos eram francamente a favor do pan-americanismo sob a liderança dos Estados Unidos. Foi em meio a esses embates que, no início do século XX, o conceito de América Latina tomou forma, principalmente pela usurpação do nome de América pelos Estados Unidos, instituindo a identidade de "americano" como marca de superioridade racial.

---

3 As citações de textos escritos originalmente em espanhol foram traduzidas ao português por Julieta Sueldo Boedo.

O hispanismo expressava o desejo de aproximação entre a Espanha e as ex-colônias após as guerras de independência e se justificava pelo enaltecimento de vínculos em comum (religião, língua e costumes) e a intenção de firmar novas relações comerciais. A campanha pela união hispano-americana foi propagandeada em várias revistas e periódicos, com forte argumentação centrada na união hispânica contra os Estados Unidos, tendo como ápice a fundação da União Ibero-Americana em Madri, em 1885. De acordo com Beired (2014), ainda nesse período, as expressões "latino", "latino-americano" e "raça latina" eram genericamente usadas tanto por hispanistas quanto por latinistas, embora os primeiros tenham começado a fazer alguns questionamentos, devido à crescente intervenção cultural da França na região, por meio de várias ações de intercâmbio.

Contudo, foi durante o conflito hispano-americano de 1898, quando o governo dos Estados Unidos interferiu na guerra de independência de Cuba, que os grupos identificados com o hispanismo e contra os "saxões" ganharam mais visibilidade, por meio da imprensa ou de protestos de rua. Mónica Quijada (1997) destaca que esse evento deu ampla visibilidade à questão, no que ela chamou de visão racializada da guerra:

> Verdade é que na América a dicotomia "hispânico" e "saxão" também incorporava outro tipo de referências raciais, uma vez que a primeira era considerada uma "raça misturada" com elementos indígenas e africanos. Mas a matriz de significado não variava, pois se entendia que a resistência ao "cruzamento" com "raças inferiores" praticada pelos anglo-saxões era mais um indício de superioridade em relação aos "hispânicos". De fato, essa convicção vinha desempenhando um papel importante nas relações dos Estados Unidos com seus vizinhos do sul, na medida em que era utilizada por eles para legitimar ações como a expansão daquele país sobre territórios mexicanos. (Quijada, 1997, p.597)

Portanto, o evento alimentou ainda mais o antiamericanismo e a relativização quanto à superioridade anglo-saxônica. Entre outros autores, destaca-se o escritor uruguaio José Enrique Rodó (1871-1917), que, especialmente em *Ariel* (1900), argumentava que ambas as raças possuíam defeitos e qualidades. Partindo da prosperidade dos Estados Unidos, afirma que os latino-americanos deveriam mirar nesse exemplo, mas não por pura imitação, de modo a sacrificar suas origens (Rodó, 2003). Nesse imbróglio, os governos do Chile e da Argentina anunciaram postura neutra no conflito, tendo em vista seus interesses econômicos e militares na parceria com os EUA (Quijada, 1997).

Do outro lado do mundo, autores europeus publicavam obras que destacavam a inferioridade da raça latina e da América do Sul em relação à raça anglo-saxônica, essencialmente devido à mestiçagem. Como exemplos destacam-se as obras dos franceses Edmond Demolins (1852-1907) – *À quoi tient la supériorité des Anglo-Saxons?* (1897) – e Léon Bazalgette (1873-1928) – *Le problème de l'avenir latin* (1903). Na mesma conjuntura, alguns grupos de intelectuais portugueses aderiram à causa iberista/hispanista, entre eles Almeida Garrett (1799-1854), Antero de Quental (1842-1891) e Sebastião de Magalhães (1850-1928), que, junto a alguns republicanos espanhóis, defendiam a organização de uma federação ibérica – a América Hispano-Portuguesa. Em 1848, foi fundado em Paris o Clube Ibérico, reunindo portugueses e espanhóis democratas (Beired, 2014).

Após a Primeira Guerra, com a França liderando a Europa, iniciou-se uma disputa acirrada entre tendências, pois os espanhóis fomentaram debates patrióticos pela união hispano-americana, o que culminou com a celebração, pela primeira vez, da Fiesta de la Raza, no dia 12 de outubro de 1914, feriado nacional na Espanha e na maioria dos países latino-americanos. Destaca-se que a questão também esteve presente nos meios acadêmicos; dois congressos de história e geografia, realizados nos anos de 1914 e 1921, os termos "América Hispânica" e "Hispano-América" foram unanimemente usados para se referir ao território da América do Sul. Uma das resoluções do congresso de 1921 "determinava a utilização da qualificação hispano para todos os assuntos que tivessem referência a temas e fatos comuns à Espanha, Portugal, América Espanhola e Portuguesa" (Beired, 2014, p.640).

Mas essa determinação também havia aparecido um ano antes, com a fundação da revista argentina *América Hispana*, em 1920, com o propósito de defender a tendência hispânica. No editorial encontramos o seguinte apelo:

> A direção da "América Hispana" convida os Diretores de Jornais, Revistas e Publicações de qualquer tipo, da América, a substituir o falso termo "América Latina" pelo exato e justo termo "América Hispânica". (*América Hispana*, 1920, p.6)

O artigo "¡Hispanos, no latinos!", escrito pelo espanhol Miguel de Zárraga, elenca vários motivos para aderir à causa. O texto reitera uma solicitação do cônsul da Colômbia em Barcelona, para que fosse substituído em documentos, correspondências e discursos diplomáticos "o inexato termo 'América Latina' *e com ele todos seus derivados* pelo exato 'América Hispânica'" (ibidem, p.18).

Vários foram os argumentos elencados. Por que hispano? O autor alegava ser a Espanha o berço do continente americano, uma vez que seus agentes foram os descobridores, colonizadores e civilizadores do "novo mundo". Curioso que Zárraga introduzia também o Brasil na definição, sob o argumento de serem os espanhóis e portugueses povos hispânicos, lembrando que Portugal era integrante da Península Ibérica, e, portanto, a América hispânica compreendia os territórios colonizados por espanhóis e portugueses, disseminadores da civilização e dos dois idiomas, espanhol e português, e não do latim, do francês, do italiano ou do romeno (ibidem).

Por que recusar o termo latino e seus "derivados"? Zárraga afirma que não havia nenhuma correspondência entre a paternidade espanhola e os povos do Lácio ou os povos latinos nascidos na França e na Romênia, à exceção do Haiti; portanto, para ele, o nome era anticientífico. Ele ainda acrescenta que, embora a "raça latina" fosse representada por franceses, italianos, romenos, espanhóis e portugueses, somente esses dois últimos povos se "sacrificaram" para criar novas civilizações, sem ajuda dos demais. Toma como exemplo o fato de não haver dúvida quanto ao termo "América anglo-saxônica" para designar os Estados Unidos, que fora colonizado e "civilizado" pela Inglaterra, o que deu origem a laços comuns: língua, religião e leis. Assim, deveriam ser chamadas de "latinas" apenas as colônias francesas no Canadá e na África, bem como o Haiti. É importante destacar que, no século XIX, a chamada "Geração de 37" na Argentina, representada por Esteban Echeverría (1805-1851), Juan Bautista Alberdi (1810-1884) e Domingo Faustino Sarmiento (1811-1888), retratava Buenos Aires como símbolo de civilização europeia na América hispânica, em meio à "barbárie latina", tendo como modelo de civilização máxima os Estados Unidos (Bethell, 2009).

Também, por conta do acontecimento em Lisboa do Segundo Congresso da Imprensa Latina, em fevereiro de 1924, parte da imprensa se manifestou contra o latinismo, como podermos verificar no editorial do jornal *El Sol* de março de 1924, com o título "Americanismos", onde E. Goméz de Baquero alertou para o fato de que o uso dos termos "latinismo", "latino-americanismo" e "hispano-americanismo" não se tratava apenas de jogo de palavras, mas de disputas de influências entre Espanha, França e Estados Unidos na liderança das ex-colônias de Espanha e Portugal.

Baquero prossegue, explicando os tipos de americanismo: o hispano-americanismo, que incluía o Brasil; o latino-americanismo e o pan-americanismo. De acordo com o autor, as duas primeiras correntes consideram a América dividida em duas raças e línguas: a América espanhola ou ibérica e a América inglesa, mas ele não menciona a língua portuguesa nessa divisão. Já o pan-americanismo, defendido pelos Estados Unidos, era favorável à união das Américas para demarcar um "mundo novo" frente à "velha Europa", independentemente das diferenças de raça, língua e costume. A crítica de Baquero ao latinismo se deve ao fato de os adesistas dessa tendência não se apoiarem na língua e na herança histórica, como o fazem os hispanistas, mas de aderirem "à ideia de uma problemática raça latina e no fato sumamente complexo e sujeito a interpretações de uma cultura latina" (*El Sol*, mar. 1924, ed. 2052, p.8). Ou seja, o latinismo era francês e apoiava-se na cultura francesa, sem vínculos étnicos com os hispano-americanos.

Foi possível encontrar na imprensa portuguesa os mesmos argumentos contra o latinismo. Por exemplo, no artigo "À margem do congresso da imprensa latina", publicado no suplemento literário e artístico *A Batalha* de 3 de março de 1924, o autor fez forte crítica tanto em relação ao comportamento "burguês" dos correspondentes presentes no evento quanto às atividades culturais eurocentradas e à proposição da latinidade. "Muito discurso, muito entusiasmo, muitos comes e bebes, mas nada de prático" (*A Batalha*, 1924, p.3), afirmava o autor da matéria, que compreendia o latinismo como uma invenção mística de uma suposta uniformidade inexistente, criticando a programação cultural do evento,

> Latinismo? *Que haverá de comum em temperamento e pensar entre um negrito de Costa Rica ou da Nicarágua e um "monsieur" de bigodeira e pança nascido na Bélgica e naturalizado francês?* Em homenagem à latinidade destes latinos, durante o banquete na Câmara Municipal, a orquestra executou: Wagner, Beethoven, Grieg, Marskowsky e Berlioz. A récita de gala em São Carlos foi com o "Parsifal". (ibidem, grifo nosso)

Outra concepção, aparentemente sem muita repercussão, foi a do socialista espanhol Luis Araquistáin Quevedo (1886-1959). Em "Cartas de Portugal", publicado no *El Sol* em 1923, o político propôs a união de Portugal, Brasil e França contra os países hispano-americanos: "a união luso-brasileira, que restituirá à raça portuguesa o papel de hegemonia atlântica e latina que representava há quatro séculos" (apud Beired, 2014, p.641).

Não obstante, enquanto as elites das ex-colônias da Espanha debatiam o conceito de América Latina a partir do início do século XIX, as elites brasileiras, nesse contexto, pouco aderiram a tais discussões, e raramente o Brasil era mencionado como nação integrante de uma América Latina. De acordo com Bethell (2009), as repúblicas hispano-americanas desconfiavam do Brasil imperial e escravocrata, ao passo que as elites brasileiras não se sentiam ameaçadas pela França, pela Espanha e nem pelos Estados Unidos e, com exceção da região do Prata, tocavam sua economia desde o Atlântico, especialmente com a Grã-Bretanha, os Estados Unidos e a Alemanha. Isso não significa que essas elites estiveram alheias aos debates sobre as diferenças entre as "raças" latina e anglo-saxônica. Por exemplo, em relatório de governo encaminhado ao ministro Araújo Lima em 1º de fevereiro de 1858, o ministro dos Negócios Estrangeiros, Paulino José Soares de Sousa, assim comentava:

> Demais, o *self-government* não é um talismã de que possa usar quando queira. O *self-government* é o hábito, a educação, o costume. Está na tradição, na raça e quando faltam essas condições, não podem ser estabelecidas por leis. Como há três séculos dizia Sá de Miranda: Não valem as leis sem costume, vale o costume sem lei [...]. E é por isso que as instituições dos Estados Unidos e da Inglaterra, na parte relativa ao *self-government*, nos são, pela maior parte, *inaplicáveis, e em geral à raça latina*.[4] (Relatório, 1857, grifo nosso)

Com a república, as posições foram mais explicitadas – na defesa do latinismo, mas, principalmente, do americanismo –, além de terem surgido iniciativas para a aproximação entre os países. Por exemplo, em 1909, o ministro das Relações Exteriores do Brasil, Barão do Rio Branco, criou a *Revista Americana*, cujo objetivo, aparentemente, era favorecer o estreitamento de laços entre os intelectuais do Brasil, dos Estados Unidos e da América Hispânica. Contudo, a apresentação da revista explicita a posição pan-americanista dos brasileiros, referindo-se a "América", "continente americano" ou "nação americana" (*Revista Americana*, 1909, p.308).

Os argumentos a favor da tendência pró-americanista se situavam num patamar de total subserviência, como podemos verificar

---
4 Relatório, 1857. Anexo A:6 (U1730/ A-A- 6).

na matéria "A orientação da política continental", publicada no jornal *O Paiz* de 5 de julho de 1923. Nela, o autor, Mario Pinto Serva, questiona:

> Contra esse americanismo dos Estados Unidos pretende-se contrapor uma outra corrente de ideias que corporificam o espírito da América Latina. Mas é justa e legítima essa corrente de ideias? Há qualquer coisa no americanismo dos Estados Unidos que deve merecer a contraposição de outra corrente de opinião? [...] Não é justa, pois, essa impugnação que encontra o americanismo por parte dos países latinos desse continente. *E não é justo porque os Estados Unidos constituem a grande força que permitiu a emancipação de toda a América, afastando e intimidando os imperialistas europeus.* (*O Paiz*, 05/07/1923, p.3, grifo nosso)

No artigo, Serva enaltece a "proteção" da América do Norte contra o imperialismo europeu e, como exemplo, cita a "ajuda" dos EUA na independência cubana, além de destacar o progresso técnico daquela nação, importante na parceria com o Brasil. O autor concorda com os interesses imperialistas de um povo de "raça mais forte", com quem os brasileiros só têm a aprender. No pensamento de Serva, se um dia formos fortes, também seremos imperialistas, "é natural". Para exemplificar a superioridade do povo norte-americano, ele argumenta, de modo bem pitoresco, que tal supremacia pode ser observada no tratamento da "raça preta": enquanto os brasileiros, "por serem muito sentimentalistas", tratavam os pretos com parcimônia, os norte-americanos os linchavam; assim, a diferença no resultado era evidente. Para Serva, o que o "sentimentalismo brasileiro" de fato fez foi

> aniquilar a raça preta, abandonando-a ao descaso, não a educando, deixando-a entregue ao alcoolismo, à ignorância, à promiscuidade, à sífilis e a todos os outros fatores que daqui a pouco terão dado cabo completamente da raça a que devemos o trabalho durante quase um século [*sic*]. (ibidem)

Em contrapartida,

> os americanos do norte formaram nos Estados Unidos 15.000.000 de pretos robustos, fortes, educados, ativos, ricos e tão rijos que ousam levantar a cabeça ante os brancos [...]. Os americanos formaram a mais robusta e vigorosa raça preta do mundo. (ibidem)

Outra vertente de opinião debateu a favor do latinismo, como foi o caso dos jornalistas brasileiros (cinco representantes de jornais cariocas e dois de periódicos paulistas) presentes no Congresso de 1924, realizado em Lisboa. *O Paiz*, representado pelo jornalista Eduardo de Sousa, fez uma cobertura ampla e detalhada em quatro edições (dias 19, 20, 21 e 31 de março de 1924). Entre outros, o jornal registrou os acordos celebrados em nome do "*bureau* permanente da imprensa latina", a saber: divulgação, várias vezes ao ano, de obras artísticas e literárias das cinco línguas latinas; criação de uma agência telegráfica latina que assegurasse "notícias verdadeiras contra notícias suspeitas de agências não latinas"; fundação de um jornal de propaganda latina para os países da América Central; estabelecimento de equivalência nos cursos universitários entre as "universidades latinas"; solicitação de contribuição de empresas para a realização de intercâmbios de férias para estudantes entre países latinos, defesa da criação de uma empresa aérea que ligasse os países latinos; realização de turnês de companhias teatrais latinas; criação de campanhas de divulgação do folclore latino em contraposição aos filmes norte-americanos; fixação da data de 21 de abril de 1925, aniversário de Roma (mãe das cidades latinas), como dia da latinidade.

O jornalista relata que, no evento, foram aprovadas, ainda, as seguintes propostas da delegação brasileira: criação de dois subcomitês do *bureau*, em vez de apenas um, como nos outros países, sediados no Rio de Janeiro e em São Paulo; estabelecimento de políticas mais exatas para facilitar viagens de jornalistas entre os países latino-americanos; maior espaço para notícias latino-americanas na imprensa francesa. Para sediar a realização do terceiro congresso, foi escolhida a cidade de Buenos Aires, na Argentina, país que naquele contexto estava mais próximo do hispano-americanismo (*O Paiz*, ed. 14.407, 31/03/1924).

Por sua vez, nesse contexto, poucos autores hispano-americanos se dedicavam ao Brasil ou o incluíam nas discussões referentes à região. Entre os que o faziam, Bethell (2009) destaca o mexicano José Vasconcelos (1882-1959), que publicou, em 1925, *La raza cósmica*, obra inspirada na viagem que fez ao Brasil por conta das comemorações do centenário da independência, em 1922.[5] Ademais, os autores brasileiros que criticavam o imperialismo americano e mais se aproximavam da intenção de pensar uma América Latina, ou mesmo uma Ibero-América em geral o faziam sob um viés cético quanto à integração do Brasil.

Entre os autores críticos do pan-americanismo, vale destacar o brasileiro Manoel Bomfim (1868-1932), que, em meio à proliferação de teorias raciais como justificadoras das condições de atraso em que se encontravam as ex-colônias espanholas e portuguesa na comparação com os Estados Unidos, elaborou outra teoria. No livro *A América Latina: males de origem*, publicado em 1903, Bomfim (2008) desconstrói as teses de autores do determinismo biológico, especialmente Comte (1798-1857), Agassiz (1807-1873), Gobineau (1816-1882), Spencer (1820-1903) e Le Bon (1841-1931), que defendiam a condição de inferioridade das pessoas negras, mestiças e indígenas e depositavam nelas a origem dos "males" dos países da América do Sul. Contrariando radicalmente esse pressuposto, Bomfim constrói seus argumentos a partir do conceito de parasitismo social e demonstra que "os males de origem da América

---

5 Contudo, a partir dos anos 1940, o autor mexicano Leopoldo Zea (1912-2004) estreitou relações com escritores brasileiros e promoveu a integração de escritores de outros países latino-americanos, fomentando o debate sobre a presença do Brasil na América Latina. Destaca-se a realização do Primer Seminario de Historia de las Ideas, em 1956, para o qual foram convidados Anísio Teixeira, Ivan Lins, Gilberto Freyre, Rodrigo Mello Franco, Antonio Candido e Sérgio Buarque de Holanda, entre outros brasileiros (SANTOS, 2012).

Latina" eram oriundos da exploração parasitária empreendida por Espanha e Portugal, caracterizada por práticas de extermínio e destruição de civilizações inteiras, por meio de saques, depredações, pirataria e corrupção. Tais ações foram referendadas pela educação colonial e pelo extenso uso da escravização de pessoas, promovedoras de ignorância, opressão e miséria, o que fatalmente levou à depravação dos costumes. Assim explica:

> Quando começou a colonização da América, já as nações peninsulares estavam viciadas no parasitismo, *e o regime estabelecido é, desde o começo, um regime preposto exclusivamente à exploração parasitária*. Desde o início da colonização, o Estado só tem um objetivo: garantir o máximo de tributos e extorsões. Concedem-se as terras aos representantes das classes dominantes, e estes, aqui – pois não vêm para trabalhar – escravizam o índio para cavar a mina ou lavrar a terra. Quando ele recalcitra ou se extingue, fazem vir negros africanos, e estabelece-se a forma de parasitismo social mais completa, no dizer de Vandervelde.[6] (ibidem, p.77-8, grifo nosso)

O autor denuncia que, após as independências, o "germe parasita" permaneceu nas práticas de poder das elites das ex-colônias: o Estado parasitava o povo, as classes dominantes parasitavam os dominados, e as nações imperialistas parasitavam a economia local. Bomfim era crítico do pan-americanismo, mas também não reconhecia a existência de uma unidade latino-americana, muito menos com a possibilidade de um Brasil filiado a ela. Diferentemente dos defensores do latinismo, a questão principal do autor estava em desmascarar a construção do conceito de América Latina como identificador de inferioridade, devido à profusão de raças. De acordo com ele, as teorias de inferioridade racial foram invenções de sociólogos europeus e norte-americanos para justificar o neocolonialismo praticado pelos Estados Unidos e pela França na América do Sul, assim como pelos europeus na África e na Ásia.

---

6 Bomfim se refere ao político socialista belga Émile Vandervelde (1866-1938).

Ao problematizar a dimensão ideológica do termo "América Latina", Manoel Bomfim antecipou uma interpretação que foi concretizada posteriormente por europeus e norte-americanos. Embora o Brasil não se visse como parte da América Latina, foi exatamente essa a denominação usada por norte-americanos, e posteriormente por europeus, para posicionar o país na América. No primeiro livro de história geral da América Latina, *The History of the Latin American Nations* (1922), o americano William Spence Robertson anunciava o propósito de discorrer sobre os acontecimentos de todas as "nações que surgiram das colônias da Espanha e de Portugal" (apud Bethell, 2009, p.306). Fica explícita a intenção de demarcar lugar de poder e superioridade, até mesmo porque, como dissemos, os estadunidenses tomaram para si a identidade única de americanos.

A trajetória histórica da ideia de América Latina confirma uma identidade fragmentada. Em geral, a expressão possui viés caricatural na leitura do outro, imaginado como superior. Mas também não é consenso a identificação das populações com o termo, como no caso do Brasil, onde a maioria da população não se reconhecia nessa denominação, embora para o restante do mundo o país faça parte da América Latina.[7] Ressalta-se que a aprendizagem do espanhol não é obrigatória nas escolas brasileiras e que o ensino de português também não o é nos países de língua espanhola. Ademais, no mesmo continente, português e espanhol se apresentam como línguas inferiores em relação ao inglês. No Brasil também pouco se aprende sobre a história da América Latina, inclusive nos cursos superiores, e na história da educação predomina a história da educação europeia e dos Estados Unidos. Penso ser fundamental rompermos com essa tradição e elaboramos outros paradigmas para a compreensão dos limites de nossa história eurocêntrica.

---

7 A reunião do Brasil com outros países da América do Sul, produzindo a identidade única de América Latina, se fez inicialmente nos contextos da expansão imperialista coordenada por americanos, como a criação da Comissão Econômica para a América Latina e o Caribe (Cepal), em 1948, no âmbito da Unesco.

Por que é importante romper com essa tradição e propor questões para a historiografia da educação da América Latina? O que definiria uma história da educação da América Latina para além da justaposição de histórias nacionais? Ressalta-se que são raras as publicações nesse campo, e tomo aqui duas obras exemplares para a discussão dessas questões. Uma delas, de 1978, foi a primeira com o propósito de pensar criticamente a história da educação na América Latina: *Modelos educativos en el desarrollo histórico de América Latina*, de Gregorio Weinberg (1919-2006); a outra, de 2014, *Ideas en la educación latinoamericana*, organizada por Nicolás Arata e Myriam Southwell, é inspirada na iniciativa de Weinberg e reúne historiadores da educação de diferentes países, com a participação de brasileiros.

O texto pioneiro de Weinberg faz uma análise geral da história da educação na América Latina, incluindo o Brasil; contudo, há uma nítida defasagem entre as informações sobre os outros países e sobre o Brasil, havendo, no caso do último, mais ênfase no período colonial e em parte do século XIX.[8] O livro é amplamente reconhecido pelos historiadores latino-americanos, por conta da significativa atualidade das questões críticas que propõe. Foi escrito no âmbito do Projeto de Desenvolvimento e Educação na América Latina e Caribe, a partir de evento ocorrido em Quito entre 13 e 16 de setembro de 1977. Coerente com o contexto teórico da época, o autor toma as categorias "modelo" e "desenvolvimento" para a sua análise histórica da educação na América Latina, sendo que, na edição aqui analisada, de 1981, o autor incluiu capítulos sobre a educação no período pré-hispânico e sobre a educação colonial.

O principal objetivo foi interrogar historicamente sobre o papel atribuído à educação nos processos de desenvolvimento econômico, ou seja, compreender os vínculos entre modelo econômico e modelo educacional em cada época histórica, levando em consi-

---

8 Autores consultados por Weinberg para análise do Brasil: Gilberto Freyre, Celso Furtado, Sérgio Buarque de Holanda, Jaime Cortesão, Pedro Calmon, Fernando de Azevedo, Nelson Werneck Sodré, J. Roberto Moreira e Wilson Martins.

deração as assincronias e defasagens. A partir de uma visão crítica das categorias "modelo" e "desenvolvimento", o autor reflete sobre a impossibilidade de ter sido produzido, no período pós-independência, algum tipo de modelo de desenvolvimento alternativo às relações econômicas e sociais até então estabelecidas, devido à permanência da lógica colonialista, tanto internamente quanto nas relações externas, com ampla repercussão nas políticas educacionais. Para ele, não é possível afirmar que houve uma ruptura com o nexo colonial: apesar da inclusão de outros grupos sociais no processo de formação das nações, as dinâmicas de opressão pouco se alteraram. Como exemplo, traz as reflexões de Juan Bautista Alberdi (1810-1884), defensor da divisão internacional do trabalho e da produção, da "ação civilizadora" da Europa na América e de uma educação totalmente técnica e utilitária para a maioria da população.

Weinberg (1981) observa que, em geral, os estudos sobre educação na América Latina se limitam às respostas que os educadores latino-americanos se sentem obrigados a dar, frente às pressões vindas de fora, sobre qual seria o melhor modelo educacional para alcançar os padrões de desenvolvimento impostos. Com base nesse pressuposto, o autor sugere a seguinte periodização para uma história da educação latino-americana: "cultura imposta", referente ao período colonial, quando prevalecem as normas e os valores da metrópole; "cultura admitida ou aceita", relativa ao período pós-independência, caracterizado por dependência exterior, mas com alguma margem de liberdade para discutir os meios para alcançar os modelos impostos; e "cultura criticada ou discutida", fase em que se criticam os padrões e valores dos tempos anteriores, porém sem propor modelos alternativos (ibidem, p.6). A ligação entre esses períodos está na ideia de "civilização", à qual, segundo ele, se atribui uma universalidade mágica. Pois, enquanto a Europa se perguntava como alcançar a civilização de maneira endógena, a partir de sua própria realidade, os latino-americanos o fizeram de forma exógena, a partir de um olhar alheio, contribuindo para a vigência de concepções pedagógicas e padrões de educação fundamentados em outras realidades.

O autor problematiza as questões étnico-raciais demonstrando as aproximações entre os modelos hispânico e lusitano de colonização, segundo os quais aos povos conquistados só restava serem exterminados ou marginalizados, devido à promoção da total desarticulação (e até extermínio) de suas organizações, crenças e valores. Nesse caso, reflete que, nas dinâmicas dos colonizadores, as tradições dos povos colonizados não são aceitas, pois não se tolera a coexistência entre racionalidade utilitária e tradições originais; por conseguinte, mesmo com a intensa mestiçagem, predominaram os valores europeus.

Weinberg denuncia que a colonização foi um cataclismo para as populações aborígenes, resultando em doenças, trabalho forçado, deslocamentos do *habitat*, alteração da dieta e extermínio; além disso, segundo ele, o preconceito contra a mestiçagem entre brancos, indígenas e negros favoreceu a estratificação social e cultural e a difusão da discriminação racial. Weinberg demostra como as práticas educacionais disseminadas pela igreja se tornaram elemento articulador da colonização; ademais, as práticas de Estado do período pós-independências mantiveram a submissão da maioria da população. Nota-se que, em seu livro, o autor prioriza a educação indígena, sendo a referência à população negra restrita apenas ao Brasil, uma questão a ser mais bem dimensionada, levando-se em consideração os questionamentos sobre o apagamento dos afrodescendentes na história dos países que fizeram parte da América espanhola.

Quase quarenta anos após a iniciativa pioneira de Weinberg, em 2014, Nicolás Arata e Myriam Southwell organizaram *Ideas en la educación latinoamericana: un balance historiográfico*. O livro é resultado de um convite feito a doze historiadores da educação da Argentina, Brasil, Chile, Colômbia, México e Uruguai, com o objetivo de refletir sobre a atual produção historiográfica educacional na América Latina (tomando como referência o livro de Weinberg) e sobre a viabilidade de elaborar uma nova versão da história da educação no continente. O convite foi acompanhado de um questionário com oito perguntas, com o propósito de identificar temas comuns e potenciais para uma escrita da história da educação, focando os seguintes questionamentos: motivo da ausência de um livro geral sobre a história da América Latina desde Weinberg; perguntas que têm orientado as produções recentes; possibilidades da escrita de uma história da educação latino-americana que transcenda o somatório de relatos nacionais; identificação dos principais acontecimentos e debates comuns; identificação de diálogos conceituais; a disciplina história da educação na formação docente; questões relevantes para a escrita de uma história da educação latino-americana; o que se entende por educação latino-americana.

As respostas ao questionário possibilitaram aos organizadores a proposição de chaves de leitura para interpretar as tendências das dimensões da renovação historiográfica e de problemas comuns da história latino-americana. Em primeiro lugar, ressaltaram a vitalidade e proliferação temática, notória na ampliação e regularidade de eventos, associações científicas, periódicos, publicações e cursos de pós-graduação, ainda que de modo diferente entre os países. Recebeu destaque também a diversificação temática, que pode trazer importante contribuição para se refletir sobre as muitas Américas latinas constituidoras da América Latina, contribuindo para pensar o próprio entendimento do que viria a ser uma história da educação latino-americana.

No âmbito das renovações temáticas, os organizadores identificaram três grandes temas:

1) As trajetórias e os protagonismos, perfis e papéis que desempenharam nos processos educativos sujeitos previamente marginalizados da historiografia: as mulheres, os meninos e as meninas, as comunidades étnicas, os grupos políticos e religiosos minoritários.

2) O desenvolvimento das instituições educativas, as mudanças e as multiplicidades de experiências e práticas pedagógicas que tiveram lugar entre fins do século XVIII e a primeira metade do século XIX, entre o período "tardo-colonial" e o "prematuro século XIX".

3) Os múltiplos níveis em que se produzem, difundem e legitimam os saberes pedagógicos, dentro e fora das instituições educativas, assim como a elaboração de objetos (livros, informes, artefatos, relatórios) vinculados ao ensino. Nesse recorte podem situar-se também o interesse por viagens das pessoas, a circulação de objetos e ideias pedagógicas e o estudo das relações entre concepções e práticas educativas e entre intelectuais e educação (este último tem contribuído para renovar as histórias das ideias educativas tradicionais). (Arata; Southwell, 2014, p.15)

Já sobre as perspectivas metodológicas, ressaltam-se o uso de escalas de análise, o diálogo com outros campos das ciências sociais e a busca de novas estratégias narrativas, especialmente devido à ampliação dos tipos de fontes documentais. Por conta da diversidade de temas e referenciais metodológicos, problematiza-se onde reside o "latino-americano", tendo em vista a busca pelas especificidades das histórias nacionais. Os organizadores propõem como desafio à integração das histórias nacionais da educação interrogar sobre os temas que definem a educação do continente, o que evidentemente pressupõe "pensar a América", tendo em vista os séculos de hegemonia eurocêntrica.

Em relação às periodizações, levando-se em consideração as atuais problematizações dos historiadores da educação quanto à perspectiva linear e dicotomizada (colonizador *versus* colonizados) da escrita da história – associada às noções de atraso e progresso –, Arata e Southwell (2014) citam Weinberg (1981) na sua proposição de três fases da história da educação, com o destaque dado por ele à educação indígena, um diferencial em relação à historiografia tradicional. Outra importante tendência na escrita da história da educação latino-americana apresentada por eles tem sido a elaboração dos vínculos entre os campos da história, educação e política, com destaque para investigações de movimentos sociais de modo geral e, mais especificamente, do movimento estudantil e das ditaduras militares.

Entre as várias mudanças nas formas, abordagens e tratamentos das fontes para a escrita da história da educação, Arata e Southwell ressaltam, especificamente para a proposta em questão, as tensões entre o local e o global, o que implica questionamentos sobre a transnacionalização da difusão e recepção dos conhecimentos produzidos. Antes de tudo, significa que, por meio da ampliação de intercâmbios e experiências coletivas, vão se tecendo os fios da internacionalização, com objetivos comuns de pensar historicamente "ideias na educação latino-americana".

O livro se organiza em dez capítulos, em que os autores priorizam aspectos diferenciados na proposição de ideias, quais sejam, questionamentos quanto às possibilidades de escrita de uma história latino-americana; tendências de historiografias nacionais (de Argentina, Chile, México e Uruguai); representação da educação, da América e da América Latina em obras pedagógicas; saberes escolares; e infância.

O balanço historiográfico realizado na obra é de fundamental importância para discutirmos o lugar da educação na organização da América Latina, especialmente para problematizarmos os processos de subalternização de populações inteiras frente à imposição dos modelos eurocêntricos de escola, educação e infância. Essa perspectiva pode contribuir para pensarmos uma "unidade analítica latino-americana", levando em consideração as reflexões de Eugenia Roldán Vera (2014) sobre os variados acontecimentos em comum na região, seja nas ações políticas de governos (das dinâmicas coloniais às ditaduras) e nos movimentos sociais, seja nas políticas educacionais. Entre tais acontecimentos, destacam-se a catequese indígena, a estatização da educação desde meados do século XVIII, a organização da escola pública estatal e a disseminação de ideias pedagógicas europeias e estadunidenses, aos quais acrescento a institucionalização de desigualdades escolares.

Concordo com as afirmações de Lidia Mercedes Rodríguez (2014) quanto ao pressuposto de que a heterogeneidade é fundamental para se fixar uma unidade do objeto de investigação, ou seja, toda unidade é constituída de multiplicidade de discursos e possibilidades. Muitas Américas Latinas cabem na América Latina inventada, primeiramente como América, "novo mundo" que fez tábula rasa das populações locais; depois, pelos neocolonialistas, como Latina, prenhe de inferioridade e estigmas, o lugar do periférico. De acordo com Rodriguez (ibidem, p.75), a escrita de uma história da educação no continente implica tomar a América Latina como "categoria teórica, que encontra sua unidade a partir da perspectiva histórica em sua situação colonial nascida de forma traumática no processo de conquista e colonização".

Nos capítulos seguintes, faço coro aos questionamentos dos colegas quanto à necessidade de pensarmos uma escrita da história da educação da América Latina que dê visibilidade à colonialidade do saber e aos processos de estigmatização de sua população, ainda totalmente presentes no nosso fazer-se. A história da educação, nessa perspectiva, pode contribuir de modo fundamental para desmontar a farsa da inferioridade que nos solapa, fator que possibilita o avanço e fortalecimento de políticas autoritárias, opressoras e antidemocráticas. Nesse sentido, propõe-se um percurso de análise histórica, na perspectiva da inflexão decolonial (Restrepo; Rojas, 2010), fundamentada na racialização das relações econômicas e políticas, constituídas na modernidade/colonialidade, desde o século XVI, no âmbito de uma história global.

Duas perspectivas teóricas orientam este texto: os campos conceituais e teóricos desenvolvidos por Norbert Elias (1897-1990) e Aníbal Quijano (1928-2018) com o propósito de dar visibilidade às dinâmicas dialéticas organizadoras dos processos civilizadores e colonizadores que, na minha hipótese, se fazem simultaneamente por contradições e complementações (ou seja, processos civilizadores/colonizadores). Nesse sentido, minha intenção é ampliar um pouco o foco de análise da teoria eliasiana, valendo-me dos instrumentos conceituais elaborados pelo autor, quais sejam: interdependência, figuração, equilíbrio de poder e estigmatização. Por outro lado, pretendo problematizar a colonialidade/decolonialidade como integrante do curso do processo civilizador/colonizador europeu, e não em oposição a ele.

Nosso recorte temporal de análise se inicia com a chegada de súditos da coroa de Espanha e Portugal ao litoral atlântico – que acreditavam ser a Índia, mas que logo em seguida se revelou um "novo mundo", a América – e se fecha no início do século XX. Na perspectiva dos colonizadores europeus, as colônias eram uma questão de geografia, de posse de terra e de exploração de riquezas naturais, e eles eram os legítimos portadores da história; uma história, aliás, esquizofrênica, pois, ao mesmo tempo que praticavam os mais variados atos de genocídio, desenvolveram a etiqueta de corte, caraterizada por autocoerção, gestos de polidez e civilidade. De um modo geral, a prática de atos de violência nas colônias, referendados legalmente pelo Estado, era considerada legítima com base em uma suposta menor humanidade das pessoas nativas e africanas.

Portanto, os processos civilizadores e colonizadores se ajustam, uma vez que só foi possível o crescimento do poder das cortes absolutistas, e depois das elites republicanas, com a exploração econômica e cultural de outros territórios colonizados. As disputas de cortes que engendraram a necessidade de novos comportamentos sociais estiveram intrinsicamente relacionadas com a escravização e com o assassinato de pessoas, tendo continuidade nos governos constitucionais – os dois processos são interdependentes, faces da mesma moeda, e constituem uma história global. Ou seja, desde o século XV, para a eficácia do empreendimento colonizador e para o desenvolvimento dos processos civilizadores, o uso da violência se fez permanente, agora controlada a favor do Estado.

Acresce-se que, como adverte Quijano (2005), o contexto da modernidade/colonialidade se caracterizou essencialmente pela divisão racial do trabalho, e nessa matriz se desenvolveram os procedimentos de discriminação racial, ou, como afirma Norbert Elias, de "evitação social". Portanto, também não é possível falar em processo civilizador sem falar em racismo, pois, alimentada pelo processo colonizador, a produção da distinção social nas cortes teve seguimento nas colônias, com a elaboração de métodos de distinção racial em sociedades mestiçadas. Nessa circunstância, buscar escapar das origens mesmo quando o tom de pele a evidenciava foi uma estratégia usada por muitos segmentos populacionais para serem mais bem aceitos. Por outro lado, aumentava a inferiorização de pessoas cuja cor da pele era mais escura, pela elaboração das hierarquias raciais, como podemos ver nos "quadros de castas" ou no desenvolvimento da ideologia eugenista a partir do século XIX.

Essa foi a conjuntura da organização dos governos constitucionais e das sociedades de direito, cuja alteração no equilíbrio de poder entre os grupos sociais fez acirrar o preconceito racial, agora com o estabelecimento de diferenças supostamente científicas, aprofundando as desigualdades sociais e raciais. A elaboração de estigmatizações, principalmente na representação das populações negras, foi tática para manter esses grupos subalternizados.

Assim, levando-se em consideração o quadro profundo de discriminação racial, quais questões estiveram presentes no debate educacional da América Latina ao proclamar a escola como difusora da civilização? Sem dúvida, a imposição da escola pública universal na América se difere da na Europa, pois como fazer as populações negras, indígenas e mestiças se integrarem na nova dinâmica do trabalho capitalista? De imediato, os reformadores tiveram que se haver não somente com as diferenças de classe, tal como na Europa, mas também com as de "raça", inclusive tornando a desigualdade escolar um mecanismo poderoso de subalternização das raças. A partir das reflexões de Quijano (2005) sobre a divisão racial do trabalho como elemento central no processo colonizador, não seria possível pensar também numa divisão racial da educação?

É no emaranhado dessas questões que este livro se organiza. Contudo, devido à amplitude das problematizações aqui apresentadas, combinada à diversidade constituidora das histórias e culturas das nações e populações da América Latina, só foi possível, neste momento, trazer questões ainda muito iniciais, pensadas a partir de alguns dos países latino-americanos. A ideia é contribuir para a discussão das possibilidades da escrita de uma história da educação da América Latina no âmbito das relações sociorraciais.

O livro está estruturado em três capítulos, desenvolvidos por meio de fontes documentais variadas, a maioria oriunda de acervo digital, mas também físico, como o acervo do IAI (Ibero-Amerikanisches Institut, em Berlim), onde também tive acesso a livros de história da população afrodescendente de vários países latino-americanos, publicados recentemente. No primeiro capítulo, é discutida a categoria da subalternidade, tanto na perspectiva teórica como na elaboração discursiva de América Latina. No segundo, a categoria de opressão sociorracial é analisada no âmbito de elaboração das teorias racialistas e eugênicas, quando da organização das nações no contexto pós-independência, favorecendo a consolidação de uma "estética da falta". No terceiro capítulo, discute-se a participação da escola na subalternização e opressão sociorracial das crianças negras, mestiças e indígenas pela institucionalização da desigualdade escolar na origem da implantação da escola pública regular e com a criação de instituições educativas assistencialistas.

Aimé Césaire (1913-2008), ao discorrer sobre as atrocidades cometidas pelos militares franceses na África, no final do século XIX, afirma que tais ações

> provam que *a colonização desumaniza*, repito, mesmo o homem mais civilizado; que a ação colonial, a empresa colonial, a conquista colonial, fundada sobre o desprezo pelo homem indígena e justificada por esse desprezo, tende, inevitavelmente, a modificar quem a empreende; que o colonizador, para se dar boa consciência, *se habitua a ver no outro o* animal. Se exercita a tratá-lo como *animal*, tende objetivamente a transformar-se, ele próprio, em *animal*. É essa ação, esse ricochete da colonização, que importava assinalar. (Césaire, 1978, p.23-4, grifos do autor)

O que dizer da escolarização? Da proposição de uma escola universal, com fins civilizadores de homogeneizar costumes, hábitos, sensibilidades e crenças?

1
SUBALTERNIDADE E INFERIORIZAÇÃO ÉTNICO-RACIAL: DA SUBALTERNIDADE COLONIAL À SUBALTERNIDADE NACIONAL

De *origem selvagem é o poncho*, aquele pedaço de pano que cobre o desleixo do vestido, e cria um muro de divisão entre a sociedade culta e o povo. *Nos Estados Unidos não há poncho, e todos os homens são iguais, porque o vestido europeu civilizado*, asseado, cristão enfim, é comum a todas as classes. (*Revista de Instrucción Pública de Bolivia*, 1896a, grifos nossos)

Qual história trespassada no poncho inspirou o autor do artigo, publicado em uma revista boliviana de educação, a tomá-lo como divisor de águas entre civilização e barbárie, o "muro" entre sociedade culta e povo? Que motivos o levaram a fazer de uma vestimenta secular um ícone de inferioridade? Quais identidades estão sendo subalternizadas?

O poncho já era usado pelas populações andinas muito antes da chegada dos espanhóis, sendo que, na época colonial, com a introdução dos teares europeus, sua produção e comercialização aumentaram, tornando-o cada vez mais mestiço. Podemos dizer que essa vestimenta é um autêntico símbolo interétnico das Américas, pois, além dos povos andinos, era traje de militares norte-americanos, e no Brasil, nas regiões mais frias, era usado por bandeirantes, tropeiros, gaúchos[1] e militares. Muito coloridos, sua confecção se diferencia de acordo com as peculiaridades locais, e originalmente eram tecidos com iconografias indígenas das mais variadas formas, como representação das cosmovisões tradicionais. Contudo, esse tipo de arte "fetichista", como nomeado pelos religiosos, foi proibido nas manufaturas das reduções jesuíticas (Garavaglia, 2002).

O uso do poncho foi registrado na literatura espanhola pela primeira vez no século XVII. Abaixo consta o exemplo de um relato de viagem de 1783, em que o militar espanhol Félix de Azara comenta sobre os costumes dos povos do Paraguai:

> Os que têm haveres vestem-se regularmente, mas os jornaleiros e criados não têm camisas nem calções, *ainda que não lhes falte nunca o poncho*, chapéus, ceroulas e o chiripá [...]. Se chove e querem comer no campo, *entre dois estendem um poncho* e outro faz o fogo e assa carne debaixo. (apud Bellotto; Corrêa, 1979, p.136, grifos nossos)

Há também referência de seu uso como presente trocado entre os diversos grupos indígenas e, em negócios com os *criollos*, na permuta por cavalos. No final do século XVIII e início do XIX, o poncho desponta como produto artesanal de comercialização e subsistência do campesinato mestiço, grupo composto por famílias indígenas migrantes, brancos pobres, mulatos e pardos livres (Garavaglia, 2002). O poncho, tomado na citação que abre este capítulo como o "muro" que separa o povo ignorante das classes cultas e civilizadas europeias, nos conta sobre a trajetória histórica dos povos

---

1 De acordo com relato de Félix de Azara, *gauchos* ou *gaudeiros* eram "uma casta de gente [...] geralmente fugitivos dos cárceres da Espanha [...]. Por nenhum motivo, nem interesse, querem servir a ninguém, e além de serem ladrões, roubam também mulheres" (apud Bellotto; Corrêa, 1979, p.138). Posteriormente, o termo passou a nomear as pessoas que se dedicam à pecuária na região dos pampas; no Brasil, com a grafia "gaúcho", identifica também os nascidos no estado do Rio Grande do Sul.

originários, as recorrentes representações de sua inferioridade e o apelo à educação como fator de inserção social.

Curioso observar que o estadista brasileiro José Bonifácio de Andrada e Silva (1763-1838), em "Apontamentos para a civilização dos índios bravos do Império do Brasil" (1823), ao propor uma premiação para estimular os índios a se vestirem, de modo a abandonar o hábito de andarem nus, recomenda o uso do poncho: "Os prêmios para mulheres, vestidos, e galanterias – o vestido dos homens, camisa, veste, pantalona e *poncho de algodão*. As mulheres, camisa, colete, saia e capinha, meias e sapatos, ambos chapéus de palha" (apud Dolhnikoff, 1998, p.140, grifo nosso).

Como é evidente, o eixo que sustenta esse tipo de narrativa é a polarização entre o ser selvagem e o ser civilizado, a qual, embora naturalizada nos processos discursivos que tratam das dinâmicas relacionais entre colonizados e colonizadores, foi historicamente elaborada e cumpre o propósito de inferiorizar o outro, o colonizado. Nesse caso, o recurso da dicotomização de comportamentos se apresenta como uma estratégia discursiva para apagar heterogeneidades, silenciar o que é plural e estabelecer padrões homogeneizadores. A subalternização de um povo ou de uma pessoa inteciona negar sua história e impedir ou ofuscar seu protagonismo.

De que modo narrativas como a do poncho selvagem foram se estabelecendo na sociedade? Neste capítulo, o objetivo é problematizar a categoria subalternidade, na perspectiva dos estudos da inflexão decolonial, que tomam as relações étnico-raciais como elemento de análise da subalternização. Esse enfoque será desenvolvido tanto a partir das questões teóricas propostas por esses estudos como pela análise dos processos discursivos de construção das nações latino-americanas.

1.1. Subalternidade como categoria de análise

Quando as caravelas afortunadas de Cabral se acercaram das praias de Vera Cruz, o espanto maior dos nautas não foi causado pela estranheza ou formosura da terra, *mas pelo fato de os seus habitantes serem homens, como outros quaisquer, criaturas normais,* iguais às das geografias conhecidas, seres criados à imagem de Deus. (Franco, 2000, p.29, grifo nosso)

Essa é a tese de Afonso Arinos de Melo Franco em livro de 1937, de pouquíssima circulação no Brasil e não traduzido para outras línguas, no qual o autor demonstra a influência dos relatos escritos por viajantes narrando os modos de vida dos nativos das terras do Brasil sobre a produção intelectual europeia, visto que foram lidos por grande parte dos escritores filósofos. A partir de vasta bibliografia, seja de viajantes de várias partes do mundo, seja de filósofos da época, Franco demonstra que os princípios de bondade natural, liberdade e igualdade, ou o entendimento de que um outro mundo era possível, tiveram inspiração na vida e nos costumes dos indígenas brasileiros, frente a uma Europa corrompida.[2] Sem dúvida, Melo Franco foi um crítico do eurocentrismo, ao demonstrar que é possível pensar em alternativas nas quais a produção e circulação do conhecimento partissem da América.

Em consonância com a tese de Franco, pergunto por que aqueles estrangeiros, ao chegarem em terras outras, teriam se espantado ao se depararem com uma população nativa composta por pessoas humanas, idênticas a eles? O autor observa que, antes do século XVI, desde a Antiguidade Clássica, imaginava-se a existência de "outros homens", não criados à semelhança de Deus, que viviam em terras prodigiosas, um tipo de narrativa que persistiu no contexto das viagens atlânticas feitas por cronistas coloniais. São muito conhecidas as narrativas fantasiosas sobre terras e mares desconhecidos, onde

---

2 Franco demonstra sobretudo a influência do indígena brasileiro na teoria rousseauniana do bom selvagem, representada também em pinturas, mapas e tapeçarias de época. O autor analisa, ainda, as obras de Erasmo, Thomas More, Rabelais, Montaigne, Shakespeare, Baudier, Boileau, Grotius, Pufendorf, Locke, Montesquieu, Voltaire e Rousseau. Uma outra versão é a de que tal influência se deveu à circulação da publicação de 1771 *Voyage autour du monde* (1771), do explorador Louis Antoine de Bougainville.

supostamente habitariam monstros peludos, canibais ou tipos semi-humanos como sereias, amazonas e ciclopes, que viveriam em ilhas mágicas e continentes milagrosos. É possível que esses relatos tenham sido inventados para evitar o acesso de curiosos ou interesseiros aos mesmos mares e territórios, mas também como puro exercício de imaginação e vaidade. Levando-se em consideração os relatos dos viajantes, podemos identificar, no contexto das viagens atlânticas, três tipos de narrativas: aquelas que mantinham a tradição dos relatos fantásticos; as que descreviam os nativos em sua real aparência e costumes (no caso dos nativos da América portuguesa, era comum o relato de que viviam de acordo com as leis da natureza, em estado de bondade natural); e as que misturavam fantasia e realidade (tipo mais comum).

Vejamos alguns exemplos. O relato oficial das terras tomadas pelos portugueses foi a carta de Pero Vaz de Caminha, escrivão da armada de Pedro Álvares Cabral, escrita em 1500 e que, ao que tudo indica, não foi lida por muitos, ficando mais conhecida apenas no século XIX.[3] No relato de Caminha, o espanto era escancarado. Tomando como foco a genitália, visível na nudez dos corpos, o autor ressalta que, entre os homens, "nenhum deles era fanado, mas, todos assim como nós"; já as mulheres, eram "bem gentis com cabelos muito preto, compridos pelas espáduas e suas vergonhas tão altas e saradinhas e tão limpas das cabeleiras que, se as muito bem olharmos, não tínhamos nenhuma vergonha". Comparando com as mulheres portuguesas, disse: "às muitas mulheres de nossa terra, vendo-lhe tais feições, fizera vergonha por não terem a sua

---

3 A carta de Caminha foi escrita como relato de viagem para o rei de Portugal, D. Manoel I, em 1500, mas permaneceu por um bom tempo desconhecida do grande público. Em 1773, foi feita uma cópia, por ordem do guarda-mor do Arquivo da Torre do Tombo, de modo a atualizar as letras, cópia essa encontrada na época da transferência da corte portuguesa ao Brasil, em 1808. Entretanto, o texto só veio ao conhecimento do grande público em 1817, quando incluído em *Corografia Brasílica* pelo padre Manuel Aires de Casal, tendo sido sua primeira versão impressa censurada, devido à sensualidade na descrição dos corpos (Silva, 2010, p.34)

[genitália limpa] como ela [...]" (apud Silva, 2010, p.28). Chama muito a atenção do escrivão o fato de as pessoas andarem nuas, "sem nenhuma coisa que lhes cobrisse suas vergonhas" (ibidem, p.27), razão suficiente para tomar os nativos como pessoas inocentes, belas, formosas e limpas – bons corpos, bons narizes, bons rostos, cabelos corredios (ibidem, p.28).

O auditor espanhol Rodrigo de Albornoz, em relato de 1525, também discorreu sobre as "pessoas normais" encontradas na Nova Espanha:[4]

> Como V. Ces. M. por relações de muitos e as de seu mui alto Conselho soube, *os índios destas paragens são de muita razão e ordem, e acostumados ao trabalho e trato de viver*, e se costumaram tão ordinariamente a contribuir para Muteczuma [*sic*] e seus senhores quanto os camponeses da Espanha; e assim porque estão colocados no caminho e ordem deste, como porque V.M. nas suas instruções nos ordena, o tentamos assim; e porque na verdade é o melhor e o mais certo e convêm assim ao aumento das suas rendas, tenho procurado colocá-los nessa ordem e costume [...]. (*Carta del contador Rodrigo de Albornoz, al emperador*, 1525, não paginado, grifo nosso)

Os relatos que descreveram a existência de pessoas humanas comuns em terras incógnitas contrastavam com a tradição, e mesmo com autores coetâneos, em que as narrativas sobre as Américas abundavam em mitos de lugares paradisíacos, fontes de juventude, tesouros escondidos e/ou de seres bizarros. De acordo com Wahlström (2009), na tradição espanhola esse tipo de relato é conhecido como *Crónicas de Indias*, caracterizado pela mescla do real e do fantástico, tendo como exemplo o mito do El Dorado, que aparece pela primeira vez na crônica de Jiménez de Quesada (1509-1579) e que

---

4 Nova Espanha foi a denominação de uma das colônias da Espanha entre 1525 e 1821, que abrangia o que atualmente identificamos como grande parte dos territórios dos Estados Unidos e da América Central, tendo como capital a Cidade do México.

motivou inúmeras expedições. Entre vários relatos, destacamos o do próprio Cristóvão Colombo, em seus diários escritos em 1492-1493, nos quais descreve os índios como pessoas comuns e também comenta sobre notícias da existência de "homens de um olho só e outros com cara de cachorro, que eram antropófagos e que, quando capturavam alguém, degolavam, bebendo-lhe o sangue e decepando partes pudendas" (Colombo, 2001, p.71).

Já o franciscano André Thevet, em *Singularidades da França Antártica, a que outros chamam de América* (1558), descreve o nativo da América portuguesa como selvagem, mas alerta que "eles não eram peludos". No registro de sua impressão ao chegar na Baía de Guanabara, o contraponto com o europeu, supostamente civilizado, se faz pela evidenciação da falta, da ausência, estratégia discursiva de apagamento do outro, recorrente nos relatos:

> E' essa região, na parte mais bem conhecida e explorada (cerca do tropico brumal, ou mesmo mais os além) habitada por povos maravilhosamente estranhos e selvagens, *sem fé, lei, religião e civilização alguma*. Os selvagens vivem à maneira dos bichos, tais como os fez a natureza, alimentando-se de raízes e andando sempre nus, tanto homens como mulheres, pelo menos até que, *ao contato dos europeus, se venham despojando, aos poucos, dessa brutalidade e vestindo-se de um modo mais conveniente*. (Thevet, 1944, p.175, grifos nossos)

Outro autor, Gabriel Soares de Sousa, em *Tratado descritivo do Brasil de 1587*, talvez tenha sido um dos primeiros a relatar, de modo fantástico, a vida local, mesclando-a com uma descrição dos nativos como pessoas reais.[5] Como ele era proprietário de engenho, talvez quisesse afugentar concorrentes, e assim nos conta sobre os homens marinhos que assombravam a todos, índios, negros e colonos.

---

5 Aqui foi utilizada a primeira impressão, de 1851, feita por Francisco Adolfo de Varnhagen.

Não há dúvida senão que se encontram na Bahia e nos recôncavos dela *muitos homens marinhos*, a que os índios chamam pela sua língua upupiara, os quais andam pelo rio de água doce pelo tempo do verão, onde fazem muito dano aos índios pescadores e mariscadores que andam em jangada, onde os tomam, e aos que andam pela borda da água, metidos nela [...]. E um mestre-de-açúcar do meu engenho afirmou que olhando da janela do engenho que está sobre o rio, e que gritavam umas negras, uma noite, que estavam lavando umas fôrmas de açúcar, viu um vulto maior que um homem à borda da água, mas que se lançou logo nela; ao qual mestre-de-açúcar as negras disseram que aquele fantasma vinha para pegar nelas, e que aquele era o homem marinho, as quais estiveram assombradas muitos dias; e destes acontecimentos acontecem muitos no verão, que no inverno não falta nunca nenhum negro. (Sousa, 1851, p.277, grifo nosso)

Nesse mesmo livro, o autor ecoa Thevet, enfatizando as ausências:

Ainda que os tupinambás se dividiram em bandos, e se inimizaram uns com outros, todos falam uma língua que é quase geral pela costa do Brasil, e todos têm uns costumes em seu modo de viver e gentilidades; os quais *não adoram nenhuma coisa, nem têm nenhum conhecimento da verdade, nem sabem mais que há morrer e viver*; e qualquer coisa que lhes digam, se lhes mete na cabeça, e são mais bárbaros que quantas criaturas Deus criou. Têm muita graça quando falam, mormente as mulheres; são mui compendiosas na forma da linguagem, e muito copiosos no seu orar; mas *faltam-lhes três letras das do ABC, que são F, L, R* grande ou dobrado, coisa muito para se notar; porque, se não têm F, é porque não têm fé em nenhuma coisa que adorem; nem os nascidos entre os cristãos e doutrinados pelos padres da Companhia têm fé em Deus Nosso Senhor, nem têm verdade, nem lealdade a nenhuma pessoa que lhes faça bem. E se não têm L na sua pronunciação, é porque não têm lei alguma que guardar, nem preceitos para se governarem; e cada um faz lei a seu modo, e ao som da sua vontade; sem haver entre eles leis com que se governem, nem têm leis uns com os outros. E se não têm esta letra R na sua pronunciação, é porque não têm rei que os reja, e a quem obedeçam, nem obedecem a ninguém, nem o pai ao filho, nem o filho ao pai, e cada um vive ao som da sua vontade; para dizerem Francisco dizem Pancico, para dizerem Lourenço dizem Rorenço, para dizerem Rodrigo dizem Rodigo; e por este modo pronunciam todos os vocábulos em que entram essas três letras. (ibidem, p.302, grifos nossos)

Quase um século depois, numa linha bastante fantasiosa, encontra-se o relato do padre Simão de Vasconcelos, no qual o recurso da negação não é utilizado pelo fato de os seres descritos não serem humanos, apesar de serem chamados por nomes de origem indígena. Em *Crônica da Companhia de Jesus no Estado do Brasil*, de 1662, assim foram descritas as "nações" e seus habitantes:

Uma é de anões, de estatura tão pequena que parecem afronta dos homens, chamados *Goyasis*. Outra é de casta de gente que nasce com os pés às avessas de maneira que, quem houver de seguir seu caminho há de andar ao revés do que vão mostrando as pisadas: chamam-se esses *Matuyús*. Outra nação é de gigantes, de dezesseis palmos de alto, valentíssimos, adornados de pedaços de ouro, por beiços e narizes, aos quais os outros pagam respeito, tem por nome: *Curinqueans*. Finalmente que há outra nação de mulheres também monstruosas no modo de viver (são as que hoje chamamos Almazonas, semelhantes às da Antiguidade, e de que tomou o nome do rio), porque são mulheres guerreiras, que vivem por si só, sem comércio de homens: habitam grandes povoações de uma província inteira. (Vasconcelos, 1865, p.XLII, grifos nossos)

Contudo, em que pese a tradição da circulação de relatos imaginários, ao longo dos séculos XVI e XVII predominaram narrativas dos nativos como pessoas humanas normais, vivendo em meio à natureza exuberante e selvagem ou em cidades monumentais, como é o caso dos povos maias, incas e astecas. Na verdade, a constatação, por parte dos colonizadores, de que eles não se diferenciavam dos nativos – pois ambos eram pessoas reais, de carne e osso – fez toda a diferença e trouxe consequências históricas. Para legitimar a posse do que não era deles, os colonizadores produziram categorias diferenciadoras das pessoas, de modo a promover a hierarquização humana, num movimento de situar à margem (ou mesmo desumanizar) aqueles que eles queriam dominar.

Podemos constatar isso também no relato de Caminha, no qual ele demarca as diferenças das pessoas que vê: a cor – "A feição deles é serem pardos, maneira de avermelhados [...]" –, a falta de pudor – "Andam nus, sem nenhuma cobertura. Nem estimam de cobrir ou de mostrar suas vergonhas; e nisso têm tanta inocência como em mostrar o rosto [...] e suas vergonhas tão nuas e com tanta inocência descobertas, que nisso não havia nenhuma vergonha" –, a ausência da noção de hierarquia – "O Capitão, quando eles vieram, estava sentado em uma cadeira, bem vestido, com um colar de ouro mui grande ao pescoço [...]. Acenderam-se tochas. Entraram. Mas não fizeram sinal de cortesia, nem de falar ao Capitão nem a ninguém [...] vieram a ele alguns daqueles, não porque o conhecessem por Senhor, pois me parece que não entendem, nem tomavam disso conhecimento [...]" – e a falta da noção de propriedade ou posse – "Eles não lavram, nem criam. Não há aqui boi, nem vaca, nem cabra, nem ovelha, nem galinha [...]. Nem comem, senão desse inhame, que aqui há muito, e dessa semente e frutos, que a terra e as árvores de si lançam [...]".

Na retórica da falta, Caminha diz ainda que aquelas pessoas eram gente "bestial e de pouco saber", pois "ali por então não houve mais fala ou entendimento com eles, por a barbaria deles ser tamanha, que se não entendia nem ouvia ninguém". Na falta da fala e do entendimento, a cura da barbárie viria pela submissão à religião católica: "Parece-me gente de tal inocência que, se homem os entendesse e eles a nós, seriam logo cristãos, porque eles, segundo parece, não têm, nem entendem em nenhuma crença". Caberia ao colonizador preencher as "ausências": "Porém o melhor fruto, que nela se pode fazer, me parece que será salvar esta gente. E esta deve ser a principal semente que Vossa Alteza em ela deve lançar".

No caso do texto do espanhol Albornoz, ainda que os nativos fossem descritos como pessoas de razão e ordem, afeitos ao trabalho, em vários trechos da carta há registros de diferenciações inferiorizadoras e ênfases nos benefícios da dominação cristã espanhola, por exemplo:

> Como Vossa Sacra Majestade está informada, os povos destas partes comem carne humana, tanto por ter acostumado seus antepassados, quanto pela penúria que nestes lugares tem tido entre eles por não haver rebanhos e porque também acostumados à carne humana [...] *desde que a terra está sob o domínio de Vossa Majestade, com a argumentação e trato dos cristãos*, comem aves de Castela e porcos e carneiros e vaca e as outras carnes que veem os cristãos comer [...]. (apud Bellotto; Corrêa, 1979, p.51, grifo nosso)

Partindo do pressuposto de que as dinâmicas de subalternização não são processos constituidores *a priori* das relações humanas, perguntamos o que tornou possível a um grupo de pessoas tomar terras alheias e submeter seus habitantes, levando em consideração a situação de profundos contrastes, no que concerne a natureza, crenças, culturas e tecnologias. Essa questão problematiza o fato de que a subjugação de povos inteiros foi historicamente naturalizada pela narrativa de que os europeus eram superiores aos nativos, o que certamente lhes davam o direito de posse e dominação, como largamente argumentado pelos colonizadores, incluindo a Igreja Católica.

As ações de subalternização e inferiorização dos modos de vida de grupos populacionais compõem a figuração colonizador/colonizado e se fizeram de modo processual, em dinâmicas relacionais de interdependência, com muita variação no equilíbrio de poderes. Os colonizadores, com suas armas de fogo e canhões, poderiam, já num primeiro contato, terem assassinado todos os nativos, mas não o fizeram, pois dependiam da força de trabalho do colonizado, ainda que medidas de extermínio tenham ocorrido. Entre vários exemplos, podemos citar, no caso do Brasil, as cartas régias de 13 de maio e 5 de novembro de 1808, em que o monarca português D. João VI, em terras brasileiras, fugindo do exército de Napoleão Bonaparte, declarava abertamente guerra contra os índios botocudos.

No processo de colonização da América, a balança de poder se apresentou profundamente desequilibrada, devido principalmente às fontes de poder do colonizador, quais sejam, armas de fogo, assassinatos, raptos, violência sexual e escravização, bem como a própria autoelaboração imaginária do colonizador como grupo superior. Mas, por outro lado, os nativos eram de extrema valia para o colonizador, seja pelo trabalho, seja pelos saberes locais, do mesmo modo que os escravizados africanos. Assim, para a manutenção do desequilíbrio de poder, foi fundamental a estigmatização desses grupos como inferiores, tidos como bárbaros em contraposição ao civilizado, uma fonte de poder quase ilimitada para os colonizadores. Quando a força de trabalho escravista de indígenas e africanos perdeu importância e valor para os grupos dominantes, esses povos foram exterminados ou deixados à própria sorte.

De acordo com Leopoldo Zea (1990), a palavra "bárbaro" vem de "balbuciar" e possui origem grega, referindo-se àqueles que não sabiam falar ou falavam mal o grego; ela expressa o *logos* ou a razão que os submetidos não possuíam, motivo pelo qual se posicionavam à margem. Assim, a dicotomia civilização/barbárie foi constituída como símbolo de relações de poder e de dependência. Na mesma direção, uma dicotomia menos conhecida é o par boçal/ladino; o termo "boçal", do italiano *abbozzado*, de *boza*, significa um desenho tosco, esboço, sendo também usado para se referir àqueles que não conheciam a língua do local onde se encontravam; já "ladino" identifica conhecimento da língua e esperteza. Os adjetivos "boçal" e "ladino" eram frequentemente usados para se referir aos indígenas e pessoas negras escravizadas. Observa-se que diferentes categorias foram usadas na marginalização das pessoas ao longo dos séculos, mas em geral as categorias de raça/etnia, gênero, língua, religião, razão e propriedade foram impostas de modo combinado, a partir da perspectiva do dominador.

A prática da subalternização foi o padrão de relacionamento dos colonizadores europeus com os povos dominados, sendo que a cada nova expressão de civilização surgiam também novas significações para a noção de barbárie. "Bárbaro" se apresentou, então, como o paradigma para qualificar o outro, marginalizado do *logos*, da razão, da cultura e da civilização do padrão do colonizador – uma narrativa que constrói a superioridade tendo a Europa como referência de história única e universal. Destaca-se que, na modernidade, a perspectiva eurocêntrica se acomodou no mito da superioridade racial, em que os povos vencidos deveram tal condição à sua inferioridade étnica frente aos europeus.

Zea (1990), entre outros autores, interpreta a centralização da inferiorização de pessoas no fator etnia como uma novidade histórica, uma vez que fatores como ausência da razão, de religião e da noção de propriedade, na concepção eurocêntrica, foram considerados acidentais, naturais e, portanto, passíveis de correção. Contudo, a cor da pele, tomada como um fator acidental, diferentemente das outras características, apresentou-se como essência da condição de barbárie, porque era incorrigível:

> A cor diferente da pele, a forma do cérebro etc. parecem afetar o uso da razão em uns e outros. A mesma razão alojada em corpos tão diferentes dá resultados diferentes, que diferenciam a civilização do primitivismo ou da selvageria. *A etnia que parecia acidental acaba sendo um determinante do bom ou mau uso da razão.* [...] *Dessa forma, o acidental vai ser essencial. Os homens são iguais pela razão, mas extraordinariamente diferentes pelo uso da mesma.* O que determina é a etnia, uma desigualdade mais difícil de superar do que aquela estabelecida entre a civilização e a barbárie. O bárbaro podia superar sua barbárie aprendendo bem a linguagem da civilização [...]. A mestiçagem, longe de superar essas diferenças, as amplia. O mestiço não supera as limitações de uma parte de sua etnia [...]. O índio não se torna branco misturando-se com o

branco; pelo contrário, o branco se rebaixa ainda mais para índio. (ibidem, p.201, grifos nossos)

A subalternização de pessoas pela origem étnico-racial foi defendida por diferentes autores, que possuíam em comum o fato de fixar o fator raça como essência de entendimento da origem das desigualdades humanas. Observa-se que pelas diferenças étnico-raciais se elaboraram outras qualificações sociais com intenção pejorativa de reforçar a suposta inferioridade dos grupos submetidos, tidos como ignorantes, inertes, degenerados, viciosos etc., ideias naturalizadas porque coladas à cor da pele. Tal construção histórica, de característica geopolítica eurocêntrica, universalizou a experiência europeia como modelo de humanidade.

Portanto, a categoria de subalternidade voltada aos estudos da história da educação latino-americana é fundamental para a problematização da campanha de expansão da escola no século XIX, justificada na necessidade de homogeneização cultural e de educação para "o bom uso da razão". Nessa discussão, conceitos como os de eurocentrismo e de colonialidade do poder e do saber se apresentam como essenciais.

Embora os debates que envolveram a elaboração desses conceitos inicialmente se apresentassem de modo disperso, posteriormente os autores se organizaram em grupos de trabalho, nomeados como grupos de "estudos subalternos", "estudos pós-coloniais", "epistemologias do Sul" e "pensamento decolonial" (Ballestrin, 2013). Esses grupos têm em comum discussões com o propósito de atualizar o pensamento crítico quanto à produção/permanência de condições de opressão étnico-social, em estreita relação com as experiências históricas de colonialismo e neocolonialismo, mesmo após os movimentos de independência. Seus estudos dizem respeito a contextos e tempos diferenciados, sejam os movimentos de libertação nas Américas (desde o final do século XVIII), sejam os movimentos de libertação colonial da África e da Ásia ao longo do século XX. A discussão é permeada pelo entendimento de que a relação colonizador-colonizado é antagônica por excelência, pois a elaboração do colonizado como um outro submetido o impede de ser ele mesmo; melhor dizendo, as dinâmicas colonizadoras destroem as condições de possibilidade da elaboração e vivência plena das identidades originais.

São vários os autores dedicados a esses estudos, e aqui farei uma brevíssima síntese. Essa temática se organizou a partir de influências advindas de diferentes localidades. Ela pode ser encontrada desde o século XIX na América Latina, em escritos de políticos e ativistas, por exemplo, Simón Bolívar (1783-1830) e José Martí (1853-1895), e, nas primeiras décadas do século XX, José Carlos Mariátegui (1894-1930).[6] Merecem destaque os autores negros Frantz Fanon (1925-1961), Stuart Hall (1932-2014) e Aimé Césaire (1913-2008), que cunhou o conceito de negritude, bem como Albert Memmi (1920-2020), de origem tunisiana. Também entre os clássicos está o palestino Edward W. Said (1935-2003) e os indianos Homi Bhabha (1949-) e Gayatri Spivak (1942-), entre outros. Os indianos se tornaram conhecidos fora da Índia como organizadores dos "estudos subalternos", em diálogo crítico com os autores do pós-estruturalismo, especialmente Foucault (1926-1984), Deleuze (1925-1995) e Derrida (1930-2004).

A autora Spivak (2014), por meio do livro *Pode o subalterno falar?*, originário de um artigo de 1985, se tornou uma referência importante. Inicialmente o grupo a qual ela se filiou se inspirou na formulação teórica de Antonio Gramsci (1891-1937) sobre as classes subalternas como categoria alijada do poder. De acordo com Del Roio (2007), nos *Cadernos do cárcere*, escritos a partir de 1929, Gramsci usa a expressão "classes subalternas" de modo generalizado para se referir a grupos submetidos à exploração e à opressão. Desde então, o conceito se ampliou para também se referir ao colo-

---

6 Por sua vez, Mignolo (2005, 2008), na defesa de que a colonização foi simultânea aos movimentos de decolonização, identifica obras desde o século XVI, tais como o livro *Primer nueva crónica y buen gobierno*, escrita pelo quíchua Felipe Waman Puma de Ayala (1534-1615) e dirigido ao Rei Felipe III, que contam a visão indígena do colonialismo.

nizado, imigrante, refugiado etc., além de ter sido apropriado por autores de tendências muito distintas. Para Spivak (2014, p.14), por exemplo, subalterno é aquele cuja voz não pode ser ouvida, porém o termo não pode se referir a todo e qualquer sujeito marginalizado, nem o intelectual pode falar por ele. O termo descreve "as camadas mais baixas da sociedade constituídas pelos modos específicos e exclusão dos mercados, da representação política e legal, e da possibilidade de se tornarem membros plenos no estrato social dominante". Já Ballestrin (2013, p.93) relativiza essa radicalidade e se pergunta: como desprezar a fundamental contribuição dos diferentes autores que discutem o tema? "Mas como, hoje, poder-se-ia desautorizar Césaire, Fanon, Memmi e Said? O intelectual não poderia ser um 'subalterno'?"

Outro autor crítico do colonialismo é o português Boaventura de Sousa Santos, que cunhou o termo "epistemologias do sul", em 1995, com revisões posteriores, sendo a palavra "sul" uma metáfora que coincide, em parte, com o aspecto geográfico. Com esse conceito, Santos pretende abarcar

> o conjunto de países e regiões do mundo que foram submetidos ao colonialismo europeu e que, com exceções como, por exemplo, da Austrália e da Nova Zelândia, não atingiram o nível de desenvolvimento econômico semelhantes ao do Norte global (Europa e América do Norte). A sobreposição não é total porque, por um lado, no interior do Norte geográfico, classes e grupos sociais muito vastos (trabalhadores, mulheres, indígenas, afrodescendentes, muçulmanos) foram sujeitos a dominação capitalista e colonial e, por outro lado, no interior do Sul geográfico houve sempre as 'pequenas Europas', pequenas elites locais que beneficiaram da dominação capitalista e colonial e que depois das independências a exerceram e continuam a exercer, por suas próprias mãos, contra as classes e grupos sociais subordinados. A ideia central é, como já referimos, que *o colonialismo, para além de todas as dominações por que é conhecido, foi também uma dominação epistemológica, uma relação extremamente desigual de saber-poder que conduziu à supressão de muitas for-*

mas de saber dos povos e/ou nações colonizados. As epistemologias do Sul são o conjunto de intervenções epistemológicas que denunciam essa supressão [...]. (Santos; Meneses, 2010, p.12-3, grifo nosso)

Para os propósitos deste livro, quero dar destaque ao Grupo Modernidade/Colonialidade, constituído nos anos 1990 e formado por intelectuais latino-americanos. O grupo era composto originalmente por Edgardo Lander, Arturo Escobar, Walter Mignolo, Enrique Dussel, Aníbal Quijano e Fernando Coronil. Em 2000, foi lançada uma de suas mais importantes publicações, *A colonialidade do saber: eurocentrismo e ciências sociais. Perspectivas latino-americanas*, organizada por Edgardo Lander (2005). O grupo rompeu com a episteme eurocêntrica e se distingue pela análise em torno do conceito de colonialidade, pela introdução da noção de giro decolonial para expressar sua radicalidade na crítica decolonial[7] e pela crítica à concepção eurocêntrica de modernidade, que situa as Américas como apêndice da Europa, ou como um fato a mais entre os vários acontecimentos arrolados para descrever a inauguração da "era moderna" no século XVI.

Outros autores de referência são Eduardo Restrepo e Axel Rojas (2010), que apresentam o conceito de inflexão decolonial como "paradigma outro" para a crítica à modernidade eurocêntrica enquanto modelo de formulação do conhecimento. Eles postulam que as Américas foram fundantes da "modernidade" e que a elaboração do sistema mundo (Wallerstein, 1974) e das principais referências intelectuais da filosofia moderna – humanismo, renascimento e iluminismo –, embora descrita como constituída no âmbito intraeuropeu, só foi possível a partir da experiência de contato com os povos nativos. Essa foi a mesma questão desenvolvida pelo bra-

---

7 A palavra "decolonial" foi introduzida por Catherine Walsh para diferenciar essa ideia daquela transmitida pelo termo "descolonização", tal qual empregado no contexto da Guerra Fria (Mignolo, 2005). Walsh é autora de *Pedagogías decoloniais: prácticas insurgentes de resistir, (re)existir y (re)vivir*, série *Pensamiento Decolonial*, volumes I (2013) e II (2017).

sileiro Afonso Arinos de Melo Franco, autor de *O índio brasileiro e a revolução francesa: as origens brasileiras da teoria da bondade natural* (1937).

Há de se destacar que, no contexto da modernidade colonizadora, o enaltecimento do "primitivo" adotado pela burguesia emergente se fez num brevíssimo interregno, pois serviu apenas como uma metáfora na crítica à aristocracia, a qual lutaram por derrubar, uma vez que os povos das Américas continuaram sendo imaginados e tratados como subalternos e inferiores. Paradoxalmente, os mesmos povos que inspiraram ideais nobres de sociedade, ou seja, de igualdade e liberdade, também favoreceram a consolidação das fronteiras entre os ditos civilizados e os ditos primitivos, não em patamares distintos, mas no mesmo nível, o da racionalidade. Isso se deu porque os filósofos iluministas, ao enfatizarem a razão como motor de uma história única, beberam também do conhecimento aprendido junto aos povos da América; como teria sido possível chegarem à conclusão da existência de uma racionalidade humana universal sem o contato com e o conhecimento dos modos de ser e fazer dos povos do "novo mundo", que vinha ocorrendo desde o final do século XV? Não obstante, embora civilizados e primitivos tenham sido posicionados sob o mesmo patamar de racionalidade, nas disputas por propriedade, trabalho e poder, os ditos primitivos foram subalternizados, colocados às margens, não por serem irracionais, mas por não aceitarem fazer "o bom uso da razão".

É importante salientar aqui que a propagação da necessidade de educação escolar e a imposição da escrita para todos ocorreram no contexto enciclopedista de divisão da humanidade em povos com história e povos sem história, cuja referência foi o padrão europeu do registro escrito. Desse modo, infundiu-se uma cultura historiográfica estruturada na divisão pré-história e história – constituidora do entendimento linear e evolucionista do tempo individual e social – e na invenção do ocidente europeu como portador da modernidade e do progresso. Contudo, a consolidação dessa perspectiva historiográfica só foi possível pela qualificação e estigmatização dos povos sem a escrita do padrão europeu como inferiores e subalternos. A problematização da origem eurocêntrica das políticas e práticas pedagógicas nas Américas é fundamental para melhor compreendermos as dinâmicas opressivas às quais grupos étnico-sociais foram submetidos.

No centro da discussão do eurocentrismo está a dimensão ideológica de sua construção. Em um instigante texto, Enrique Dussel (2005) desconstrói a diacronia unilinear Grécia-Roma-Europa produzida pelo romantismo alemão do século XVIII, com origem racista centrada no arianismo. Demonstra a situação periférica da Europa em relação a outras culturas (turco-muçulmana, mongol, chinesa etc.) até o século XV e como apenas com a conquista da América foi possível se fazer superior, especialmente pelo uso de armas de fogo contra a população nativa. Desse modo, o eurocentrismo foi uma construção ideológica que situa outros povos e culturas na periferia, o que tornou possível a elaboração de um entendimento de modernidade como razão, fundada na dominação e na violência. Esse processo deu origem a conhecidas dualidades estruturais, tais como bárbaro/civilizado, racional/irracional etc., ainda que os europeus colonizadores superassem radicalmente os povos dominados em todos os níveis de barbárie e crueldade.

Já Edgardo Lander (2005, p.10) analisa o eurocentrismo na origem das ciências sociais e problematiza a elaboração da noção de universal a partir da experiência particular da história europeia (Locke e Hegel) e sua consequência, qual seja, ao "realizar a leitura da totalidade do tempo e do espaço da experiência humana do ponto de vista dessa particularidade, institui-se uma universalidade radicalmente excludente". Desse modo e nessa tradição, o "outro" passou a ser sistematicamente excluído do entendimento universalizante, com base numa singularidade específica. Para exemplificar, Lander cita os direitos universais de todos os seres humanos como um passo para negar direitos à maioria, porque constituídos num lugar de que o "outro" já não faz parte. O eurocentrismo nas ciências sociais se encontra na imposição de um imaginário de modernidade fundado nas regras da razão europeia e na naturalização da ideia de progresso, resultando na hierarquização das experiências históricas de todos os povos, classificados em escalas que vão de povos inferiores aos superiores. De acordo com o autor,

> Parece claro que aqui se assume que há um tempo histórico "normal" e universal, que é o europeu. A modernidade entendida como universal tem como modelo "puro" a experiência europeia. Em contraste com esse modelo ou padrão de comparação, os processos de modernidade na América Latina dão-se de forma "contraditória" e "desigual", como interseção de diferentes temporalidades históricas (temporalidades europeias?). (ibidem, p.15)

O brasileiro Octavio Ianni (1988, p.6) desenvolveu entendimento semelhante. Ao discutir os processos de formação das nações latino-americanas, assim afirma: "Na América Latina, a história estaria atravessada pelo precário, provisório, inacabado, mestiço, exótico, deslocado, fora do lugar, folclórico. Nações sem povo, nem cidadãos; apenas indivíduos e populações".

Por sua vez, Aníbal Quijano (2005) discute o eurocentrismo no conceito de "colonialidade do poder". O autor parte de uma constatação simples, a de que, no contexto pós-colonial, a origem étnico-racial persiste como o principal modo de dominação e que a colonialidade do poder é também a colonialidade do saber e do ser. A colonialidade é parte constitutiva da modernidade eurocêntrica, entendimento este compartilhado por todos os participantes do grupo, o que justifica seu nome – Grupo Modernidade/Colonialidade. Assim afirma:

> A globalização em curso é, em primeiro lugar, a culminação de um processo que começou com a constituição da América e do capitalismo colonial/moderno e eurocentrado como um novo padrão de poder mundial. *Um dos eixos fundamentais desse padrão de poder é a classificação social da população mundial de acordo com a ideia de raça, uma construção mental que expressa a experiência básica da dominação colonial e que desde então permeia as dimensões mais importantes do poder mundial, incluindo sua racionalidade*

específica, o eurocentrismo. Esse eixo tem, portanto, origem e caráter colonial, mas provou ser mais duradouro e estável que o colonialismo em cuja matriz foi estabelecido. *Implica, consequentemente, num elemento de colonialidade no padrão de poder hoje hegemônico.* (ibidem, p.107, grifos nossos)

Walter D. Mignolo concorda com Quijano quanto à presença da etnorracialidade no imaginário discursivo dos descobrimentos:

a etno-racialidade transformou-se na engrenagem da diferença colonial, configurada a partir da expulsão dos mouros e dos judeus, dos debates sobre o lugar dos ameríndios na economia da cristandade, por último, pela exploração e silenciamento dos escravos africanos. Foi com – e a partir do – circuito comercial do Atlântico que a escravidão se tornou sinônimo de negritude. (Mignolo, 2005, p.37)

A originalidade do argumento de Quijano (2005) está em trazer para o centro das discussões sobre as relações de poder colonizador/colonizado a ideia de raça como fundamento do padrão universal de classificação e de dominação social, qual seja, a colonialidade do poder. Esse padrão de poder se articula de modo interdependente com a formação do capitalismo e do Estado e com a imposição do eurocentrismo a partir da América Latina. Portanto, para Quijano, a produção da ideia de raça como principal fonte de poder colonial e pós-colonial só pode ser entendida nessa articulação interdependente. Na categoria capitalismo, o foco é o modo de controle do trabalho e os processos históricos de sua mercantilização; na categoria Estado, no formato Estado-nação, problematiza-se sua organização como autoridade política que, no mesmo tempo, elabora a igualdade jurídica e controla o exercício dos direitos políticos.

Evidentemente, esse é um esboço conceitual, pois a relação entre seus elementos principais (raça, Estado, capitalismo e eurocentrismo) se estruturou e se estrutura com variações geográficas e históricas.[8] Ainda assim, no argumento de Quijano (2005), a experiência colonizadora da modernidade estabeleceu um padrão de poder que se irradiou por todo o mundo, a partir da

> *codificação das diferenças entre conquistadores e conquistados na ideia de raça*, ou seja, *uma supostamente distinta estrutura biológica que situava a uns em situação natural de inferioridade em relação a outros*. Essa ideia foi assumida pelos conquistadores como o principal elemento constitutivo, fundacional, das relações de dominação que a conquista exigia. (ibidem, p.107, grifos nossos)

Inferioridade, no caso, refere-se não somente aos traços fenotípicos como também a suas elaborações mentais e culturais, o que deu ensejo a uma nova dinâmica de classificação social. As identidades históricas inventadas, como índio, negro, mestiço (bem como portugueses e espanhóis), não existiam antes do século XVI e estiveram, por sua vez, associadas à nova divisão do trabalho, que Quijano define como "divisão racial do trabalho". A história colonial da exploração do trabalho dos nativos possui distinções nas práticas colonizadoras de espanhóis e portugueses;[9] contudo, indígenas e pessoas negras foram reduzidos à escravidão, enquanto,

---

8 Por exemplo, é importante destacar que a elaboração do Estado-moderno como nação de pessoas juridicamente iguais teve diferenças locais e históricas, uma vez que envolveu controles distintos das relações de trabalho e de produção capitalista no âmbito da grande interdependência entre as nações. Isso envolve refletir sobre as mudanças no processo histórico de gestão das coisas públicas (por exemplo, espaços, escola e saúde), levando em consideração que, na conjuntura contemporânea, aprofundam-se as desigualdades sociais, a desdemocratização e desnacionalizações. Norbert Elias (1993), nos estudos sobre a sociogênese do absolutismo e os mecanismos monopolizadores, elabora a seguinte questão: como é possível que grupos exclusivos de famílias, por tanto tempo históricos, tiveram poderes discricionários de dominação e subjugação? Ele deixa pistas para questionar a importância dos mecanismos de sujeição para o controle do equilíbrio de poder.

9 Os espanhóis, em algumas localidades, mantiveram os sistemas de trabalho já praticados na metrópole, como a *encomienda*, e se apropriaram dos já existentes entre os nativos, como a *mita*.

na maioria das vezes, portugueses e espanhóis poderiam receber salários ou serem independentes como proprietários. O autor observa que, historicamente, essa prática consolidou a ideia de que o trabalho pago era para brancos e que, aos outros, restava submissão e trabalho braçal, por inferioridade racial, mental e cultural. A divisão racial do trabalho não é exclusiva da história da América, mas é um fator central da história global da fundação da modernidade, uma vez que, sem o trabalho de indígenas e africanos escravizados, não teria sido possível o desenvolvimento das políticas mercantilistas e capitalistas, por meio da mineração, da produção agrícola ou do tráfico de escravizados. A escravização de pessoas nas Américas, com característica racial, possibilitou a naturalização dos grupos indígenas e africanos como originalmente inferiores e a legitimação da dominação.

Entre as práticas de subjugação das pessoas pelo trabalho, vale mencionar o *Requerimiento*, discurso protocolar de legitimação da conquista que consistia em um texto escrito e lido em voz alta pelos espanhóis aos nativos, ainda que eles desconhecessem a língua espanhola, uma espécie de ultimato para que os índios reconhecessem a superioridade do cristianismo.[10] Apesar de existirem vários modelos, em geral os colonos iniciavam sua leitura comunicando que eram donos daquelas terras, que haviam sido concedidas pelo pontífice aos reis católicos da Espanha; por isso, os nativos deveriam se submeter à Igreja e ao Rei:

> Mas se não o fizerem... com a ajuda de Deus, invadirei suas terras à força, e farei guerra onde e como puder, *e submetê-los-ei ao jugo e à obediência da Igreja e de sua Majestade, e tomarei suas mulheres e seus filhos, tornando-os escravos...* e tomarei seus pertences, fazendo-lhes todo o mal e causando-lhes todos os danos que um senhor pode causar aos vassalos que não o recebem nem lhe obedecem. E declaro

---

10 Criado pelo jurista Juan López Palacios Rubios em 1512, o *Requerimiento* guarda relações com os rituais de submissão da *jihad* islâmica, como observado por Bartolomé de las Casas no século XVI (Seed, 1999, p.104-5, 123).

solenemente que a culpa pelas mortes e danos sofridos por essa ação será sua, e não de sua majestade, nem minha, nem dos cavalheiros que comigo vieram. (apud Seed, 1999, p.102, grifo nosso)

Portanto, a escravização era legitimada em caso de não submissão, mas se aplicava também às populações nativas errantes e aos povos insurgentes. Na carta de 1525, Albornoz recomendava ao rei que desse índios aos que viessem povoar as terras, mandando distribuir "índios perpétuos", em substituição ao sistema de resgate, no qual a pessoa escravizada poderia ser vendida para outro dono. Ele alegava que, caso os colonizadores não os tivessem como seus, haveria dificuldades no povoamento, pois, "por esta razão, as ilhas de Vossa Majestade se arruinaram a cada dia e as de Portugal se povoam e melhoram a cada dia, por serem os portugueses grandes povoadores" (apud Bellotto; Corrêa, 1979, p.52). No mesmo documento, afirmou o seguinte:

E para que Vossa Majestade determine como cumpre a seu serviço, direi dos proveitos e dos prejuízos que nisto parece que há aqui; e o proveito que advém de conseguir os ditos escravos é que, havendo muitos e vindo em poder dos cristãos, organizam-se mais grupos para as minas e tira-se mais ouro e prata e outros metais, daí resultando o aumento das rendas e quinto de Vossa Majestade e os cristãos obtêm mais lucros com eles, e estando em poder de cristãos, alguns deles, especialmente as crianças, tornam-se cristãos e alguns os iniciam na fé, ainda que poucos o fazem como deveriam fazer. (ibidem, p.53)

Quanto aos prejuízos, Albornoz afirma que a grande demanda e cobiça por escravos causaria sua diminuição e até extinção; por outro lado, enquanto fossem abundantes, deixariam os colonos mal-acostumados, pois, "deixam de fazer os outros oficiais de arte mecânica seus ofícios, e se põem em excessivos gastos e não trabalham, nem se tira ouro nem prata das minas com a ideia de que os índios os hão de servir e manter suas casas e ostentações e extrair ouro [...]" (ibidem, p.54).

Também o frei Juan de Zumárraga, bispo eleito do México, em relato de 1529, chamava atenção sobre a importância de se substituir o sistema de resgate de índios para o de índios por *repartimiento* perpétuo. Em seu argumento, conta que o governador Nuño de Guzmán havia favorecido a mercadores a comercialização de milhares de índios para várias ilhas, despovoando os locais e aterrorizando os nativos, que eram "marcados como escravos". Além do mais, eram muito maltratados pelos "espanhóis caminhantes", que os levavam a qualquer lugar e não os alimentavam, resultando na morte de vários deles. A condição de "índio perpétuo" evitaria tal situação, pois implicaria também o *status* de "senhor perpétuo", a quem poderiam servir com dedicação e tranquilidade (ibidem, p.55-6). Pierre Vilar (1974) ressalta que, apesar das *Leys de Índias* de 1542 proibirem a escravização de índios, sob o reinado de Carlos V, tendo à frente Bartolomé de las Casas,[11] uma nova lei (de 1545) suprimiu 30 instruções, retornando, portanto, o sistema de encomendas; além disso, apesar da lei, muitos homens eram comercializados.

Mas a escravização de indígenas não era a única prática de exploração de seu trabalho. Havia também a *mita*, sistema de tributo do governo inca apropriado pelos colonizadores para submeter ao trabalho forçado os indígenas, que podiam ser alugados ou receber um jornal. O recrutamento, *repartimiento* ou *encomienda* se fazia pela requisição de determinado número de homens de cada aldeia para pagar a *mita*, os quais eram arrancados de seu ambiente e de suas tradições. O minerador Luis Capoche, em *Relación general del asiento y Villa Imperial de Potosí y de las cosas más importantes de su gobierno*, concluído em 1585, relata o modo de recrutamento como subserviência:

---

11 Missionário ordenado sacerdote em 1507, chegou à América em 1502. Inicialmente foi *encomendero* de índios, tendo renunciado em 1514, quando passou a defender o fim da escravização indígena, embora por um tempo fosse a favor da escravização de africanos (Souza, 2006).

E para melhor clareza do novo *repartimiento* que Vossa Excelência será servido de mandar fazer, verifiquei os índios e aldeias que estão sujeitos a cada capitação; e os que estão neste *asiento* e não trabalham com as pessoas às quais estão repartidos, com os que faltam por vir, que o senhor Vice-Rei don Francisco de Toledo ordenou e mandou que vissem, *e onde principiou esse início de subserviência*. (apud Bellotto; Corrêa, 1979, p.30, grifo nosso)

No Brasil, a escravização de indígenas foi tema recorrente nas cartas dos jesuítas, nos relatos de viajantes e nas obras de época. No *Tratado da Terra do Brasil* (1576), Pero de Magalhães Gandavo afirma que

os moradores desta Costa do Brasil todos têm terras de sesmarias dadas e repartidas pelos Capitães da terra, e a primeira cousa que pretendem alcançar são escravos para lhes fazerem e granjearem suas roças e fazendas, porque sem eles não se podem sustentar na terra: é uma das cousas porque o Brasil não floresce muito mais, e pelos escravos que se alevantaram e fugiram pela suas terras e fogem cada dia: e se estes índios não foram tão fugitivos e mutáveis, não tivera comparação a riqueza do Brasil. (Gandavo, 2008, p.53)

E acrescenta:

As pessoas que no Brasil querem viver, tanto que se fazem moradores da terra, por pobres que sejam, se cada um alcançar dois pares ou meia dúzia de escravos (que pode um por outro custar pouco mais ou menos até dez cruzados) logo tem remédio pela sua sustentação; porque uns lhe pescam e cação, outros lhe fazem mantimentos e fazenda e assim pouco a pouco enriquecem os homens e vivem honradamente na terra com mais descanso que neste Reino, porque os mesmos escravos índios da terra buscam de comer pela si e pela os senhores, e desta maneira não fazem os homens despesa com seus escravos em mantimentos nem com suas pessoas. (ibidem, p.55)

Já os jesuítas, em suas cartas, faziam denúncias quanto aos maus-tratos executados pelos colonos na prática do chamado resgate, tal qual na colonização espanhola. É fato que todos possuíam índios escravizados: colonos, clérigos e, inclusive, os próprios jesuítas, usando justificativas religiosas ou comerciais. A legislação sobre a exploração do trabalho indígena no Brasil era bastante ambígua, pois era expressão do sentido escuso da colonização; desse modo, há grande variação dos argumentos, tanto por parte de governos como de religiosos, expondo as tensões entre a Coroa, os colonos e a Igreja. O princípio geral que legitimava a escravização era o mesmo da colonização espanhola, o da "guerra justa", embora, em tese, a liberdade natural dos nativos fosse reconhecida pela Coroa e pela Igreja, desde que eles não se tornassem inimigos, ou seja, desde que se sujeitassem a ambas. Tal princípio permitia todo tipo de prática abusiva, como destruir suas moradias, tomar suas terras, estuprar as mulheres etc., provocando muita violência e até mesmo assassinatos em massa.

Por sua vez, os colonos, alegando necessidade de mão de obra, constantemente violavam as normas que proibiam a escravização. Além do cativeiro, a apropriação do trabalho indígena no Brasil também se fazia pelo sistema de resgate, da "caça" e do *descimiento*, que consistia na prática de deslocar os índios de seus territórios para outras terras demarcadas pelos colonizadores (Alencastro, 2000). Denota-se que a legislação do trabalho indígena oscilava bastante entre proibir e permitir a escravização, mas também quanto aos poderes dos jesuítas de tutelar os índios, devido a vários confrontos com os colonos. Com o alvará de 8 de maio de 1758, emitido pelo Marquês de Pombal, a questão indígena passou a ser totalmente centralizada pela Coroa, e, mais uma vez, foi proibida a escravização deles. A medida, no entanto, durou pouco, visto que em 1808 a regulamentação do cativeiro se atualizou.

De acordo com a Carta Régia de 2 de dezembro de 1808, o direito de eclesiásticos e colonos escravizarem os indígenas teve a instrução como moeda de troca. Os eclesiásticos, mediante a educação religiosa e civil do gentio aldeado, estavam autorizados a fazer uso do seu trabalho por 12 anos; além disso, os eclesiásticos tinham garantido o direito aos dízimos da produção para consumo ou comércio mais uma pensão anual. Já os fazendeiros poderiam

> também aproveitar-se do útil do seu trabalho, como compensação do ensino e educação que se encarregam de dar-lhes: primeiro: que possam os sobreditos fazendeiros servir-se gratuitamente do trabalho de todos os Índios que receberem em suas fazendas, tendo somente o ônus de os sustentarem, vestirem e instruírem na nossa Santa Religião, e isto pelo espaço de 12 anos de idade, e de 20, quanto aos que tiverem menos de 12 anos, podendo deste modo Indemnizar-se das despesas que hão de fazer com o seu tratamento, educação e curativo nas enfermidades [...]. (Brasil, 1808)

Já a Carta Régia de 1º de abril de 1809 autorizava o cativeiro por 15 anos para homens com mais de 14 anos e mulheres com mais 12 anos, em caso de guerra justa. É fundamental problematizar que tais violências integram o processo civilizador em curso, que, na perspectiva de Elias (1993, 1994), se fez na direção da substituição da violência externa pelo autocontrole, no âmbito da organização dos estados absolutistas e das sociedades de cortes europeias. Contudo, é preciso dimensionar que tais cortes, para a sua manutenção, dependiam profundamente do trabalho escravizado de indígenas e africanos. Essa dependência, de certo modo, as deixava vulneráveis, descontroladas, diante dos altos níveis de competitividade entre elas, favorecendo a autorização de uma "violência civilizada", por que realizada a partir do centro mantenedor do processo civilizador das cortes.

Do mesmo modo, a Igreja, embora numa outra posição nas redes de competitividade, ao denunciar a violência dos colonos e a escravização, pregava a "colonização por meios brandos", ou seja, pela persuasão do entendimento e educação das vontades. O trabalho se apresentava como fator organizador da ação missionária, do aldeamento; assim, a mão de obra indígena foi usada em larga escala, especialmente pela ordem dos jesuítas, com alta produção nas suas fazendas, favorecendo acumulação expressiva de bens.

A elaboração da divisão racial do trabalho fica ainda mais evidente quando nos deparamos com o costume, no Brasil colonial, de chamar os índios escravizados de negros. Por exemplo, o padre jesuíta Manoel da Nóbrega afirmava:

> Entre outros assaltos que nesta costa são feitos, um se fez há dois anos muito cruel, que foi irem uns navios a um *gentio que chamam carijós* [...]. Agora temos assentado com o governador que *nos mande dar estes negros* para os tornarmos a sua terra e ficar lá Leonardo Nunes para os ensinar. (apud Hue, 2006, p.89, grifos nossos)

O hábito de nomear índios como negros foi proibido por Pombal no alvará de 8 de maio de 1758, que também interditou a escravização dos índios. Os argumentos são exemplares das dinâmicas raciais do trabalho constituídas no processo colonizador europeu:

> Entre os lastimosos princípios, e perniciosos abusos, de que tem resultado nos Índios o abatimento ponderado, é sem dúvida um deles *a injusta, e escandalosa introdução de lhes chamarem Negros*; querendo talvez com *a infâmia, e vileza deste nome, persuadir--lhes, que a natureza os tinha destinado para escravos dos Brancos*, como regularmente se imagina a respeito dos Pretos da Costa da África. E porque, além de ser *prejudicialíssimo à civilidade dos mesmos Índios este abominável abuso*, seria indecoroso às Reais Leis de Sua Majestade *chamar Negros a uns homens, que o mesmo Senhor foi servido nobilitar, e declarar por isentos de toda, e qualquer infâmia*, habilitando-os para todo o emprego honorífico: Não consentirão os Diretores daqui por diante, *que pessoa alguma chame Negros aos Índios, nem que eles mesmos usem entre si deste nome como até agora praticavam*; para que compreendendo eles, que lhes não compete a vileza do mesmo nome, possam conceber aquelas nobres ideias,

que naturalmente infundem nos homens a estimação, e a honra. (Brasil, 1758, grifos nossos)

Essa questão demostra como a divisão racial do trabalho, no caso dos povos africanos, gerou um sentimento de aversão centrado no fenótipo, pela cor da pele, como podemos observar na narrativa do Marquês de Pombal, em que o termo "negro", epíteto de escravo, se filia a infâmia e vileza, ao que é abominável e desonroso. Se a escravização de indígenas gerou controvérsias, o mesmo, com raras exceções, não aconteceu com a escravização dos africanos. Nas palavras do cubano José Antonio Saco, em obra de 1879 (p.6), "Sem ela o Novo Mundo jamais teria recebido tantos milhões de negros escravizados no espaço de três séculos e meio, e sem o Novo Mundo uma multidão tão imensa de vítimas humanas nunca teria sido arrancada do solo africano".

David Brion Davis (2001) observa que, em geral, enquanto os nativos do novo mundo eram vistos como possibilidade da existência de um ser humano verdadeiro, puro e bom e a imposição da doutrina cristã se apresentava como missão sagrada (na qual a escravização não poderia ocorrer), no caso dos africanos havia o estigma do pecado original da raça. Assim, os colonizadores portugueses e espanhóis, para legitimar a escravização de africanos, recorreram à explicação da origem muçulmana de modo generalizado para todos os africanos; a escravização foi, então, justificada pela condição de infidelidade e de pecadores; portanto, a doutrinação católica se apresentava necessária para a sua salvação. Afora isso, a escravização de africanos era um mercado altamente rentável, especialmente para ingleses e portugueses, em cujos domínios foi feito uso da escravização indígena em menor escala do que na América espanhola. Eltis e Richardson (2003) observam que o Brasil e a América britânica receberam, respectivamente, 41% e 29% dos escravizados que chegaram ao novo mundo; entre os domínios espanhóis, aqueles situados no Caribe, especialmente Cuba, foram os que mais receberam escravizados africanos.

A defesa da utilidade do trabalho escravo de pessoas africanas pode ser vista, por exemplo, na resposta de um representante do Conselho das Índias à consulta referente ao decreto de 5 de julho de 1685 (que instituiu normas sobre a escravização dos negros na América espanhola), a respeito da conveniência da escravização e como os religiosos se manifestavam sobre isso:

> o conduzir-se negros para a América não só é conveniente mas precisamente necessário, porque há falta de braços na parte mais importante da América; os negros são os que cultivam as fazendas, sem que possam cultivar nem se cultivem por espanhóis [...] as fazendas principais dos moradores de engenhos de açúcar, vinhas do Peru, criação de gado, *todas se mantém com negros*, servem também de carregadores e marinheiros, de sorte que se estes faltassem faltaria de todo o alimento para manter a vida humana e as riquezas, porque o mais importante consiste nesta fazenda, sendo também necessários para o serviço pessoal, porque nem crioulos nem espanhóis servem [...] as fazendas cuja riqueza depende principalmente dos escravos negros perder-se-iam, expondo a América a uma total ruína. (apud Bellotto; Corrêa, 1979, p.126, grifo nosso)

O documento prossegue expondo a opinião dos religiosos, uma vez que o assunto era vastamente tratado por vários padres e teólogos. De acordo com eles, havia distintos motivos que justificavam o comércio de pessoas africanas: guerra justa, extrema pobreza e delitos, por exemplo; outros afirmavam ser natural a escravização, pois tanto seculares como eclesiásticos faziam uso do trabalho de africanos, os quais supostamente haviam nascido para servir. Além disso, enfatizavam o argumento de que a escravização das pessoas africanas permitiria retirá-las do barbarismo em que viviam, ao introduzi-las na santa fé católica (ibidem, p.127-8).

Saco (1879, p.69) confirma que ainda que houvesse apenas a questão religiosa, com o passar do tempo predominou o entendimento das vantagens do trabalho forçado dos africanos:

Tornar produtivas as colônias com o trabalho dos escravizados, suprir com eles a falta de braços que causava a rápida mortalidade dos índios e livrá-los da imensa carga que os oprimia, são esses os únicos mobilizadores que o governo espanhol teve para conceder a introdução direta de negros da África em seus postos no Novo Mundo.

Manuel Lucena Salmoral (1933-2018), em obra imprescindível para o estudo da escravização na América espanhola, organizou os marcos da legislação em sete períodos: lei espanhola de 1543; início dos negócios (*asientos*) portugueses, em 1595; *asientos* internacionais inaugurados com a Companhia de Guiné, em 1701; reformismo bourbônico escravista, em 1768; liberdade do tráfico, em 1789; assinatura do tratado de abolição do tráfico pela Coroa, em 1819; e abolição da escravidão (1880) e do patronato (1880-1886). Alguns destaques importantes nesse processo normativo são: a proibição de negociar pessoas mulatas, ainda que escravizadas (1543); o Código Negro Carolino, de 1784 (que na verdade era um código criminal da Ilha de São Domingos, de caráter segregacionista e altamente racista); a "Instrução para Educação, Trato e Ocupações dos escravos", de 1789; a revogação da "Instrução", em 1794 (alegando que ela dava direitos às pessoas escravizadas); a abolição da escravidão no México, em 1829; as propostas de abolição para as Cortes de Cádiz, em 1811; a Lei do Ventre Livre no Peru, em 1821; o "Regulamento sobre educação, trato e ocupações que se devem dar a seus escravos, seus donos desta ilha", de Porto Rico, em 1826; o segundo tratado entre Espanha e Reino Unido de abolição do tráfico, em 1835; a abolição da escravidão na Espanha, em 1836; o regulamento de escravos para Cuba, em 1842; o regulamento de *Cimarrones*,[12] em Cuba, em 1845; a Lei do Ventre Livre geral, de 1868; e a Lei da Abolição da Escravidão e Patronato, de Cuba, em 1880.

---

12 Denominação pejorativa para as pessoas africanas escravizadas que fugiam do cativeiro, o termo faz referência a animais fugidos. Também é sinônimo de marrom, castanho.

Os números do tráfico humano são assustadores, com destaque para o Brasil e a América inglesa.

Quadro 1 – População escravizada na América (séculos XVI-XIX)

COLÔNIAS \ SÉCULO	XVI	XVII	XVIII	XIX	TOTAL
Espanholas	75.000	292.500	578.600	606.000	1.552.100
Portuguesas	50.000	500.000	1.891.400	1.145.400	3.586.800
Inglesas	–	–	527.400	2.802.600	3.330.000
Francesas	–	311.600	2.696.800	155.000	3.163.400
Holandesas	–	–	44.000	484.000	528.000
Total	125.000	1.675.500	8.453.400	1.906.400	12.160.300

Fonte: Salmoral (2000, p.133).

Contudo, embora a economia colonial da América Latina dependesse enormemente da mão de obra africana, o nível de dependência variava de acordo com as regiões e as épocas, considerando fatores como o tipo de integração das economias locais com a exportação internacional e a disponibilidade da exploração do trabalho dos indígenas. George Reid Andrews (2014) cita como exemplo Chile, América Central e Paraguai, que durante um tempo não participaram de um comércio extensivo com a Europa e onde o trabalho dos indígenas era suficiente para as necessidades locais. Já as ilhas caribenhas de Cuba, São Domingo e Porto Rico, embora periféricas no comércio de exportação, tiveram suas populações indígenas aniquiladas já no século XVI, o que demandou a escravização de africanos. No México, detectam-se dois movimentos: no século XVI e início do século XVII, houve drástica diminuição da população indígena e aumento do uso do trabalho escravo de africanos; já no século XVIII, com a recuperação da população indígena, o tráfico de escravizados reduziu significativamente.

Por outro lado, nos lugares em que predominou o trabalho indígena (México, Peru, Colômbia, Equador e Argentina), a escravização de pessoas africanas se concentrou em sub-regiões, de acordo com o tipo de trabalho:

cultivo de cana-de-açúcar, como nas costas caribenhas do México e da Colômbia, na costa do Pacífico do Peru, ou em partes do interior da Colômbia e da Argentina; a escravidão urbana, que era mais relevante nas cidades costeiras como Buenos Aires, Cartagena, Lima e Montevidéu, era importante até mesmo em cidades serranas como Potosí (Bolívia) e Quito; e a mineração de ouro. (ibidem, p.43)

Andrews (ibidem) observa ainda que os centros de maior importância na escravização de africanos eram aqueles que combinavam economia voltada para exportação com pouca disponibilidade de mão de obra indígena. Esse foi o caso da Venezuela com a exportação de cacau no início do século XVII, de Cuba e Porto Rico com a produção e exportação da cana-de-açúcar no século XVIII e do Brasil (também com a produção e exportação de cana) desde o final do século XVI até o final do século XIX.

No Brasil, a predominância do uso do trabalho escravizado de africanos se vinculou inicialmente à exportação de pau-brasil e cana-de-açúcar e, no final do século XVII, incluiu a exploração de ouro. Durante todo o período de vigência da escravidão africana, os escravizados exerciam serviços domésticos e, nos séculos XVIII e XIX, cresceu a realização de trabalhos urbanos. O autor Perdigão Malheiro (1867b) faz referência também à existência de escravizados do Estado e da Igreja. Outro fator fundamental para a longa duração da escravização de africanos é que os portugueses detinham boa parte do monopólio do comércio de escravizados, e, no século XVII, os próprios brasileiros também se beneficiaram dessa atividade; isso poderia acontecer, por exemplo, com a combinação da mercantilização do açúcar e de pessoas ou negócios combinados com outros produtos, como a farinha de mandioca, o zimbo e a cachaça, realizados diretamente na África – especialmente em Angola (Alencastro, 2000; Novais, 1979).

Destaca-se que o comércio de pessoas escravizadas era um mercado de etnias, escolhidas de acordo com o tipo de atividade a desempenhar. Combinar habilidade e obediência era a principal preocupação dos colonizadores, levando em consideração os movimentos constantes de resistência dos africanos. Por exemplo, em consulta de 18 de setembro de 1728 do rei de Portugal, D. João V, ao governador do Rio de Janeiro, Luís Vaia Monteiro, o monarca queria saber qual seria a melhor "nação" para os trabalhos de extração mineral na "Capitania das Minas de São Paulo". O governador responde que, apesar de os africanos oriundos de Angola serem mais obedientes, os da Costa da Mina, embora mais revoltosos, eram os mais indicados e reafirma a necessidade da escravização de africanos, nos seguintes termos:

> era certo que as Minas [Minas Gerais] se não podiam cultivar, senão com negros, assim porque faziam serviço mais vigoroso, como porque os brancos e reinóis, ainda que sejam criados com a enxada na mão, em pondo os pés no Brasil nenhum queria trabalhar [...] os negros minas eram os de mais reputação para aquele trabalho, dizendo os mineiros serem os mais fortes e vigorosos, mas ele entendia que adquiriram aquela reputação por serem tidos por feiticeiros e ter-lhes introduzido o diabo que só eles descobrem ouro, e pela mesma causa não haver mineiro que possa viver sem uma negra mina, dizendo que só com elas têm fortuna [...]. (apud Lara, 2000, p.529)

Ao que tudo indica, tal superstição foi uma estratégia elaborada pelos próprios africanos do grupo mina para não perderem suas mulheres. Porém, perante a conhecida rebeldia dos povos mina, o governador foi cauteloso e disse ao rei que o melhor seria trazer para Minas Gerais negros de todas as nações, pois, "o meio da divisão fora sempre o maior antídoto de semelhantes máquinas". Acrescentou, ainda, que os habitantes brancos deveriam evitar usar os escravizados bem-vestidos e armados para a sua ostentação ou para outros usos que não fossem o trabalho. Nesse caso, o governador sugere que os escravizados eram cooptados para auxiliar os brancos em seus atos de vingança, o que, sem dúvida, ao longo dos séculos, contribuiu para o agravamento do ódio inter-racial.

O autor brasileiro Brasil Bandecchi (1972, p.208) repete o historiador cubano Saco (1879) ao dizer que "sem o africano – esta é uma verdade velha, sabida e repetida, mas que sempre é bom repetir – o branco não teria dominado a inclemência do mundo tropical". O brasileiro possui dois estudos importantes. Em um deles, organizou o conjunto de leis que regulamentaram a escravização de africanos, entre elas o Alvará Régio de 29 de março de 1549 (que autorizou a importação de até 120 pessoas escravizadas aos engenhos das terras colonizadas), a Lei nº 1.237, de 24 de setembro de 1864 (que inclui entre as "coisas" que podem ser objetos de hipoteca os escravos e animais pertencentes às propriedades agrícolas), a Lei nº 2.040, de 28 de setembro de 1871 (que declara livres os filhos do ventre da mulher escravizada) e a Lei nº 3.353, de 13 de maio de 1888, que aboliu a escravização no Brasil (Bandecchi, 1972).

Um outro estudo de Bandecchi (1970) discute a conceituação de escravo face às escrituras de compra e venda. O autor inicia o texto denunciando o político Rui Barbosa, que, no governo provisório da República, no final do século XIX, havia decretado a destruição de grande parte da documentação relativa aos 350 anos de escravização de pessoas no Brasil, o que não o impediu de encontrar em São Paulo documentos de transação de compra e venda para seu estudo. Neles, são comuns os termos "resgate", "propriedade" e "coisa" para se referir à mercantilização de africanos; o termo "resgate", como vimos, também usado na escravização indígena, inicialmente fundamentava a legitimidade do sequestro de pessoas africanas para o trabalho escravo, pois denotava que elas estariam sendo resgatadas, ou salvas, de mouros e sarracenos, muçulmanos, povos não cristãos. Feito isso, uma pessoa escravizada era uma propriedade, um objeto negociado, por meio de instrumento público, escritura de compra e venda, e poderia ser hipotecado; inclusive, a palavra "propriedade" poderia ser substituída por "coisa", como aparece em uma das várias escrituras pesquisadas: "[...] para que goze, desfrute e disponha ele [comprador] da referida escrava, *como coisa sua*, que fica sendo por bem desta, para sua pessoa [vendedor] transfere toda a ação e senhorio que até então nela tem tido" (apud Bandecchi, 1970, p.135, grifo nosso).

Mais recentemente, Silvia Hunold Lara (2000) publicou um inventário da legislação da escravização de africanos na América portuguesa, um extenso trabalho de reunião de uma documentação bem dispersa, incluindo ordenações, cartas régias e alvarás (ibidem, p.36), pois no Brasil não houve uma codificação sistematizada para o trato dos africanos escravizados, tal qual encontramos nos chamados "códigos negros" elaborados pelos colonizadores franceses, anglo-saxônicos e espanhóis.[13] Vários autores brasileiros estudaram a escravização africana, especialmente no cotidiano das relações sociais. Também há um conjunto expressivo de publicações de época em geral dedicadas a justificar a prática da subalternização, como a do sacerdote católico José da Cunha de Azeredo Coutinho (1808), defensor da escravização, e a do jurista e parlamentar Agostinho Marques Perdigão Malheiro (1866), em tese contra.

Para o bispo Azeredo Coutinho, subalternização e propriedade privada são o cimento da civilização. O texto do autor é repleto de ironias voltadas àqueles que, segundo ele, em defesa de uma suposta liberdade e humanidade, se tornaram inimigos dos tronos e da religião, ao fazerem campanha contra o comércio de escravizados. Ele argumenta que o princípio do direito natural foi suplantado pelo direito à propriedade, base da civilização dos povos, como pode ser comprovado pelo benefício que o comércio de africanos gerava às nações europeias. Portanto, defender o fim do comércio de pessoas é ofender o direito à propriedade.

O objetivo do autor é demonstrar que não há contradição na legislação portuguesa e bulas pontifícias que proibiram a escravização dos índios mas permitiram a continuidade da escravização dos "pretos". Na sua perspectiva, e seguindo o pensamento mais comum na época, ao chegarem nas costas brasileiras, o que os por-

---

13 Código Negro foi o nome dado à normatização da escravidão nas colônias francesas elaborado pelo ministro de Luiz XIV, Jean-Baptiste Colbert (1619-1683), e seguido também por anglo-saxões e espanhóis.

tugueses encontram foram bandos de povos selvagens errantes: "eles ainda não conheciam a Escravidão, nem a subordinação, este primeiro passo para a Civilização das Nações" (Coutinho, 1808, p.10). Segundo o autor, os indígenas foram escravizados pela guerra justa e, se não fosse a sua resistência persistente, teriam inclusive sido beneficiados numa escalada para a civilização; desse modo, a proibição de sua escravização, em 1755, se deu apenas porque eles não tinham nenhum valor como mercadoria. Coutinho também comenta, com sarcasmo, que o projeto de escravização de africanos surgiu da mesma humanidade que defendia os índios e cita Las Casas, um defensor dos indígenas que defendia sua substituição pelo trabalho dos africanos.[14] Ele reforça, ainda, as ideias de outros autores, dizendo que todas as nações se valiam do trabalho dos "pretos africanos", pois eles já estavam acostumados à escravização e nasceram para tal.

Nos argumentos de defesa da escravização de africanos, Coutinho apresenta um entendimento muito lúcido quanto ao lugar do trabalho africano na "civilização da Europa", com argumentos que endossam o eurocentrismo. Em crítica ao filósofo iluminista Montesquieu (1689-1755), dizia que a liberdade e a civilização da Europa não foram simplesmente alimentadas pelo comércio e afirmava: "Eu, porém, cá de um canto da terra, em voz baixa e submissa lhe diria: Foram as descobertas dos portugueses, foi a escravidão d'África. Que blasfêmia, dirão os da nova seita: eu vou dar as provas" (ibidem, p.14). E prossegue sua argumentação, ressaltando, entre outros fatores, que a descoberta da América livrou os europeus dos turcos e de uma nova onda de barbárie; que, em menos de dois séculos, a Europa saiu de uma economia agrícola medíocre para um comércio de supérfluos rico e extenso, nunca

---

14 Juliana Souza (2006) afirma que tal defesa se fez nos tempos iniciais de sua atividade missionária, quando, no início de 1516, Las Casas havia elaborado uma instrução ao cardeal Cisnero e um memorando ao rei Carlos V, com recomendação da introdução da escravização de africanos. Posteriormente, passou a condenar qualquer tipo de escravização humana, com fortes críticas às práticas dos portugueses.

antes experimentado; e que, sem os negros, as colônias teriam sido inúteis. Enfatiza, ainda:

> a verdade é que muitos dos trabalhos que faziam os trabalhadores da Europa, foram substituídos e feitos pelos trabalhadores escravos d'África; os da Europa foram passando para a classe dos que trabalham à sombra, para a classe dos artistas, dos comerciantes, dos sábios, e finalmente, para a classe dos livres, dos civilizados. *Logo para que a Europa se diga livre, e civilizada é necessário, que ela confesse, ou a necessidade da escravidão d'África, ou que ela deve tornar para seu antigo estado de escravidão e barbárie, como dizem os seus filósofos*, ou ao menos para aquele estágio de Cavaleiros Andantes, em que ela se achava antes que os braços da África fossem postos em ação [...]. (ibidem, p.16, grifo nosso)

Enfim, Coutinho defende a permanência da escravização dos africanos – tanto pelo costume como pelos benefícios que trouxe à Europa e supostamente à própria África – e demonstra que não há impedimentos religiosos, pois afinal a própria escravização salvá-los-á. Ao final do texto, citando as epístolas de São Pedro e São Paulo, se pergunta o que vale mais, se a moral dos apóstolos ou a moral dos falsos filósofos e dos revolucionários.

Já os estudos de Perdigão Malheiro (1866, 1867a, 1867b) tiveram como objetivo fundamentar os debates sobre a abolição da escravidão. Sua principal obra, *A escravidão no Brasil: ensaio histórico-jurídico-social*, é organizada em três partes: parte 1, de 1866, referente aos direitos sobre os escravos e libertos; parte 2, de 1867, sobre índios, e parte 3, também de 1867, sobre africanos. É uma obra muito usada pelos historiadores, levando em consideração, entre outros, a vasta documentação presente. No conjunto de temas tratados, destacamos alguns. O autor demonstra como a prática do comércio de pessoas era amplamente usada pelas nações europeias (Portugal, Espanha, França, Inglaterra, Holanda, Dinamarca, Suécia, Rússia, Prússia); comenta sobre a condenação da escravização dos índios, diferentemente dos africanos; analisa legislações sobre comercialização, imputação de penas e violência autorizada, restrições de vestimentas e de vida social e imposição da doutrina católica; e discute as legislações relativas à proibição do tráfico (1831 e 1850) e a Lei do Ventre Livre (1871).

Duas posições do autor chamam nossa atenção: a benevolência com que apresenta as relações entre senhores e escravizados no Brasil do século XIX, antecipando a ideologia da democracia racial,[15] e o fato de não defender a abolição imediata, ainda que ao longo da obra condene drasticamente a escravidão. O autor abusa da licenciosidade para dizer como os brasileiros, em sua "boa índole" e caridade, tratavam bem os seus escravizados, a começar pelo imperador: "tal é seu humanitário intento, que por atos explícitos há demonstrado que a sua alta razão, elevada inteligência e, magnânimo coração, repugna a escravidão" (idem, 1866, p.109). De acordo com ele, a família do imperador não possuía escravizados, embora fazendas e instituições públicas fizessem amplo uso do trabalho dos "escravos da nação". De qualquer modo, afirma,

> é certo que os costumes brasileiros atuais já não são os de outrora, em todas as relações da vida social, e particularmente quanto aos escravos. Eles se acham profundamente modificados em favor dessa infeliz classe. *Para isso não só tem concorrido a índole brasileira, proverbialmente bondosa*, mas, e poderosamente, a influência do exame da questão da escravidão [...]. (ibidem, p.112, grifo nosso)

Prossegue dizendo que já não havia mais castigos violentos e, ainda que fossem merecidos, os instrumentos de tortura estavam desaparecendo, ficando a convivência entre escravizados e senhores cada vez mais próxima, tendo inclusive alguns escravos se tornado amigos de seus senhores. A comparação com a segregação racial nos Estados Unidos era inevitável, levando em consideração a "bondade proverbial dos brasileiros":

---

15 Ideologia bastante difundida no Brasil desde a década de 1930, principalmente a partir dos livros de Gilberto Freyre (1900-1987).

Nas cidades já se encontram escravos tão bem-vestidos e calçados, que, ao vê-los, ninguém dirá o que são. Até o uso do fumo, do charuto, sobretudo, sendo aliás um vício, confundindo no público todas as classes, nivelando-as para bem dizer, há concorrido a seu modo para essa confraternidade, que tem aproveitado ao escravo; o empréstimo do fogo ou do charuto aceso para que um outro acenda o seu e fume, tem chegado a todos sem distinção de *cor*, nem de *classe*. E assim, outros atos semelhantes. (ibidem, p.115, grifos do autor)

Confirmando a teoria da divisão racial do trabalho de Quijano (2005), a cor preta se apresentou como fator preponderante para a escravização de africanos, uma vez que escravos pardos, "quase brancos", tinham mais condição de adquirirem alforria. De acordo com Malheiro (1866, p.116-7), a alforria seria conseguida

com muito mais particularidade, se o escravo é de cor clara, o que prova não só a simpatia pública pela causa da liberdade e consequente repugnância ao cativeiro, mas (o que é notável), que se não fora a *cor escura*, os nossos costumes não tolerariam mais a escravidão. (grifo do autor)

Contudo, apesar da "repugnância ao cativeiro", a contar pela publicação de Malheiro, ainda seria necessário esperar mais 21 anos para que a abolição acontecesse de fato; o próprio autor concordava que a emancipação imediata "era impossível". Para defender sua posição, apresentou dados estatísticos para referendar o impacto da abolição na sociedade. Por exemplo, no texto do Padre Pompeu, em "Geografia", de 1864, aparecem com maior número de população total (livres mais escravizadas) as províncias de Pernambuco (1 pessoa escravizada para cada 4 livres), Bahia (1 para 3) e Minas Gerais (1 para 4), com destaque para a sede do império, Rio de Janeiro, com proporção de 1 para 2; no total, o Brasil possuía 10.045.000 habitantes, sendo 8.330.000 livres e 1.715.000 escravizados, na proporção de 1 pessoa escravizada para 4 livres (idem, 1867b, p.209). Mediante esse contexto, Malheiro elabora vários argumentos para continuar apoiando a escravização, não obstante afirme recorrentemente a "gravidade da questão" e que nenhuma medida poderia ser tomada de modo brusco. Um argumento reforçava serem os escravizados a principal fonte da economia, uma vez que a nação tinha na lavoura seus mais importantes produtos de exportação; outro destacava o fato de serem mercadorias adquiridas de "boa-fé",[16] sujeitas a transações, havendo ainda a questão do alto valor a ser pago pelo Estado a título de indenizações.

Outros dois argumentos merecem destaque. Em um, embora relativizasse a sua congruência, o autor aventou a possibilidade da extinção da raça negra no Brasil, devido à baixa natalidade e ao alto nível de mortalidade; assim, o fim da escravização seria uma questão de tempo. Em outro, aludiu às consequências de uma abolição imediata, pois ocasionaria o rompimento brusco das relações de mando e obediência entre senhor e escravo, que fatalmente abalaria a estrutura social e política do império; sobre isso, se perguntou: "E que destino dar a toda essa gente, repentinamente solta da sujeição e das relações em que se achavam?" (ibidem, p.214).

A organização das sociedades coloniais pela divisão racial do trabalho e pela escravização de pessoas introduziu novos processos de classificação social, em que trabalho, gênero, idade e raça se apresentaram de modo articulado, seja na comercialização dos escravizados, seja na definição do tipo de trabalho. Embora a tendência seja naturalizar essa conjunção de qualidades, elas foram historicamente constituídas. Se gênero, idade e trabalho eram relações que já se faziam articuladas há mais tempo, a introdução da cor de pele nas relações de trabalho distinguiu o novo tempo histórico, como afirma Saco (1879, p.51):

> Sem os negros, o que os conquistadores europeus teriam feito? Teriam jogado todos os trabalhos sobre a raça indígena? É muito

---

16 Esse tipo de transação aparece no texto de Manuel Ribeiro Rocha (2017) "Etíope resgatado, empenhado, sustentado, corrigido, instruído e libertado", de 1758, que descreve os diferentes modos de aquisição de um escravo.

provável que toda ela tivesse sucumbido, como pereceu nas ilhas e diminuiu muito no continente, mesmo com a ajuda dos negros. Teriam permitido que os índios vivessem por conta própria e com total independência? Supondo que sim, teriam os castelhanos se dedicado ao trabalho para lavrar sua fortuna com o suor de seu rosto?

Desde então, populações de todo o mundo passaram a ser identificadas, antes de tudo, pelas "identidades raciais", centradas nos traços fenotípicos, fenômeno cujo ápice se deu no século XIX, quando se consolidaram as representações do branco superior e das "pessoas de cor" inferiores. Contudo, essa inferiorização só foi possível porque vinculada a relações de trabalho históricas bastante específicas: servidão indígena e escravização de indígenas e africanos. Destaca-se que a cor não era simplesmente um atributo biológico, mas cultural, o que possibilitou que o racismo se tornasse o padrão de poder e de subalternização do capitalismo eurocêntrico.[17]

1.2. Processos de organização nacional e a inferiorização étnico-racial – a problemática da epiderme na formação das identidades

Simón Bolívar, em discurso no Congresso de Angostura de 1819, no ato de instalação do segundo congresso constituinte da Venezuela, afirmava:

---

17 Os padrões de gênero também foram profundamente afetados pelas novas relações constituídas desde a colonização, pois estavam fundados na classificação racial. O assentamento do modelo da família burguesa nuclear só foi possível por conta da institucionalização da prostituição na Europa e pelo acesso livre e gratuito dos homens brancos às mulheres negras e índias nas colônias. Por sua vez, a transformação de índios e africanos em mercadoria provocou profundas desarticulações dos seus sistemas de parentesco, em particular no caso dos africanos, uma vez que suas relações familiares já haviam sido destruídas no momento de sua captura. Podemos acrescentar que, desde então, se elaborou uma representação de comportamento sexual e afetivo das mulheres de acordo com a sua origem étnico-racial.

Seja-me permitido chamar a atenção do Congresso para uma matéria que pode ser de uma importância vital. *Tenhamos presente que nosso povo não é o europeu, nem o americano do norte; que antes é um composto de África e América do que uma emancipação da Europa; pois que até a Espanha mesma, deixa de ser europeia pelo seu sangue africano, por suas instituições e por seu caráter.* É impossível determinar com propriedade a que família humana pertencemos. A maior parte do indígena foi aniquilada, o europeu mesclou-se com o americano e com o africano, e este mesclou-se com o índio e com o europeu. Nascidos todos no seio de uma mesma mãe, nossos pais, diferentes em origem e em sangue são estrangeiros, *e todos diferem visivelmente na epiderme, esta dessemelhança traz uma consequência da maior transcendência.* (apud Bellotto; Corrêa, 1979, p.164, grifos nossos)

Os debates latino-americanos relativos à organização nacional, embora com variações, se aproximam em duas questões: tiveram como modelo experiências políticas e sociais externas (especialmente dos Estados Unidos e da França) e se estruturaram em torno da problemática das identidades populacionais. O acúmulo histórico de subalternização das populações de origem africana e indígena e da prática da mestiçagem se tornou o centro desses debates, combinado à importação de modelos, o que influenciou o entendimento de um tempo latino-americano em descompasso. Portanto, a afirmação da condição de incompletude e atraso foi recorrente nos discursos da época, com consequências ao longo dos séculos posteriores. A própria historiografia, por vezes, recorre aos modelos revolucionários do século XVIII para analisar os movimentos de independência na América Latina pelas suas "falhas".

A ideia de nação tem sido bastante discutida em autores de referência, como Benedict Anderson e Eric Hobsbawm, que a partir dos anos 1970 alteraram a tradição das análises ao questionarem a existência de condições objetivas de caracterização de uma nação, pois, em geral, língua, cultura, território e raça são insuficientes, pois passíveis de remodelações, como demonstra Edward Said (2007) sobre as deformações da cultura oriental nas narrativas do ocidente (ou melhor, do oriente inventado pelo ocidente). Desse modo, a objetividade é substituída por possibilidades simbólicas na construção de comunidades imaginadas, nas quais, por exemplo, a língua não é por si só a identificação de uma nação, mas o instrumento de construção da narrativa de nação (Anderson, 2008). Outro autor, Homi Bhabha (1998), problematiza uma questão importante ao se perguntar sobre as estruturas de poder e disputas de tempos entre o passado e o presente que constroem as narrativas de nação.

Na América Latina, o tema da formação da nação e da identidade nacional esteve colado aos processos de independência política, no início do século XIX, produzindo narrativas de diferentes estilos, como crônicas, memórias e relatos de fatos históricos referentes às guerras de independência. Nos períodos pós-independência, pode-se verificar a existência de ações mais acadêmicas de organização da história nacional, marcadas por questionamentos quanto à composição racial das populações. Sendo um tema bastante vasto, sobre o qual vários autores se debruçaram, este livro deter-se-á em uma questão específica: de que modo os discursos de formação das nações contribuíram para consolidar a hierarquização racial, ainda que fundamentados na ideia de unidade e coesão? Destaca-se que esse contraste foi acompanhado da defesa da propagação da instrução, na expectativa de que a educação nacional viesse a elevar as "raças inferiores" ao patamar da civilização e, desse modo, educar as cores pela escola.

Devido à posição da América Latina em relação aos estados europeus e aos Estados Unidos, a história de seus processos de independência e da organização de seus governos constitucionais foi escrita numa permanente luta contra o tempo, tanto na perspectiva diacrônica como sincrônica. Simultaneamente, viveu-se uma batalha entre o tempo passado, marcado pelo massacre de nativos e pela escravização de africanos, e o tempo presente, construtor do futuro, embasado principalmente no modelo norte-americano, a ser seguido por uma população branca e laboriosa – ainda que, por exemplo, o Brasil tenha mantido a escravidão até 1888. De qualquer modo, no tempo linear de construção de um novo futuro esteve o tempo interno da necessidade de passagem da barbárie à civilização, de aprimoramento da raça, seja pela educação, seja pelo branqueamento. Portanto, as representações nacionais, em construção no século XIX, não podem ser analisadas fora das disputas raciais e do esforço em esquecer o passado para dar lugar a um novo futuro, questão que se apresenta para a escrita das histórias nacionais.

Em texto de 1882, o filólogo Ernest Renan, numa conferência realizada na Sorbonne, se propõe a responder à questão "O que é uma nação?", desconstruindo os pressupostos de que raça, língua, religião e geografia seriam os alicerces das nações modernas, o que, de certo modo, foi incorporado por historiadores no século seguinte. Retomo aqui os seus argumentos, de modo a compreender sua proposta. O autor demonstra que, no caso da fundação das nações europeias, não é possível falar na existência de uma raça pura: "Os mais nobres países, a Inglaterra, a França, a Itália, são aqueles onde o sangue é o mais misturado" (Renan, 1997, p.11). O estudo da raça, portanto, não tem aplicação política. O mesmo ocorre com a língua: "Os Estados Unidos e a Inglaterra; a América espanhola e a Espanha, apesar de falarem a mesma língua, não formam uma só nação; ao contrário, a Suíça, nação consolidada, conta com três ou quatro línguas" (ibidem, p.14). Também religião e geografia não promovem identidade nacional, fato mais que notório pelo exemplo do imperialismo europeu e americano.

Então, o que faz uma nação? Para Renan, a nação é um princípio espiritual, uma alma, uma consciência moral, que reúne um passado glorioso comum, de sacrifícios e vitórias, e um presente pleno de vontade, também comum, de perpetuar esse legado. Contudo, afirma:

> *O esquecimento, e diria, mesmo o erro histórico são um fator essencial da criação de uma nação*, e é assim que o progresso dos estudos históricos é frequentemente, para a nacionalidade, um perigo. A investigação histórica, na verdade, traz à luz os fatos da violência que se passaram na origem de todas as formações políticas, mesmo

daquelas das quais as consequências foram as mais benfazejas. (ibidem, p.5, grifo nosso)

No caso da América Latina, a imposição desse modelo eurocêntrico de nação, embasado no esquecimento e no erro histórico, apagou outras experiências de nação, fundadas exatamente sobre os aspectos negados por Renan, qual sejam, língua, cultura, território e raça comuns, seja pelo extermínio físico de populações inteiras, seja pela destruição de suas histórias e memórias. Não foi exatamente o que fizeram os espanhóis e portugueses para dominarem os nativos? E como procederam em relação ao sequestro dos africanos por eles escravizados? Aos povos dominados eles impuseram nova língua e religião, bem como outros hábitos, e tomaram os seus territórios; contudo, não puderam se livrar das suas cores. Assim, a organização das nações americanas foi impregnada da busca por artifícios para "melhorar a raça", branqueando-a, e, assim, inaugurando outro processo de colonização do corpo.

As guerras de independência e os processos de formação das nações na América Latina tiveram características distintas, mas, em geral, em todas elas, as dinâmicas relacionais entre as elites independentistas e os povos indígenas e africanos escravizados foram caracterizadas por dois momentos: primeiramente, esses povos foram amplamente utilizados na organização dos exércitos, porém, posteriormente, foram excluídos da política. Quanto às variações, é importante destacar que os processos latino-americanos de independência integraram o contexto histórico global do período, ou seja, a ruína do sistema colonial no início do século XIX, após três séculos de dominação portuguesa e espanhola, num contexto geral de expansão industrial, desenvolvimento do capitalismo e guerras napoleônicas (1803-1815).

Nessa conjuntura, enquanto D. João VI fugiu para o Brasil com sua família, na Espanha o rei Fernando VII foi aprisionado, e José Napoleão Bonaparte foi coroado rei da Espanha e das "Índias" pelo seu irmão entre 1808 e 1813. No Brasil, a vinda da família real alterou o estatuto político da colônia, que em 1815 foi elevada à condição de reino unido, pela designação de Reino Unido de Portugal, Brasil e Algarves. A presença da família real na colônia e a articulação de interesses entre a nobreza portuguesa e as elites brasileiras tornaram possível a independência, proclamada em 1822 com o estabelecimento de uma monarquia constitucional e a coroação de D. Pedro I, filho de D. João VI, como imperador do Brasil. Após a independência, crises políticas levaram a rebeliões separatistas e republicanas, com a participação de indígenas, africanos e mestiços.[18] Contudo, no caso do Brasil, a participação oficializada de escravizados no exército nacional se fez de modo acentuado durante a Guerra do Paraguai (1864-1870).

Já o aprisionamento de Fernando VII pelos franceses levou as colônias do Vice-Reino do Rio da Prata a organizarem uma junta de governo local, desencadeando o início dos processos de independência em toda a América espanhola. Vale lembrar que as colônias espanholas eram organizadas em quatro vice-reinados – Nova Espanha (México), Nova Granada (Colômbia e Equador), Peru (Peru e Bolívia) e Rio da Prata (Argentina, Paraguai e Uruguai) – e quatro capitanias – Guatemala, Cuba, Venezuela e Chile. No caso, o vice-rei do Rio da Prata era um francês, o militar Santiago de Liniers e Bremond, e o objetivo inicial de criação da junta foi substitui-lo; assim, foi criada a Junta de Governo das Províncias Unidas do Rio da Prata. Claudia Wasserman (2011) afirma que houve resistência de várias partes; entretanto, em 1816, sob a denominação Províncias Unidas do Rio da Prata – ou Províncias Unidas da América do Sul –, ocorreu a primeira independência.[19]

---

18 Confederação do Equador, 1824 (Pernambuco, Ceará, Rio Grande do Norte, Paraíba); Federação dos Guanais, 1832 (Bahia); Revolta dos Malês, 1835 (Bahia); Cabanagem, 1835-1840 (Grão-Pará); Revolução Farroupilha, 1835-1845 (Rio Grande do Sul e Santa Catarina); Sabinada, 1837-1838 (Bahia); e Balaiada, 1838-1841 (Maranhão).

19 Os movimentos independentistas tiveram papel fundamental nas campanhas militares empreendidas por Simón Bolívar (1783-1830) e José de San Martín (1778-1850) (Donghi, 1976).

A análise da variação dos movimentos de independência precisa levar em consideração as características diferenciadas de organização das elites locais, sua relação com a metrópole e com as populações indígenas, mestiças e escravizadas. Tais dinâmicas possibilitam também compreender a divisão interna dessas elites e as lutas políticas no processo de organização das nações. Destacam-se ainda, após as independências, o acontecimento de guerras, entre os novos países constituídos, por disputas de fronteira.

Halperín Donghi (1976) demonstra que a ordem surgida com a ruptura das estruturas coloniais não se mostrou totalmente nova, dando, na verdade, continuidade aos antagonismos raciais, regionais e de grupos, numa rotina de violência favorecida pela expansão do armamento, militarização e formação de milícias locais. Contudo, houve mudanças, com impactos na organização social. No caso da escravização de africanos, em todas as nações o processo de emancipação foi paulatino: proibição do comércio, seguida por lei do ventre livre, liberdade trocada por participação em guerras e, por fim, liberdade geral. Não obstante,

> os negros emancipados não serão reconhecidos como iguais à população branca e nem mesmo à mestiça; mas a posição deles será profundamente diferente numa sociedade, que, se não é igualitária, organiza porém as desigualdades de um modo diverso da velha sociedade colonial. (ibidem, p.84)

Quanto às alterações nas relações com as populações indígenas, houve variação de acordo com a densidade local da população. No caso do México, da Guatemala e de populações do maciço andino, foi prudente manter as comunidades indígenas em seus territórios devido à produção agrícola, embora em condição vulnerável, "[...] incapazes de defender-se contra as fortes pressões no sentido de expropriá-los, e, além disso, frequentemente privados de documentação escrita que comprove o seu direito à propriedade das terras" (ibidem). Por outro lado, em comparação com a situação dos indígenas e das pessoas negras, "os mestiços, mulatos livres e, em geral, todos os que são colocados juridicamente em segunda linha nas sociedades urbanas e rurais e que exercem uma atividade livre, retiram maiores vantagens da transformação revolucionária [...]" (ibidem).

A partir da segunda metade do século XIX, a definição do posicionamento da economia latino-americana no mercado mundial como produtora de matérias-primas para os centros industriais e consumidora da produção desses centros favoreceu a ampliação da urbanização e dos processos de expropriação da terra. Esse fato trouxe sérias consequências para a população rural, em geral composta por afrodescendentes, indígenas e mestiços, forçando sua migração para as cidades, agravando o empobrecimento e as situações de vulnerabilidade e gerando aumento da população, aliado a políticas de incremento da imigração europeia no sentido de branquear a América Latina.

No caso do Brasil, habitado em sua maior parte por afrodescendentes, com significativa mestiçagem, além da longa duração do sistema escravista, o "problema da raça" foi debatido reiteradamente. Até as primeiras décadas republicanas, no início do século XX, o discurso da ausência de povo ou de sua incapacidade devido às origens étnico-raciais foi hegemônico entre a maioria dos intelectuais e políticos. José Bonifácio de Andrada e Silva (1763-1838), ministro do Império até julho de 1823, de reconhecida importância no encaminhamento da independência do Brasil, já anunciava: "amalgamação muito difícil será a liga de tanto metal heterogêneo, como brancos, mulatos, pretos livres e escravos, índios, etc. etc. em um corpo sólido e político" (apud Dolhnikoff, 1998, p.170).[20] Como tantos outros intelectuais latino-americanos da época, Bonifácio imaginava fazer do Brasil uma nação europeia na América e, como analisa Miriam Dolhnikoff (ibidem), sua atuação se con-

---

[20] De acordo com Ana Rosa Cloclet da Silva (1999, p.161), essa afirmação apareceu pela primeira vez em 1813, numa correspondência ao Conde de Funchal, embaixador português em Londres.

centrou na defesa da manutenção da unidade territorial, de modo a impedir a fragmentação em curso nas ex-colônias espanholas e da monarquia constitucional em detrimento da forma republicana.[21]

O projeto de nação de Bonifácio se fundamentava no modelo civilizacional europeu (mas com Portugal deixado de lado); nele, as questões raciais se tornaram o problema central, a ser urgentemente resolvido por reformas voltadas à homogeneização da população. Tais mudanças seriam efetivadas a partir da elaboração de uma nova política indigenista, do fim gradual da escravidão e da expansão da educação. Por sua vez, Bonifácio defendeu a monarquia constitucional, com vistas a evitar possíveis revoltas (tal qual estavam acontecendo nas ex-colônias espanholas), mas também no entendimento de que somente uma monarquia centralizada poderia favorecer o desenvolvimento de uma identidade nacional brasileira, com afrodescendentes e índios branqueados.

Em junho de 1823, Bonifácio encaminhou à Assembleia Constituinte o projeto intitulado "Apontamentos para a civilização dos índios bravos do Império do Brasil",[22] apresentando suas ideias para a "domesticação" dos povos indígenas, conforme sua própria denominação. A representação que Bonifácio faz dos indígenas é construída pelas ausências e em nada difere da de seus contemporâneos. Já no início do documento, afirma que civilizar os indígenas era uma atividade de grandes dificuldades, uma vez que eles eram povos vagabundos, não possuíam freio religioso ou civil que coibisse suas paixões e eram naturalmente entregues à preguiça – não se dedicavam a trabalhos rotineiros na terra e não tinham ideia de propriedade nem desejos de distinções e vaidades. Faltavam-lhes, ainda, razão apurada e noção de precaução:

---

21 Miriam Dolhnikoff organizou em livro um conjunto significativo de registros de Bonifácio, especialmente anotações pessoais. Ela ressalta que seus principais escritos são do período do exílio (1823-1829), depois de ter sido preso e deportado juntamente com outros deputados constituintes que não tiveram suas propostas aceitas pelo imperador, D. Pedro I (Dolhnikoff, 1998),

22 www.obrabonifacio.com.br/colecao/obra/1072/digitalizacao/pagina/2/#

Para ser feliz o homem civilizado precisa calcular, e uma aritmética por mais grosseria, e manca que seja, lhe é indispensável: mas o índio bravo, sem bens e sem dinheiro, nada tem que calcular, e todas as ideias abstratas de quantidade e número, sem as quais a razão do homem pouco difere do instinto dos brutos, lhe são desconhecidas. (Silva, 1823, p.16)

Ou seja, de acordo com o autor, faltavam-lhes exatamente os componentes da engrenagem da civilização. Como homogeneizar essa população com tantas deformações? Nas palavras do próprio Bonifácio, um adepto da perfectibilidade humana: "Daqui, porém não se deve concluir que seja impossível converter estes bárbaros em homens civilizados: mudadas as circunstâncias, mudam-se os costumes" (ibidem, p.17). A proposta de Bonifácio para a domesticação dos indígenas era extensa e envolvia alteração na dieta, organização da propriedade, estabelecimento de trabalho rotineiro e introdução de qualidades como vaidade e consumismo, além de mestiçagem.

De modo geral, apresentou várias sugestões: estimular o comércio com a compra de suas terras, em vez de simplesmente as ocupar, a exemplo dos Estados Unidos, pois o comércio favoreceria o consumo e a aprendizagem do que é o "meu" e o "teu"; forçá-los a se submeterem a certas condições vigentes desde o século XVI (por exemplo, não comer carne humana e autorização do governo para fazer guerras entre si) como requisito de negociação de paz; nomear brasileiros para caciques das nações de índios não aldeados; fundar colégios de missionários para a catequização e presídios militares para prender os rebeldes; mostrar aos índios instrumentos elétricos e experimentos com fósforos e gases para estimular neles a curiosidade; criar condições de subsistência no momento de aldeamento dos índios para evitar perturbações e roubos; nas missões, acostumar os indígenas a vestimentas e "comida de luxo", evitando alimentos vindos apenas da caça e da pesca; introduzir lentamente o trabalho rotineiro; estimular a criação de gado para substituir a dieta vegetal; proibir tabernas e o consumo de cachaça; forçar as índias a amamentar suas crias por no máximo dois anos, e não por seis ou sete, como estavam acostumadas; organizar em cada aldeia uma "caixa pia de economia, onde cada família entre com a pequena parte dos jornais ou ganho que tiver, e este dinheiro será posto a render ou no Banco da província, ou nas mãos de particulares honrados e abonados, debaixo de toda segurança" (ibidem, p.30); estimular o contato com populações brancas, por meio da organização de mercados; criar um Tribunal Conservador dos Índios para coordenação das ações de domesticação; e formar companhias cívicas com fardamento para execução de exercícios militares e para prestação de serviço às polícias das aldeias.

Também nos "Apontamentos" o estímulo à mestiçagem é reiterado em várias passagens, mas não com pessoas negras:

> Procurará com o andar do tempo, e nas aldeias já civilizadas, *introduzir brancos e mulatos* morigerados para misturar as raças, ligar os interesses recíprocos dos índios com a nossa gente, e fazer deles todos um só corpo da nação, mais forte, instruída, e empreendedora, e destas aldeias assim amalgamadas irá convertendo algumas em vilas [...]. (ibidem, p.36, grifo nosso)

Noutro documento dizia:

> Os índios são um rico tesouro para o Brasil se tivermos juízo e manha para aproveitá-los. *Cumpre ganhar-lhes a vontade tratando-os com bom modo, e depois pouco a pouco inclinar sua vontade ao trabalho e instrução moral, fazendo-o ver que tal é o seu verdadeiro interesse, e que devem adotar nossos costumes, e sociedade.* Eles aprenderão nossa língua, e se mesclarão conosco por casamentos e comércio. (apud Dolhnikoff, 1998, p.144, grifo nosso)

Já o documento "Representação à Assembleia Geral Constituinte e Legislativa do Império do Brasil sobre a escravatura"[23] não

---

23 http://www2.senado.leg.br/bdsf/handle/id/518681

chegou a ser apresentado à Assembleia Constituinte, pois o imperador D. Pedro I ordenou a sua dissolução em 12 de novembro de 1823. No texto, publicado apenas em 1825, quando em exílio na França, Bonifácio expõe sua crítica à escravização de pessoas. Contudo, como a maioria dos letrados e políticos da época, não defendia a abolição imediata, mas gradual; por outro lado, afirmava que o Brasil não teria como progredir e civilizar sem cortar "esse mal". Declarou ser o Brasil a única nação de "sangue europeu" na época que comercializava abertamente escravizados africanos e questionou sobre a possibilidade de se ter uma constituição liberal em um país habitado por uma "imensa multidão de escravos brutais e inimigos" (Silva, 1825, p.7). Além do mais, demonstrou que o trabalho escravo não era lucrativo, porque "os escravos no Brasil são boçais e preguiçosos" (ibidem, p.17) e alertou para as dificuldades de se criar uma nação homogênea, levando em consideração tanta heterogeneidade física e civil.

O argumento central de Bonifácio na crítica à escravização repetia aqueles registrados nos primórdios da colonização, o assombro de que, tal como os nativos, os negros eram gente, pessoas de carne e osso, como ele, "homens feitos à imagem de Deus" (ibidem, p.24), o que gerava o sentimento de uma "dor simpática" quanto à sua condição:

> os negros são homens como nós, e não formam uma espécie de brutos animais; [...] sentem e pensam como nós [...]. Se os gemidos de um bruto nos condoem, é impossível que deixemos de sentir também *certa dor simpática* com as desgraças e misérias dos escravos; mas tal é o efeito do costume, e a voz da cobiça, que veem homens correr lágrimas de outros homens, sem que lhes espremam dos olhos uma só gota de compaixão e de ternura. (ibidem, p.9)

Contudo, o destaque dado à cor novamente confirma os argumentos de Quijano (2005) quanto à divisão racial do trabalho na produção da modernidade. Bonifácio, ao comparar as relações escravistas das sociedades clássicas, ressaltou que, diferentemente dos de sua época, os escravizados daquele tempo

> [...] *eram da mesma cor e origem dos senhores*, e igualmente tinham a mesma, ou quase igual, civilização que a de seus amos; sua indústria, bom comportamento, e talentos os habilitavam facilmente a merecer o amor de seus senhores, e a consideração de outros homens; *o que de nenhum modo pode acontecer em regra aos selvagens africanos*. (ibidem, p.11, grifos nossos)

Nessa fala, Bonifácio parece introduzir certo tipo de determinismo racial para as manifestações de afeto e era categórico quanto aos limites das possibilidades de relações afetivas com as pessoas escravizadas da cor preta, no máximo, talvez, sentir uma "dor simpática". Ainda assim, argumentava que os senhores deveriam se esforçar e cuidar bem de seus escravizados, "[...] tratando-se essa desgraçada raça Africana com maior cristandade, até por interesse próprio" (ibidem, p.23), e, ao mesmo tempo, considerar a adoção de medidas para uma libertação gradual, pois a emancipação imediata traria consigo grandes males. Entre outros, fez alusão à revolta escrava na colônia espanhola de São Domingos (Haiti), que pôs fim à escravização em 1794 (ibidem, p.39).

Ele entendia que seria necessário fazer dos escravizados pessoas "dignas de liberdade": "cumpre que sejamos forçados, pela razão e pela lei, a convertê-los gradualmente de viz [*sic*] escravos em homens livres e ativos" (ibidem, p.24). O sucesso de tal empreendimento dependeria da mudança de comportamento dos senhores para com seus escravizados, que precisariam principalmente abrandar o seu sofrimento, instruí-los na doutrina cristã (em substituição às suas crendices e superstições) e incutir neles a esperança de que um dia seriam libertados. Desse modo, eles passariam a servir com "fidelidade e amor"; portanto, argumenta:

> Sejamos pois justos e benéficos, Senhores, e sentiremos dentro d'alma, que não há situação mais deliciosa, que a de um *senhor*

carinhoso e humano, que vive sem medo e contente no meio de seus escravos, como no meio da sua própria família, que admira e *goza do fervor com que esses desgraçados advinham seus desejos, e obedecem* a seus mandos, observa com jubilo celestial, como maridos, mulheres, filhos e netos, sãos e robustos, satisfeitos e risonhos, não só cultivam suas terras para enriquecê-lo, mas vem voluntariamente oferecer-lhe até as premissas dos frutos de suas terrinhas, de sua caça e pesca, como a um *Deus tutelar*. (ibidem, p.26)

Ao final do documento, Bonifácio apresentou uma proposta sob a forma de 32 artigos a serem discutidos e organizados em lei, segundo ele, inspirado nas legislações da Dinamarca,[24] da Espanha e de Moisés. Os artigos tratam dos seguintes temas: fim do tráfico; registro de compra e venda; procedimentos de cálculo do valor da alforria para escravizados não registrados; regulamentação da alforria; proibição de venda de escravizados sem a sua mulher e filhos menores de 12 anos; doação do Estado de pequena sesmaria, a ser paga no futuro, às pessoas alforriadas; concessão de liberdade às escravas amigadas com seus senhores, que devem dar educação aos filhos tidos com elas; proibição de castigo cruéis, a não ser no pelourinho público e por determinação de juiz policial; direito de trocar de senhor caso se comprovem maus tratos; proibição de trabalho demasiado e insalubre para menores de 12 anos; regulamentação de horas de trabalho, sustento e vestimenta pelos Conselhos Conservadores; regulamentação do trabalho de mulheres escravizadas grávidas e após o parto; medidas de estímulo ao casamento dos escravizados; instrução moral e religiosa; libertação dos escravizados por parte dos eclesiásticos; criação de Caixas de Piedade em todas as províncias, a serem abastecidas por diferentes fundos, inclusive

---

24 A Dinamarca foi um dos países que mais explorou o comércio de pessoas escravizadas durante os 250 anos de colonização das Ilhas Virgens no Caribe, com plantações de açúcar que geraram muita riqueza ao reino dinamarquês. Oficialmente a abolição se deu em 1792, mas há registros de rebeliões de escravizados até 1878 (Jensen; Simonsen, 2016).

do próprio escravizado; criação do Conselho Conservador da escravidão, para administrar a aplicação da lei.

Apesar da retórica antiescravagista, permaneceram as sanções racialistas; por exemplo, Bonifácio propõe no artigo XXIV que, "[p]ara que não faltem os braços necessários à agricultura e indústria, porá o Governo em execução ativa as leis policiais contra os vadios e mendigos, *mormente sendo estes homens de cor*" (ibidem, p.33); no artigo seguinte, afirma: "Nas manumissões, que se fizerem pela Caixa de Piedade, serão *preferidos os mulatos aos outros escravos, e os crioulos ao da Costa*" (ibidem).

Outra obra de referência para a discussão sobre a produção das raças como problema de governo foi a escrita pelo botânico alemão Carl Friedrich Philipp von Martius (1794-1868), que chegou ao Brasil em missão científica em 1816, juntamente com o zoólogo Johann Baptist von Spix (1781-1826), e aqui se instalou. A dissertação "Como se deve escrever a história do Brasil" foi escrita em 1843 e publicada na *Revista Trimestral de História e Geografia* de 1845,[25] atendendo a um chamado do Instituto Brasileiro de Geografia e Estatística (IBGE) para escolha do melhor plano de escrita, tendo sido von Martius o vencedor.

O contexto da escrita de von Martius é bem diferente do de Bonifácio. Isso porque von Martius escreve na turbulência dos acontecimentos da abdicação de D. Pedro I, instalação do período regencial (1831-1840), acompanhado de várias rebeliões internas. Em 1840, foi realizada a coroação de D. Pedro II como imperador do Brasil, então com 15 anos de idade. Outro aspecto importante é que, tal qual em outras partes de mundo, estava em curso o processo de tornar a história mais científica, com ampliação de debates e eventos, organização de instituições (como o IHGB, fundado em 1838) e criação de periódicos especializados. Contudo, von Martius não era um historiador, e seu plano surpreende em vários sentidos,

---

25 O texto aqui utilizado foi o publicado pela editora Itatiaia em 1982, na Coleção Reconquista do Brasil, nova série, volume 58.

pois o roteiro que apresenta para a escrita da história do Brasil não foi proposto a partir de registros factuais de feitos políticos, mas de estudos sobre as três cores/raças formadoras do Brasil (a cor de cobre ou raça americana, a cor branca ou raça caucasiana e a cor preta ou raça etiópica), que, inclusive, organizam os três tópicos do plano. O texto também surpreende ao sugerir fontes documentais não muito comuns na época (como relatos de viajantes, cartas dos jesuítas, romances e pinturas) buscar diálogo com a linguística (para o estudo da língua dos índios) e estudar os costumes. Outra questão importante é que von Martius ressalta a necessidade de comparação com a história dos povos das outras partes do novo mundo, de modo a verificar a história da colonização do Brasil no âmbito dos "movimentos do comércio universal" (von Martius, 1982, p.96).

Além disso, orientou os historiadores do Brasil a não fazer uma escrita erudita, mas popular, e deixou uma pista que justificava a abordagem proposta:

> Como qualquer história que esse nome merece, deve parecer-se com um Epos! *Só de um lado é verdadeiro que o Epos popular só é composto onde o povo ainda se acha em desenvolvimento progressivo*, então do outro lado não podemos duvidar que atualmente o Brasil é um objeto digno de uma história verdadeiramente popular, tendo o país entrado em uma fase que exige um progresso poderoso; por isso, uma História popular do país vem muito a propósito [...]. (ibidem, p.107)

Na apresentação do plano, o autor demonstrou receio de que sua proposta, denominada por ele de uma historiografia filosófica do Brasil, "possa ofender a suscetibilidade dos brasileiros" (ibidem, p.88) e, usando o exemplo da nação inglesa, argumentou que a mistura de raças é comum em qualquer parte do mundo. Contudo, é notório que o problema insinuado refere-se à mistura de brancos com pessoas de cor preta; desse modo, von Martius ponderou que as misturas eram mais comuns nas classes baixas, o que não deixava de influenciar a formação das classes superiores. Por outro lado,

> e até me inclino a supor que as relações particulares, pelas quais o brasileiro permite ao negro influir no desenvolvimento da nacionalidade brasileira, designa por si só o destino do país, em preferência de outros estados do novo mundo, onde aquelas duas raças [negros e indígenas] inferiores são excluídas do movimento geral, ou como indignas por causa de seu nascimento, ou porque o seu número, em comparação com o dos brancos, é pouco considerável e sem importância. (ibidem)

Visando captar as condições para o aperfeiçoamento das raças por meio da história das cores das pessoas (ibidem, p.89), o autor iniciou pela raça de cor de cobre, os indígenas. Para conhecer essa raça, von Martius sugeriu o estudo de suas origens, de sua língua (levando-se em consideração a extensão geográfica do tupi como língua falada), de suas manifestações espirituais (mitologia, teogonias e geogonias) e de seus saberes sobre a natureza. Observou que, até então no Brasil, não haviam sido encontradas civilizações como as do México, da Colômbia e da Bolívia, embora houvesse suspeita da existência de uma em Serra de Sincorá (Chapada Diamantina, Bahia), então havia esperança de que o país também poderia ter sido habitado por indígenas superiores.

Em seguida, tratou dos brancos, os portugueses, descritos como bravos aventureiros que fizeram da colônia um estado policial permanente para defesa dos ataques hostis dos indígenas, a quem venciam pelas armas e que submetiam. Entendia a colonização portuguesa como um grande empreendimento comercial, de fundamental importância para o progresso da Europa. O objetivo do estudo dos portugueses seria demonstrar sua influência moral, científica e social na formação do Brasil; o autor propunha, então, investigar os costumes, a legislação, as relações com a Igreja e a ação dos jesuítas na época da conquista. Ademais, sugeria o estudo de como as artes e ciências europeias foram implementadas no Brasil, por exemplo, pela análise da história das escolas e métodos de ensino, mas também a verificação de como foram introduzidas certas plantas e o conhecimento do manejo da terra, de manufaturas e da vida militar. Assim definiu, quanto ao estudo dos brancos:

> O historiador deve transportar-nos à casa do colono e cidadão brasileiro; ele deve mostrar-nos como viviam nos diversos séculos, tanto nas cidades como nos estabelecimentos rurais, como se formavam as relações do cidadão para com seus vizinhos, seus criados e escravos; e finalmente com os fregueses nas transações comerciais. Ele deve juntar-nos o estado da Igreja, e escola, levar-nos para o campo, as fazendas, roças, plantações e engenhos. (ibidem, p.99)

Já a orientação para os estudos das pessoas de "cor preta ou raça etiópica" não ocupava mais que uma página e falava de pessoas e mercadorias. Em "A raça africana em suas relações para com a história do Brasil", a afirmação inicial diz muito: "Não há dúvida que o Brasil teria tido um desenvolvimento muito diferente sem a introdução dos escravos negros" (ibidem, p.103). Von Martius comentou sobre os negócios dos portugueses, anteriores à colonização, com o tráfico de escravos e contato com pessoas negras e sobre a importância de verificar influências nos costumes destes. Quanto aos africanos, especificamente, orientou para estudos de seus costumes, opiniões, superstições, defeitos e virtudes da raça, de modo a favorecer comparações sobre a "[...] índole, os costumes e usos entre os negros e os índios, que sem dúvida contribuirão para o aumento do interesse que nos oferecerá a obra" (ibidem, p.103). Ele não fez nenhum comentário sobre o uso do trabalho escravo nem críticas sobre a escravização de pessoas, o que permite concluir que, de certo modo, von Martius naturaliza o fato de as pessoas africanas serem escravizadas.

Tempos depois, em 1910, o professor de história e anarquista José Oiticica (1882-1957) publicou na *Revista Americana* uma série de quatro artigos em que criticava a dissertação de von Martius.

Além da crítica à metodologia, ressaltou a ausência de unidade, o conteúdo limitado, a exclusão de fatos importantes da história do Brasil (como a colonização e a independência) e os limites na proposição dos estudos das raças (particularmente em relação às fontes documentais disponíveis). Segundo Oiticica (1910a, p.116), o estudo das raças não se faz de modo tão simplificado como quer von Martius, pois para o estudo de um povo é preciso conhecer as "forças oponentes" e as "concorrentes" que o constituem.

De acordo com Oiticica, poucas palavras resumem a história do Brasil; é preciso explicar "como a civilização portuguesa, enxertada dos índios e negros, fundou uma nação na América do Sul" (1910b, p.292), pois, em seu pressuposto, Portugal nunca foi uma nação forte, além de ser habitado por gente sem educação mental. O autor se perguntou como puderam executar um empreendimento de tamanha monta e, curiosamente, inverteu o discurso da falta, de modo que ele passou a se referir aos portugueses: "A moral minguava sob todos os pontos de vista [...]. A massa colonizadora era besta musculosa, sem aspirações e sem cultura, sem freio e sem domínio de si mesma. Por isso, a civilização do século XVI é uma ilusão" (ibidem, p.293). Ele discordou da abordagem de von Martius sobre os indígenas e denunciou as práticas de violência e o extermínio, que deixaram os indígenas totalmente em desvantagem em relação aos portugueses. Quanto aos estudos sobre as pessoas negras, reclamou de sua escassez e não comentou quase nada, limitando-se a criticar o uso desmedido da escravização de pessoas.

Nas palavras dele, "[e]m história a *raça* não tem nenhum valor" (1910c, p.185), destacando o caráter mestiço da "raça brasileira". De acordo com ele, em história devem-se estudar os povos, ou seja,

homens com um passado definitivo, uma tradição dominadora, uma tendência mais ou menos certa, um tipo perfeitamente determinado. Se dois ou mais povos se fundem são as ideias em conflito, os problemas em andamento, os entrechoques de usos e costumes o que importa frisar. As qualidades da raça não dizem nada porque a mesma raça varia de caráter se muda de meio topográfico. (ibidem)

No caso, tomou como exemplo as incorreções no estudo das qualidades dos povos indígenas. Para ele, o tipo de descrição não levava em conta os modos cruéis de sua captura, a dureza de sua escravização, a abrupta mudança do meio geográfico ou mesmo o mal aproveitamento de suas virtudes, o que explicaria, com mais correção, o seu comportamento hostil e refratário para com os colonizadores, inclusive jesuítas.[26] Mais uma vez, o autor se silenciou totalmente em relação às pessoas negras.

Também o militar e escritor José Inácio de Abreu e Lima (1794-1869), participante do exército de Bolívar e das guerras de independência da Venezuela, teve seu "Compêndio da História do Brasil", de 1843, severamente criticado por um contemporâneo, o militar e historiador Francisco Adolfo de Varnhagen (1816-1878). Em seu artigo de 1844, "Primeiro juízo", publicado na *Revista do IHGB*, entre várias questões, Varnhagen demonstrou muita irritação pelo fato de Abreu e Lima nomear os nativos como brasileiros.

> E primeiro que tudo, digamos por uma vez para toda a obra, *que não achamos próprio que se empregue a palavra – Brasileiro – tratando-se de índios selvagens*, e da mesma expressão adjetiva, referindo-se a casta e nações indígenas: e este é porque temos, além deste último nome de indígenas, o impróprio nome de Índios, ao qual podemos acrescentar as respectivas nações etc. Por este meio se evitaria certos quiprocós que aparecem no Compêndio tais como – nem todos os Brasileiros eram antropófagos ou os Brasileiros não são geralmente polígamos, ainda que alguns possam ter diversas mulheres" (Varnhagen, 1844, p.70, grifo nosso)

É curioso observar que Abreu e Lima não desconhecia a organização dos indígenas em nações, então, ao que tudo indica, o incômodo de Varnhagen estava relacionado essencialmente à in-

---

26 Oiticica (1910, p.187) questionou o fato de que os documentos usados por von Martius – no caso, as cartas –, por serem escritos pelos próprios jesuítas, escondiam a verdade sobre os aldeamentos.

feriorização do brasileiro, ao se usar o mesmo termo para também identificar os "índios selvagens". Em seu livro, após descrever as tribos, Abreu e Lima (1843, p.29) contou:

> A antropofagia dominava entre todos estes selvagens; comiam em cerimonial com medonha alegria os prisioneiros de guerra; *mas nem todos os Brasileiros eram antropófagos*: parece que a casta dos Tupis fora o que trouxera do sertão este uso horrendo, que os Portugueses acharam introduzido em todas as partes da costa. (grifo nosso)

E Varnhagen rebateu:

> A expressão – Brasileiro – quando empregada substantivamente *parece que se liga já a certa ideia de cidadão civilizado*: é o único adjetivo de quantas nacionalidades ora nos ocorrem, que do país Brasil se acrescentou um -eiro que na língua portuguesa é designativa de um continuado exercício, tráfico, ofício que o próprio sentido inculca, v. g. sineiro, caminhoneiro. (Varnhagen, 1844, p.70)

Muitas questões se apresentam quanto a essa polêmica, sendo central o tema da identidade nacional. Entre os naturais selvagens e a sociedade que se estabelecia no século XIX, quem seriam os brasileiros? Na perspectiva de Varnhagen, o sentido que qualifica (adjetiva) aqueles que no passado colonial, de forma primitiva, extraíam o pau-brasil deveria ser substituído por aquele que caracteriza (substantiva) os componentes da recém-inaugurada nação. Este significado expressa o conteúdo do trabalho civilizado, do continuado exercício dos negócios e dos ofícios; antes de tudo, a palavra "brasileiro" deveria designar a condição de cidadão civilizado, integrante do novo contexto das relações sociais, econômicas e culturais. Observa-se que, para a definição da cidadania brasileira no Império, a relação com o mundo do trabalho teve como determinação absoluta a condição de ser livre, mais imperativa, inclusive, do que ter nascido em território brasileiro, considerando-se as ressalvas para os estrangeiros. Talvez por isso não sejamos designados como "brasilenhos" e "brasilenhas"; somos brasileiros, ou seja, praticantes dos ofícios de uma sociedade civilizada.

Em 1854, Varnhagen publicou *História geral do Brasil, isto é, do descobrimento, colonização, legislação e desenvolvimento deste Estado, hoje império independente, escrita em presença de muitos documentos autênticos recolhidos nos arquivos do Brasil, de Portugal, da Espanha e da Holanda por um sócio do Instituto Histórico do Brasil, natural de Sorocaba*, com dedicatória ao imperador D. Pedro II. Os relatos sobre os indígenas mantiveram o discurso da falta: sem sentimento de apego ao lugar, gentes vagabundas etc. A vinda dos africanos foi descrita como erro da colonização, pois, se os portugueses tivessem sujeitado as crianças indígenas de 0 a 7 anos, teriam conseguido mão de obra garantida e não seria necessário buscar no além-mar (Varnhagen, 1854, p.179-80).

Como vimos por meio das narrativas desses autores, no período pós-independência e durante a organização da nova sociedade, a presença de populações indígenas e afrodescendentes, além da permanência da escravidão, se tornou altamente problemática para a discussão sobre a formação da identidade nacional. Ainda que na América Latina ao final do século XVIII já houvesse mais pessoas negras livres que escravizadas, com exceção do Brasil e de Cuba, de modo geral a instalação dos governos constitucionais, que substituiu a condição de súdito pela de cidadão, se fez com a continuidade das relações escravistas. Ou seja, a declaração de que todos os homens nasciam livres e iguais e tinham direito à felicidade e à vida só foi possível pela desconsideração e invisibilização de grupos sociais inteiros, práticas exercitadas das mais diferentes formas.

O paradoxo do século XIX é que as elites precisaram combinar o conteúdo liberal da nova política, com a justificativa de se manter, ainda por um tempo, o trabalho escravo. Para isso, foi estabelecido um conjunto de leis, similar em quase toda a América Latina, para a emancipação gradual dos escravizados. Na prática, as leis foram burladas ou instituídas com contradições, como foi o caso da Lei do

Ventre Livre, segundo a qual o senhor poderia explorar o trabalho das crianças enquanto elas estivessem com suas mães. De qualquer modo, a justificativa oficial da permanência dessa relação de trabalho, mesmo após as independências, foi a posse do escravizado como uma mercadoria, fazendo valer o direito à propriedade privada e as leis do mercado.

Além da problemática manutenção das relações escravistas, no âmbito dos debates de políticos e intelectuais sobre formação de identidades nacionais duas questões foram recorrentes: 1) Qual é o lugar dos povos indígenas na nova nação?; 2) O que fazer com a população afrodescendente livre? A questão central aqui é que, se durante muito tempo a condição de escravizado definia a total exclusão ou até a inexistência social desses grupos, a condição de liberto implicou a necessidade de criação de outros mecanismos de exclusão, fundamentados em estigmas legitimadores de uma hierarquia social, ou seja, pela cor. Entretanto, Andrews (2014) demonstra como desde o período colonial acumularam-se restrições e desvantagens das pessoas negras e de mulatos livres em relação à população branca, com variações de acordo com a localidade, tais como proibição de vestuários, de exercício de determinadas profissões, de acesso às instituições educacionais, sociais e culturais dos brancos, de culto religioso e de porte de armas, entre outras. Foram poucas as oportunidades de uma inserção social mais qualificada, entre elas o serviço militar.

Contudo, entre os movimentos de independência e a consolidação das nações, é possível identificar dois planos distintos de tratamento das populações não brancas. O primeiro se refere ao período de sua participação no exército, seja nas guerras de independência contra as metrópoles, seja nos conflitos territoriais internos (em que era possível obterem sua alforria[27] e até mesmo algum prestígio).

---

27 Nesse contexto, destacam-se os seguintes conflitos: Guerra da Cisplatina (1825-1828; Brasil e Argentina contra Província Cisplatina, atual Uruguai); Guerra entre Grã-Colômbia e Peru (1828-1829); Guerra entre Equador e Nova Granada (1832); Guerra entre as confederações Argentina e Peruano-Boliviana (1837-1839); Guerra contra a Confederação Peru-Bolívia (1836-1839); Guerra

Já o outro plano diz respeito ao momento no qual, terminadas as guerras internas, afrodescendentes e indígenas foram efetivamente marginalizados, e tiveram início as campanhas de imigração e de branqueamento.

Andrews (ibidem) registra que, em 1813, governos rebeldes da Argentina e da Venezuela começaram a recrutar escravizados, seguidos dos governos do Uruguai, do Chile, do Peru e de outros países, não sem resistência dos proprietários, alguns dos quais se recusavam a ceder seus escravizados. Além da população afrodescendente, os povos indígenas também foram usados nessas guerras. Por exemplo, Fernando Casanueva (2002) comenta que, no processo de independência do Chile, os araucanos eram usados pelos *criollos* patriotas como alegoria e símbolo rebelde contra a Coroa espanhola. Fazendo referência ao general Francisco Antonio Pinto (1785-1858), ativo participante da guerra e posteriormente presidente do Chile, destaca como, naquele contexto, os indígenas se tornaram compatriotas, mas não chilenos. Passado esse momento de alegoria ao indígena, o discurso das elites mudou radicalmente, dando continuidade às narrativas dos colonizadores quanto ao estágio de barbárie e inferioridade intelectual e à necessidade de educação. Nas décadas seguintes, as terras dos indígenas foram sistematicamente invadidas.

No Brasil, há registro da participação de escravizados negros e mestiços da Bahia no processo de independência (Reis, 1989) e nas lutas regenciais, mas a participação mais oficializada foi na Guerra da Tríplice Aliança, mais conhecida no Brasil como Guerra do Paraguai (1864-1870). Toral (1995) observa que, nessa guerra, além dos recrutados no Brasil, os exércitos paraguaios e uruguaios possuíam batalhões formados exclusivamente por pessoas negras escravizadas e/ou livres, bem como indígenas. Podemos dizer que essa guerra teve um cunho racial e altamente racista. Sobre as re-

---

da Tríplice Aliança ou Guerra do Paraguai (1864-1870; Brasil, Argentina e Uruguai contra o Paraguai); Guerra do Pacífico (1879-1883, Chile contra Bolívia e Peru).

presentações do exército brasileiro na imprensa paraguaia, Toral comenta:

> Na época da guerra (1864-1870), no Paraguai, o negro era, antes de tudo, o inimigo. O exército brasileiro era o *macacuno*, e seus líderes, segundo a propaganda lopizsta [Francisco Solano López], *macacos* que pretendiam escravizar o povo paraguaio, conduzindo-os da liberdade à escravidão. O imperador [D. Pedro II] é definido como um *gran macaco* representado sempre com uma longa cauda, Caxias [marechal Luís Alves de Lima e Silva] um descomunal sapão preto que se locomovia montado numa tartaruga (ibidem, p.288, grifos do autor)

O século XIX latino-americano, em meio à formação das nações, das cidadanias e das identidades nacionais, refinou o processo de subalternização das pessoas negras e indígenas iniciado no período colonial e consolidou a cor como quesito demarcador da hierarquia social. Na tradição espanhola, as cores eram organizadas sob o regime de castas e, no início da colonização, eram três: indígenas, negros africanos e brancos europeus. Nas gerações seguintes foram surgindo outros grupos: mulatos (afroeuropeus), mestiços (euroindígenas) e zambos (afroindígenas). De acordo com Andrews (2014), no século XVIII, como estratégia de dissimular a origem não branca, chegou-se a registrar até 52 misturas; entretanto, no século XIX, com os estudos raciais, a classificação se estabilizou em brancos, negros, mulatos e mestiços. No Brasil, não havia um sistema de castas, pois na tradição portuguesa a definição da cor estava associada à condição jurídica. De acordo com Hebe Mattos (2004), os termos "negro" e "preto" eram usados para definir escravos e forros; como visto, índios escravizados também eram denominados de negros; já "pardo" designava escravos de cor mais clara. No censo de 1872, aparecem as seguintes identificações: preto, pardo, branco e índio.

Se no contexto colonial, caracterizado pela política monárquica absolutista e cristã, a cor foi tomada como critério para definir quem era "naturalmente" predestinado à dominação e à subalternização, do século XIX em diante, com o estabelecimento da igualdade jurídica, a inferiorização das pessoas não brancas foi abordada por um viés científico. Esse processo de deslocamento das relações de dominação, na perspectiva da divisão racial do trabalho, de um lugar de inferioridade racial natural para um de inferioridade científica, numa longa duração, reafirmou a colaboração das Américas para a construção geopolítica de uma Europa superior, o que só foi possível devido ao trabalho dos povos africanos e indígenas, uma história ainda silenciada. Portanto, na história global, desde o século XVIII se acentuou o debate sobre os processos geradores das diferenças entre as pessoas e das desigualdades sociais, numa perspectiva não religiosa, com a proliferação, no século XIX, dos estudos raciais, fundamentados nos experimentos da frenologia e da antropometria. Novamente, a América forneceu o combustível para tais experimentos aos cientistas da época, pois a explicação dada pelos estudiosos e políticos quanto à condição social em que se encontravam as populações negras e indígenas nesse contexto (ou seja, de pobreza, indigência e violência) não foram os quatro séculos de brutal exploração pelos europeus, mas sim como uma condição biológica da raça, confirmada pela ciência.[28]

No século XIX, os próprios patriotas, como vimos em José Bonifácio, consolidaram a pecha de inferioridade da população latino-americana, sempre com as vistas voltadas para a Europa e para os Estados Unidos. Um deles foi o argentino Domingo Faustino Sarmiento (1811-1888), intelectual e político liberal que, em meio a outros cargos, foi presidente da Argentina no período de 1868 a 1874 e Inspetor Geral de Escolas em 1881. Entre suas publicações, destaca-se o clássico "Facundo ou civilização e barbárie", publicado como folhetim do jornal *El Progreso*, foi escrito em 1845, quando governava Buenos Aires Juan Manuel de Rosas (1829-1832), rival

---

28 As elites intelectuais latino-americanas da época se repetiram em suas publicações ao lançar mão de referências comuns, tais como Auguste Comte (1798-1857), Louis Agassiz (1807-1873), Arthur de Gobineau (1816-1882), Herbert Spencer (1820-1903) e Gustave Le Bon (1841-1931), entre outros.

de Facundo Quiroga, morto em 1835, sendo ambos defensores do federalismo contra o unitarismo, posição de Sarmiento.[29] Nesse livro, Sarmiento constrói uma narrativa que opõe campo – lugar da barbárie e do caudilhismo, por ser um território livre dos federalistas – e cidade – lugar da civilização, da cultura e do progresso.

Mas, para o propósito deste capítulo, vamos nos deter na obra *Conflicto y armonías de las razas en América*, escrito em 1882. O livro é dedicado a Horace Mann,[30] ao qual Sarmiento fez diversos elogios, estendidos aos povos anglo-saxônicos e aos Estados Unidos, apesar da escravidão, que condena. Comentou, logo nos Prolegômenos, sobre sua decepção com o contexto latino-americano de contínuos conflitos e nenhum progresso. Com a intenção de problematizar as identidades de ser americano e ser argentino, se perguntou "Que é América?" (Sarmiento, 1883, p.14). Em sintonia com a maioria dos pensadores de época, é a cor/raça das populações que orienta seu raciocínio. Para ele, afirmar que os argentinos tinham identidade europeia não era possível, pois "tantos rostos morenos nos desmentem!"; também não era possível dizer que eram todos indígenas, pois pelo sorriso de desdém das senhoras loiras já se tinha a resposta; por outro lado, mestiço ninguém queria ser, e havia aqueles que não queriam ser chamados nem de americano nem de argentino.

Em seguida, perguntou "Somos nação?" e, como Bonifácio, respondeu que não há nação sem cimento que amalgame tantos elementos raciais acumulados. Passou, então, a descrever os grupos indígenas da América do Sul – amparado por teóricos racistas como Gustave Le Bon –, comparando-os e compactuando com o pensamento comum de que todos possuem propensão ao ócio e que, independentemente do nível de sua civilização, só se ocupam

---

29 Os opositores de Rosas eram conhecidos como Geração de 37 e se exilaram no Chile, entre eles Sarmiento (Prado, 1987).
30 Horace Mann (1796-1859) foi um importante educador americano que realizou reformas pedagógicas fundadas na perspectiva de Pestalozzi, na proposição do método intuitivo e em Herbert Spencer (educação física, moral e intelectual), entre outros (Mann, 1963).

da caça e da pesca. Repetiu a narrativa da ausência – não têm vivacidade, não raciocinam, são ignorantes, não falam a verdade, são insensíveis, não possuem ambição e, apesar do bom tratamento, nada os tira de sua vida selvagem. Comentou que alguns grupos eram violentos, como os guaranis (habitantes da Argentina, do Uruguai e do Brasil, descritos como ferozes e bárbaros), e sobre o insucesso da campanha civilizacionista empreendida pelos jesuítas, principalmente devido ao fato de eles terem mantido o sistema de propriedade coletiva.

Para Sarmiento, o problema central da estruturação da população latino-americana era a mestiçagem e suas consequências, principal motivo da diferença entre a colonização espanhola e a anglo-saxônica. Destacou, sobretudo, a mestiçagem com os africanos e criticou aqueles que participaram das campanhas de introdução na América de "negros escravos de África" (ibidem, p.36) para substituir o trabalho dos indígenas. O autor afirmou que a raça negra foi o elemento de ligação do metal que viria a formar o povo americano, pois já estavam mesclados aos espanhóis desde a dominação moura. Contudo, ponderou que tantas raças distintas não formam um todo homogêneo e recorreu a Agassiz para falar sobre o caráter moral da mescla de raças, fazendo referência ao Brasil, onde a mestiçagem, como em nenhum outro lugar, excluiu as melhores qualidades do homem branco, gerando seres deficientes de energia física e mental. Especificamente sobre a raça negra, reafirma o erro de introduzi-la na América e, como outros autores, alimentava esperanças de que em meio século eles desapareceriam. Como exemplo, demonstra os dados populacionais de Buenos Aires, que em 1770 tinha 16.000 habitantes, sendo 1.000 espanhóis, 3.000 ou 4.000 filhos de espanhóis nascidos nas colônias (*criollos*) e 11.000 "mulatos, mestiços e negros" (ibidem, p.39). No contexto em que ele escreveu o livro em questão, afirmou que já quase não havia afrodescendentes em Buenos Aires.

Outro autor, o intelectual e político peruano Francisco García Calderón (1883-1953), em *Les démocraties latines de l'Amérique*, de 1912 (primeira edição em espanhol em 1949, acrescida de *La crea-*

ción de un continente), reafirmou que um dos grandes males das populações latino-americanas foi a mestiçagem com pessoas negras. É importante destacar que Calderón não publicou esse livro em espanhol, ainda que o tenha traduzido para o inglês em 1916, com o título *Latin America: its rise and progress*. Calderón passou várias temporadas na França e seu texto parece querer relevar aos estrangeiros o infortúnio da condição inferior da América Latina: "É a fatalidade do sangue sempre mais poderosa do que as afinidades políticas ou as aproximações geográficas" (Calderón, 1949, p.171).

Contudo, não era um enaltecedor dos Estados Unidos e iniciou o texto questionando os motivos de menosprezo pelos países latino-americanos, além de apontar para possibilidades promissoras de progresso. Ao traçar as diferenças entre a colonização dos anglo-saxões, holandeses, espanhóis e portugueses, destacou o fato de os primeiros terem empurrado os índios para o oeste, enquanto os últimos se misturaram a eles, e afirmou: "Na América, escreveu Humboldt no início do século 19, a pele mais ou menos branca decide o lugar que o homem ocupa na sociedade" (ibidem, p.20).

Desse modo, explicou a variedade de cores e misturas, indicando que, nos locais onde a população indígena era mais densa e a organização política mais sólida, predominou a mistura com os indígenas, como é o caso do México e do Peru; por sua vez, a introdução da população negra provocou uma nova onda de cores e de formatos cranianos. Se nas colônias anglo-saxônicas os conquistadores sofreram influência apenas do clima, nas colônias ibéricas as raças vencidas, o clima e o território transformaram os colonizadores. Desse modo, o espanhol se degenerou nas colônias, tendo o *criollo* perdido as suas principais características originárias enobrecedoras.

Calderón inclusive comparou as democracias em curso na América, ressaltando a inferioridade do latinismo que predominava nas democracias ibéricas, devido ao fato de a Ibéria ter tido mais influência de árabes e africanos e menos do latinismo da França. A mestiçagem na América Latina fez predominar um latinismo de sentimentos e o contato com anglo-saxões poderia até renovar o espírito latino e diminuir seus vícios; contudo, era fundamental não sair das tradições que lhe são próprias, não perder sua originalidade. Assim, na defesa do espírito e da integridade latina, alertou sobre o imperialismo americano e os riscos da crescente imigração de alemães e japoneses, ressaltando os ódios raciais.

> Os ianques detestam os mestiços, os casamentos impuros que se realizam entre brancos e negros nas casas do Sul Latino; nenhuma manifestação de pan-americanismo será capaz de erradicar esse preconceito enraizado no norte do México. Os mestiços e sua prole governam as democracias latino-americanas e a República composta por alemães e ingleses continuará a olhar com o mesmo desprezo para os homens dos trópicos e os escravizados de Virgínia, libertados por Lincoln. (ibidem, p.171)

O autor fez uma defesa entusiasmada da união das nações latino-americanas, incluindo o Brasil, ainda que fossem enormes os problemas a serem enfrentados, especialmente em relação às raças, para ele uma questão de suma gravidade na história americana, pois explica o progresso de alguns povos e a decadência de outros. Enquanto nos Estados Unidos se mesclavam os tipos brancos europeus, nas repúblicas latinas se formavam estranhas linhagens: "índios americanos, negros, orientais e europeus de todas as origens criam, em lares muito misturados, a raça futura" (ibidem, p.194). Portanto, como se pode notar, o problema central para Calderón não era a mestiçagem, mas a mestiçagem com índios e negros. Ele reiterou as perguntas recorrentes em outros autores: "é possível a formação de uma consciência nacional com elementos tão diversos? Poderiam democracias tão heterogêneas resistir à invasão de raças superiores? É a miscigenação sul-americana absolutamente incapaz de organização e cultura?" (ibidem). De acordo com Calderón (1949), para responder a essas questões era preciso recorrer à história americana e às experiências dos viajantes, mas também levar em consideração alguns fatores como a variedade populacional das províncias originárias dos próprios colonizadores. No caso da colonização espanhola, por exemplo, afirmou terem vindo para a América Latina os indolentes andaluzes, os astutos bascos, os circunspectos catalães, os fogosos estremenhos e ainda os povos oriundos de regiões de Portugal, influenciando diretamente o processo de governo. Associado a essa pluralidade, o autor acrescentou a necessidade de se refletir sobre os variados tipos psicológicos dos indígenas. Em relação à população negra, descreveu que

> os negros que vieram para a América como escravizados, vendidos como na época em feiras (como mulas) são seres primitivos, impetuosos e sensuais. Preguiçosos e servis, não contribuem para o progresso da raça. Nos casarões da era colonial, são os criados, governantas e babás dos filhos do senhor; nos campos, nos canaviais, são os servos que trabalham ao ritmo do chicote dos capatazes. *Constituem uma população analfabeta que exerce uma influência deprimente sobre a imaginação e o caráter dos americanos.* Aumentam a intensidade voluptuosa do temperamento tropical, enfraquecem-no e deixam no sangue dos "criollos" elementos de imprevisibilidade, ociosidade e servilismo, a longo prazo inextirpáveis. (ibidem, p.196, grifo nosso)

Em meio a tanta mestiçagem, o autor estabeleceu as hierarquias raciais, asseverando ser o mestiço primário inferior ao progenitor europeu, porém superior ao nativo. Por outro lado, dependendo do ancestral indígena, o mestiço podia ser ainda mais superior e se transformar na elite política. Calderón também foi adepto da perspectiva do melhoramento da raça pelas gerações; contudo, entendia que o cruzamento com a "raça negra" era prejudicial para as democracias e, citando Stuart Mill,[31] sustentou que o nível de desenvolvimento e riqueza de uma nação poderia ser calculado de acordo com a quantidade de pessoas negras na população total. Como exemplo de regiões conturbadas devido à forte presença da "raça negra", cita

---

31 Refere-se a John Stuart Mill (1806-1873) e seu método das variações concomitantes (Mill, 2000).

Cuba e São Domingos, algumas repúblicas da América Central e alguns estados brasileiros (ibidem, p.197), em oposição às nações mais consolidadas, devido ao inexpressivo número de pessoas negras, ou seja, Argentina, Chile e Uruguai.

Ainda na demonstração da inferiorização das pessoas em escalas raciais, Calderón, como outros escritores de época, associou a cor com debilidade de caráter e pouca inteligência, como seria o caso do mulato e do zambo (índio mais negro, chamado no Brasil de cafuzo). Para o autor, o verdadeiro americano era o *criollo*, tipo moderado e harmonioso, nem índio, nem negro, nem espanhol; entretanto, ele se perguntou se esse tipo humano comporia uma nova raça. Recorreu a Gustave Le Bon e sua teoria da necessidade de três condições para a criação de uma raça nova mais ou menos homogênea e constatou, com apreensão, a progressiva degeneração da população latino-americana. Comparando tais condições com a situação latino-americana, observou que a primeira condição – equilíbrio numérico entre as raças a serem sujeitadas a cruzamentos – não seria atendida, pois a população indígena e negra era maior que a branca; a segunda condição – pouca discrepância nos caracteres das raças – também não seria cumprida, pois as diferenças físicas e psicológicas entre indígenas, africanos e espanhóis eram muito grandes; e, finalmente, a terceira condição – terem sido submetidas por longo tempo às mesmas circunstâncias – do mesmo modo não poderia ser atendida. Assim, chegou à conclusão que "[...] nenhuma condição estabelecida pelo psicólogo francês ocorre nas democracias latino-americanas cuja população, ao contrário, degenera" (ibidem, p.199).

O processo de mestiçagem na América Latina estava tomando o rumo de regressão, o que seria um perigo e uma ameaça para a estabilidade política e para a união da região contra ameaças externas.

> Na América do Sul, a civilização depende do domínio numérico dos conquistadores espanhóis, do triunfo do homem branco sobre o mulato, o negro e o índio. Uma forte imigração pode restaurar

o desequilíbrio das raças americanas. Na Argentina, a avalanche cosmopolita aniquilou o negro e afastou o índio. Um século atrás, havia 20% de africanos em Buenos Aires; o antigo escravo desapareceu e os mulatos são poucos. Pelo contrário, no México, em 1810, os europeus representavam um sexto da população, hoje são apenas o vigésimo. (ibidem)

Também comentou que o Brasil por pouco não assistiu à concretização de uma profecia, a de que em pouco tempo cairia no poder dos negros, pois os indígenas deslocar-se-iam para regiões inacessíveis, e os brancos, acossados com a proliferação dessas raças, refugiar-se-iam em cidades e regiões mais saudáveis. Contudo, tal "luta racial" só não se concretizou devido às políticas de imigração e à chegada de muitos colonos brancos (ibidem, p.200). Portanto, o caminho para a formação de uma nova raça seria o incremento da mestiçagem com pessoas brancas, única via para a verdadeira assimilação da cultura europeia, ou melhor, para uma drástica alteração da primeira condição proposta por Le Bon, fazendo que as pessoas brancas fossem dominantes, o que contribuiria, inclusive, para a imposição de sua mentalidade.

Não obstante, nem todos comungavam das mesmas ideias racistas, e autores críticos – como o brasileiro Manoel Bomfim (1868-1932) e o peruano José Carlos Mariátegui (1894-1930) – desenvolveram um pensamento de valorização das populações afrodescendentes e indígenas, desconstruindo a tese de inferioridade. Bomfim (2008), em obra de 1903, questionou os argumentos de inferiorização de negros e indígenas, sustentando que é preciso levar em consideração as condições em que essas pessoas foram trazidas para a América, o que, por si só, já lhes daria a posição de heróis.

A história das revoltas dos negros nas Antilhas, a história de Palmares e dos quilombos ali estão para mostrar que não faltava, aos africanos e seus descendentes, nem bravura, nem vigor na resistência, nem amor à liberdade pessoal. Se, hoje, depois de 300 anos de cativeiro (do cativeiro que aqui existia!), esses homens não são verdadeiros monstros sociais e intelectuais, é porque possuíam virtudes notáveis. (ibidem, p.186)

Já em relação aos indígenas, refutou os estigmas de que eram povos preguiçosos, indolentes, refratários à disciplina social etc., argumentando ser necessário levar em consideração que, para os indígenas, a liberdade é uma necessidade orgânica, por isso sempre resistiram à captura, inclusive matando quando sua liberdade estava sendo ameaçada. Bomfim (2008) destacou, ainda, sua valentia e tenacidade, comentando o exemplo da sua participação na Guerra do Paraguai e na Guerra de Canudos.

> A guerra do Paraguai, na qual uma nação insignificante, de um milhão e pouco de habitantes, resiste, durante cinco anos, ao ataque combinado, encarniçado de três nações vizinhas, vinte vezes mais fortes do que ela, e resiste até que tenham sucumbido todos os homens válidos, e grande parte dos velhos, adolescentes e mulheres – até morrerem na luta $\frac{2}{3}$ da população – essa guerra é um dos mais extraordinários exemplos de resistência coletiva que se conhecem. O modo pelo qual aqueles descendentes de guaranis afrontavam a morte é especial, deles. Resistência comparável a esta só a dos jagunços brasileiros, em Canudos. Esses jagunços – como a generalidade da massa popular dos nossos sertões – são mestiços, nos quais domina o sangue do caboclo indígena. (ibidem, p.187)

O autor confrontou os diferentes relatos sobre a suposta crueldade dos indígenas, observando que tais narrativas desconsideravam as situações de violência a que foram submetidos. Também questionou as contradições entre os primeiros relatos de viajantes, nos quais os indígenas são descritos como pessoas receptivas, e aqueles posteriores, em que são retratados como perigosos, em um contexto no qual a invasão já era realidade.

> *São cruéis os índios?!... Ainda que eles o quisessem, não chegariam nunca às sublimidades de crueldade com que os brancos – as gentes*

da Europa civilizada – têm horrorizado o mundo. Não há, nos feitos da crueza indígena, nada comparável às atrocidades dos espanhóis em Cuba e na própria Espanha, nas masmorras da Inquisição ou nos cubículos onde apodrecem os anarquistas. Nada comparável ao proceder dos ingleses em Cartum, e mesmo nas Índias; ou dos americanos nas Filipinas, ou dos portugueses nas Índias, dos alemães na África, na Polônia e na China; ou dos franceses no Senegal, dos russos na Sibéria... Foram os índios que inventaram matar 4 mil prisioneiros à baioneta a fim de poupar pólvora?... Manter dois guardas, um mês, dia e noite, ao pé de um prisioneiro para o não deixar adormecer um momento?... Vazar 30 litros de água de sabão, à força, no estômago de um indivíduo, até que, sem forma, tumefato, o líquido se filtre por toda a superfície do corpo?... Cortar os narizes e as mãos de 400 prisioneiros, cujo crime é o de ter riquezas que foram pelos algozes roubadas? Assar as gentes por partes, um membro cada dia?.... Pobres indígenas! Falta-lhes a cultura da inteligência, a riqueza de imaginação para achar os requintes de atrocidade que os europeus sabem inventar. (ibidem, p.188, grifo nosso)

Além de trazer vários outros exemplos para demonstrar que a inferiorização de certos povos tem como único objetivo legitimar a dominação e opressão, inclusive a própria ideologia cristã (que pregou a total igualdade entre todos os povos, mas perseguiu os judeus, disseminado ódios e estigmas), Bomfim questionou a fundamentação em Darwin. De acordo com o autor, o apoio em Darwin teria como função mascarar as desigualdades nas condições de luta pela sobrevivência e, a título de defender uma condição natural de inferioridade de determinados grupos, desvirtuava totalmente a tese de Darwin.

Já Mariátegui é conhecido por difundir as teorias marxistas na América Latina; foi fundador do Partido Socialista Peruano, publicou vários textos e seu livro mais conhecido é *7 ensayos de interpretación de la realidad peruana*, publicado em partes na revista *Amauta*, fundada por ele, e como livro em 1928. Nessa obra, ele apresentou questões bem diferentes para a problematização da condição social dos indígenas no Peru, embora se dedique pouco às condições sociais das pessoas negras, cujas referências se fazem coladas à questão da escravidão. No caso dos indígenas, destacou pontos comuns aos demais países, ou seja, a permanência, mesmo após a independência, de sua posição inferiorizada, ou talvez até pior, pois a república buscou consolidar a representação dos indígenas como "comunidade primitiva", além de dar continuidade às práticas de subtrair suas terras.

> Consequentemente, a República tem deveres que o Vice-Reino não tinha. Cabia à República elevar o status do índio. E ao contrário deste dever, a República empobreceu o índio, agravou sua depressão e exasperou sua miséria. A República significou para os índios a ascensão de uma nova classe dominante que se apropriou sistematicamente de suas terras. Em uma raça de costumes e alma agrária, como a raça indígena, essa expropriação constituiu uma causa de dissolução material e moral. A terra sempre foi toda a alegria do índio. O índio desposou a terra. Ele sente que "a vida vem da terra" e retorna à terra. Portanto, o índio pode ser indiferente a tudo, exceto à posse da terra que suas mãos e seu alento religiosamente cultivam e fertilizam. (Mariátegui, 2007, p.36)

Entre as várias abordagens do autor, enfoca-se aqui o modo crítico como ele elaborou o "problema do índio". Primeiramente, afirmou não ser um "problema" étnico, uma vez que a ideia de raça inferior é uma invenção europeia para justificar a dominação; também não seria um problema de razão e moral, tema político que alimentou a discussão dos direitos humanos, mas que não alterou em nada as condições de opressão indígena; e, ainda, não seria uma questão a ser resolvida pela educação, pois as propostas pedagógicas vigentes não se alinhavam com a realidade dos povos indígenas. Para o autor, qualquer debate que ignorasse a condição dos indígenas essencialmente como problema social e econômico não mereceria crédito, pois ocultaria a raiz da questão, ou seja, o regime de distribuição de terra, visto que nada mudaria enquanto isso não fosse resolvido.

Segundo Mariátegui, as elites, ao aderirem às explicações biológicas que tomam a raça como fator determinante das desigualdades sociais, intencionaram negar exatamente as condições sociais às quais as populações indígenas e negras foram submetidas. Bomfim (2008, p.192-3), logo no início do século, já alertava quanto aos parâmetros científicos da hierarquia racial:

> Levada à prática, a teoria deu o seguinte resultado: vão os "superiores" aos países onde existem esses "povos inferiores", organizam-lhes a vida conforme as suas tradições – deles superiores; instituem-se em classes dirigentes e obrigam os inferiores a trabalhar para sustentá-las; e se estes o não quiserem, então que os matem e eliminem de qualquer forma, a fim de ficar a terra para os superiores: os ingleses governem o Cabo, e os cafres cavem as minas; sejam os anglo-saxões senhores e gozadores exclusivos da Austrália, e destruam-se os australianos como se fossem uma espécie daninha... Tal é, em síntese, a teoria das raças inferiores. De acordo com esses princípios, os indígenas americanos, os pretos africanos, os negroides e malaios da Oceania, foram declarados "inferiores", em massa. Para estes o julgamento é definitivo; a sociologia oficial da Europa e dos Estados Unidos decretou que eles são "inferiores", pois que se acham todos em estado social inferior ao dos outros povos: "As grandes nações devem ir colonizar-lhes as terras".

Uma das consequências do tratamento científico dado às relações de dominação sociorracial foi o estabelecimento hegemônico de uma história e historiografia perversas, em que se naturalizou o massacre étnico em prol da civilização e do desenvolvimento econômico, fato que deixou um lastro histórico de baixo estima e a sensação de eterna incompletude, afetando não somente as populações negras e mestiças, mas todas as cores da humanidade.

2
A "ESTÉTICA DA FALTA" COMO FATOR DE OPRESSÃO SOCIORRACIAL

Devido a uma daquelas anomalias comuns a certos estados democráticos do Novo Mundo, existem no Peru, *apesar da Constituição igualitária*, fortes diferenças entre as raças que compõem a sociedade. O desprezo do "criollo" branco pelo de pele escura e o ódio do índio pelo homem de sangue azul eram a tradição fundamental da conquista; posteriormente, os negros importados para o país para serem disseminados nas fazendas dos grandes proprietários passaram a agregar novos e mais sólidos fermentos de desprezo aos já existentes, e a fusão dessas raças deu origem a uma multidão de classes e castas, todas animadas entre si por uma antipatia virulenta, que não é o menor elemento de desordem a que a República do Peru parece ter se entregado. São essas diferentes categorias de pessoas de cor *que os descendentes dos conquistadores envolvem com desdém nessa qualificação: pessoas de "médio pelo"*. (Radiguet, 1971, p.54, grifos nossos)

O sentimento de repulsa dos *"criollos* brancos" peruanos em relação às populações indígenas, negras e mestiças, relatado pelo militar francês Max Radiguet (1816-1899), não foi especificidade das elites brancas do Peru: ele faz parte de uma história global e no século XIX foi legitimado pelo racismo científico. Como será analisado neste capítulo, os recursos linguísticos depreciadores usados por autores da época, de diferentes localidades, são similares – as palavras falam de uma humanidade de menor qualidade: *gentes de médio pelo*.[1]

Garantida a destruição da organização social dos africanos e das populações nativas, restou o perverso legado do ódio racial, uma questão fulcral na história da América Latina. Essa é uma história de sentimentos, que escapa a uma explicação estritamente racional, pois, para o estudo aqui em questão, o menosprezo ou ódio por uma pessoa devido à sua cor ou etnia é uma sensação capturada na instância das sensibilidades, ainda que impulsionada pelo racismo científico.

Tal história de desafetos será problematizada aqui por meio da categoria "estética da falta", pensada com vistas a discutir as dinâmicas sociais que produzem a invisibilização da humanidade das pessoas. Isso significa que a reflexão sobre corpos percebidos como incompletos, insuficientes, privados de qualidades, usados como fontes de discriminação e dominação e ratificadores de uma inferioridade insuperável é uma questão do campo da estética, pois trata de experiências do âmbito do sensível, que qualificam a percepção do que nos rodeia.

Em sendo sua definição bastante polissêmica, nesta discussão nos limitaremos ao contexto em que a invenção de cânones estéticos foi determinante para a elaboração das distinções e exclusões sociais e se estabeleceu como disputa política (Eagleton, 1990), ou seja, no momento de elaboração das civilidades de corte na Europa, quando burguesia e nobreza disputavam posições (Elias, 1993, 1994) e no contexto do encontro com a estética dos povos colonizados. Desde então, ocorreu um processo de racionalização civilizadora dos sentidos e das sensibilidades e de controle das sensações corpóreas, associado a uma estetização da moralidade e das virtudes. É o que se pode constatar, por exemplo, nos apelos ao branqueamento físi-

---

1 Essa expressão, de caráter pejorativo, significa algo ou alguém de "meia-tigela", de pouco valor ou de má qualidade, e designava, em sua origem, chapéus feitos com pele de pior qualidade. Torna-se mais imagético seu caráter pejorativo por se associar a uma parte do corpo da pessoa, o "pelo", que significa cabelo.

co e moral das populações negras, mestiças e indígenas e nas ações comuns de ridicularização de seus costumes e hábitos, ou mesmo na negação de seus direitos.

Por sua vez, a identificação de uma falta não está sendo tomada como característica individual de uma pessoa, mas como atributo de um grupo, produzido sócio-historicamente como inferior, em relações de interdependência constituídas no âmbito da divisão racial do trabalho, demarcadoras de profundos diferenciais de poder. O atributo da falta é um elemento estrutural básico para a fundamentação de inferioridade, de discriminações de todo tipo e elaboração de estigmas desqualificadores; ela é um dos pilares da subalternização e necessariamente se vincula ao campo da estética, pois a seleção e o uso de características desqualificadoras para oprimir o outro pressupõe experiências para além da razão. A dinâmica ausência/presença funciona como reforço das relações de poder e é impulsionada por sentimentos de repulsa, podendo justificar o ato ideológico de "evitação social" (Elias; Scotson, 2000). Nesse caso, o que falta é ativamente produzido como falta, como não existente, para dar lugar a um homogêneo opressor dominante.

Vimos que, no curso do processo civilizador/colonizador, foi atribuído aos povos nativos um rol de faltas: sem rei, sem lei, sem Deus, sem vergonha, sem noção de propriedade privada – os mesmos elementos que fundamentaram o processo civilizador europeu. Já no caso dos povos africanos, a elaboração da falta se fez vinculada principalmente à cor da pele e aos traços fenotípicos, entendidos como elementos que, por si só, denunciavam menor valia. Sendo assim, as ações dos colonizadores (sequestro e ocupação de terras, escravização de pessoas, imposição dos dogmas cristãos, castigos, prisões, linchamentos, proibição de manifestações culturais e religiosas, imposição da língua e de vestimentas etc.) se justificavam no sentido de erradicar tais "faltas". Ao longo do processo civilizador/colonizador, a falta da cor branca foi se tornando característica poderosa de dominação, e, no século XIX, o racismo científico estabeleceu a hierarquia racial e fundamentou as campanhas de branqueamento.

Independentemente dos artifícios para fazer desaparecer os povos afrodescendentes e indígenas, as principais motivações de sua estigmatização como inferiores eram as variações na demanda pelo uso de seu trabalho e a frequência dos modos de resistência a elas. Ressalta-se que a opressão colonizadora não se fez sem os mais variados tipos de resistência, tanto por parte dos povos indígenas como pelos afrodescendentes, tornando necessárias ações de negociação e recuos na escalada da subalternização. Na verdade, os atos de resistência deixavam as elites políticas e os proprietários de terra vulneráveis, gerando instabilidade no equilíbrio de forças, motivo suficiente para potencializar os estigmas de cor em narrativas e em ações pautadas pela ideia de falta.

Devido a esses fatores, é possível identificar duas direções básicas nas práticas de invisibilização da humanidade dos nativos e africanos: pela via da barbarização dos seus costumes – predominante no período colonial (séculos XVI-XIX) – e no sentido de sua criminalização – mais hegemônico no contexto após as independências, com a abolição do trabalho escravo, supressão do pagamento do tributo indígena e promulgação das cartas constitucionais, promovedoras de igualdade jurídica.

Isso pode ser detectado, por exemplo, nas escritas de época. As narrativas iniciais sobre os povos nativos eram relatos amistosos, com enaltecimento do humano natural e puro;[2] quanto aos povos africanos e afrodescendentes, há vários registros que ressaltavam sua maneira dócil e até fiel. Tudo mudou quando eles passaram a resistir ao trabalho escravizado ou ao pagamento de tributos e à entrega de terras, por meio de diferentes práticas, como guerra, assassinato, fuga e organização de quilombos ou *palenques*. Assim, a partir do final do século XVI, se tornaram mais comuns as narrativas de barbarização dos povos indígenas e africanos, que passaram a ser estigmatizados como pessoas selvagens, incivilizadas, violentas, dissimuladas, indolentes, preguiçosas, dadas ao alcoolismo etc.[3]

---

2 Entre muitos exemplos, destaco os dois documentos considerados fundadores: a carta do português Pero Vaz de Caminha (1500) e a do espanhol Rodrigo de Albornoz (1525).

3 Entre outros autores, ver Malheiro (1867a; 1867b).

Por sua vez, no século XIX, época de organização das nações latino-americanas, da elaboração dos estatutos de cidadania e do estabelecimento do trabalho livre, desenvolveram-se as narrativas criminalizadoras. Indígenas e afrodescendentes se tornaram pessoas perigosas e um "problema social", num contexto em que muitos deles se encontravam em situação de extrema vulnerabilidade: dificuldades de acesso a terra, moradia e escola, trabalhos desqualificados, baixos salários, miséria. Em relação à população afrodescendente, os "códigos negros" foram substituídos por códigos criminais, sendo que, se nos tempos coloniais a palavra "negro"/"negra" identificava a condição de escravizado, após a abolição – e até os tempos atuais –, a cor preta passou a identificar uma pessoa suspeita, potencialmente criminosa.

A população indígena foi submetida a uma situação paradoxal: a supressão do pagamento de tributos para o uso comum da terra, libertando-os da condição de servidão, favoreceu a desorganização de sua economia comunitária, incompatível com o individualismo liberal e com a lógica de mercado capitalista. Edwin Cruz Rodríguez (2012) analisa também que o projeto nacional de integração do índio como cidadão civil interferiu nas suas práticas políticas concretas e em seus sistemas de autoridade e representação, tudo para que pudessem ser cidadãos civis de uma nação abstrata, sem nenhum direito político. Acresce-se que a codificação dos indígenas e dos afrodescendentes como problema e perigo não teria sido possível sem a difusão global do racismo científico e das teorias eugênicas.

Os acontecimentos do século XIX transcorreram de um modo muito paradoxal; por exemplo, a proclamação das independências em geral não ocorreu em sintonia com a abolição do pagamento de tributos nem da escravidão, ao passo que os processos de abolição da escravidão foram gradativos. Por sua vez, a igualdade jurídica estabelecida nas constituições era contraditória, pois permanecia a escravidão, além da fixação de diferenças entre direitos civis e direitos políticos. De outro lado, os impedimentos para o exercício dos direitos políticos (seja gênero, propriedade, alfabetização e/ou etnia) se deram no mesmo contexto da difusão dos conhecimentos que traçaram as bases científicas das hierarquias de gênero e étnico-raciais, vinculadas às campanhas de branqueamento. No Quadro 2, podemos identificar, em alguns países latino-americanos, a dissonância entre as independências, a primeira Constituição e a abolição da escravidão.

Quadro 2 – Datas importantes na organização político-social da América do Sul[4]

País	Independência	Lei do Ventre Livre	Abolição final	Primeira Constituição
Argentina	09/07/1816	1813	1853	01/05/1853
Bolívia	06/08/1825	1831	1861	19/11/1826
Brasil	07/09/1822	1871	1888	25/03/1824
Colômbia	20/07/1819	1821	1852	05/08/1886
Chile	12/02/1818	1811	1823	25/05/1833
Equador	24/05/1822	1821	1851	23/09/1830
Paraguai	15/05/1811	1842	1869	13/03/1844
Peru	28/07/1821	1821	1854	12/11/1823
Uruguai	25/08/1825	1825	1842	28/06/1830
Venezuela	05/07/1811	1821	1854	24/09/1830

Fontes: Pomer (1981); Andrews (2014); Zanata (2017); www.revistadehistoria.com.br; http://pt.wikipedia.org.

O recurso da abolição gradual ratifica a mercantilização de corpos humanos negros como um assunto da economia capitalista, e não de pessoas. Embora o volume de gente escravizada fosse diferente de acordo com cada país, é certo que todos eles lançaram mão do artifício do ventre livre para prolongar a escravização, com a

---

4 Para esse quadro, estou acatando as datas consideradas oficiais, pois, no caso da independência das colônias da América espanhola, elas se fizeram em etapas, com guerras prolongadas, envolvendo não somente lutas com a metrópole, mas também entre as próprias ex-colônias, uma vez que a América do Sul estava organizada em três vice-reinados (Nova Granada, Peru e Rio da Prata). Do mesmo modo, para a identificação das datas das Constituições, não se consideraram os projetos, mas as constituições promulgadas e aplicadas; no caso do Chile, como foram várias, registrou-se aquela que teve mais durabilidade (1833-1924); o mesmo é válido para a Colômbia (1886-1991).

hipócrita contrapartida de que os filhos das mulheres escravizadas ficariam na posse do senhor até completarem determinada idade, variando de 16 a 21 anos. No caso brasileiro, Malheiro (1867b, p.222), no intuito de convencer as elites a aceitarem a edição da lei, argumentou que ela era um ótimo negócio.

Uma criança de 7 anos já começa a prestar alguns serviços, apropriados às suas forças; de 12 ainda melhor; de 16 a 21 muito mais; ora, calculando (termo médio) em 150$ por ano o valor do serviço prestado só nos últimos anos, temos que nos 5 anos ele seria de 750$; preço médio de um bom escravo, e que nem a Inglaterra, nem a França, pagarão de indenização às suas colônias, como já vimos em outro lugar.

É importante ressaltar que, tal qual na América Latina, na Europa e nos Estados Unidos os debates sobre direitos civis na elaboração das constituições se fizeram juntamente com a permanência legal de pessoas escravizadas; os europeus, nesse contexto, mantiveram pessoas escravizadas em suas colônias, sendo que nos Estados Unidos a abolição ocorreu somente em 1868, seguida de segregação racial. Ou seja, no mesmo contexto histórico global em que se discutia sobre liberdade e igualdade, em que se promulgaram constituições instituindo os direitos dos cidadãos, pessoas negras eram escravizadas, crianças livres no ventre foram sujeitadas e povos indígenas, marginalizados – tamanha a invisibilização de sua humanidade. Especificamente na América Latina, de modo geral, passadas as lutas pela independência, das quais participaram ativamente como parte de milícias e exércitos, afrodescendentes e indígenas foram apagados, indicando que para essas populações a igualdade jurídica surgia como retórica, pois poucos tiveram acesso efetivo aos direitos de cidadãos.

Portanto, as populações negras e indígenas tiveram sua humanidade destituída das mais variadas formas, pois, embora visivelmente presentes em ruas, fazendas, fábricas, subúrbios, cortiços, "casas de família" e às vezes escolas, é certo que não foram levadas em consideração como pessoas humanas com direito a terra, trabalho digno, educação de qualidade e representatividade política. Todavia, a negação de direitos não foi o único meio de invisibilizar sua humanidade, o que pode ser constatado no modo como estiveram representadas em imagens e narrativas, elaboradas de maneira caricaturizada, distorcida, deformada. Além disso, foi recorrente a ridicularização de suas manifestações culturais e vestimentas e até a interdição desses costumes, especialmente das práticas culturais de origem africana, por meio do impedimento de aglomerações, realização de bailes, *candombes*,[5] capoeira, samba etc., bem como do uso de certas vestimentas e joias.

Para melhor desenvolvimento dessas questões, o capítulo se organiza em três seções: na primeira, são discutidas as ações legais de marginalização das populações afrodescendentes e indígenas em termos de direitos constitucionais (visto que as exigências estabelecidas dificultavam a plena participação dessas populações na vida política das nações, em ato explícito de as tornar invisíveis); em seguida, analisa-se o processo de desqualificação desses povos, pautado pelas ciências e pelas teorias raciais do período; por fim, na terceira seção, discute-se a estigmatização dessas populações, realçada pela falta de pele branca, inclusive em materiais impressos, como charges e ilustrações em periódicos.

2.1. Organização das nações: para que servem os afrodescendentes e os povos indígenas? A invisibilização como estratégia política

Na historiografia sobre a organização das nações na América Latina, em que pese as diferenças no processo de sua estruturação e na composição étnica da população, é possível constatar algo bas-

---

5 *Candombe* é o nome dado ao ritmo extraído de tambores acompanhado de dança, sendo comum em diferentes festividades de origem africana, como o congado e o carnaval.

tante similar: em todas elas, setores das elites elaboraram propostas para se verem livres dos povos afrodescendentes e/ou indígenas e alimentaram sonhos de substituí-los. Essas populações foram retratadas muitas vezes como "vergonha nacional" frente ao modelo de sociedade europeia e, por isso, tomadas como justificativa central de atraso e impedimento para uma modernização civilizadora. Essa posição se refere especialmente ao período após a segunda metade do século XIX, quando avançaram os projetos liberais de nação, diferentemente daqueles das elites independentistas.

Duas questões aparentemente contraditórias se apresentam: a necessidade de continuar alimentando a estigmatização de inferioridade dos afrodescendentes e povos nativos como tática de dominação e a elaboração de mecanismos de inserção controlada dessas populações nos governos constitucionais em construção (como o apelo à alfabetização, ainda que não houvesse escola para todos). A invisibilização das pessoas em seus direitos políticos, em sua diversidade cultural, em sua estética, se apresentou como estratégia principal tanto de manutenção da sua subalternização como de controle de sua experiência social.

Não obstante, a aplicação dessas estratégias não ocorreu de maneira totalmente similar nos diferentes países, devido principalmente à posição distinta ocupada por indígenas e africanos desde o início do processo civilizador/colonizador. Isso significa que as relações de interdependência entre colonizadores e povos nativos ou africanos traficados possuíram especificidades em suas trajetórias históricas, o que repercutiu nas ações do século XIX.

No caso da população nativa – donos originários da terra, categorizados como "servos do Rei" –, os conquistadores precisaram desenvolver algumas estratégias de negociação para a ocupação das suas terras, por exemplo, reconhecer suas diferentes raças/etnias, suas organizações e até aprender suas línguas. Destaca-se que falar a língua daquele que se quer dominar foi um método perspicaz desenvolvido pelos jesuítas para a imposição da doutrina cristã, estendendo-se para os negócios.

Já em relação aos povos africanos, a identificação entre cor e trabalho foi imediata, pois como eles não eram os habitantes das terras colonizadas, sua captura não envolvia nenhuma necessidade de negociação social, apenas econômica. Durante séculos, predominou a sinonímia entre negro/preto e pessoa escravizada, como identificado na legislação colonial e presente nos relatos de governos, viajantes e historiadores, com prejuízos para a escrita da história das pessoas afrodescendentes, por não considerar sua existência para além da escravização.

Diferentemente dos indígenas, o reconhecimento de uma etnia de origem africana se fazia somente na negociação da pessoa como mercadoria, podendo haver preferência por determinada etnia, de acordo com o tipo de trabalho a ser feito. Também saber as línguas dos povos africanos era irrelevante – e quase impossível –, devido à estratégia política de misturar as etnias, e consequentemente as línguas, no intuito de evitar sua concentração numa única localidade; assim, em um mesmo plantel de escravos se encontravam falantes de diferentes línguas. O colonizador não compreendia o africano, e os africanos também tinham dificuldade de falar entre si; a cor preta parecia dizer tudo; desse modo, foram obrigados a aprender a língua do colonizador, como a única maneira de se comunicarem com seus senhores e com os outros africanos que chegavam (Mattoso, 1990).[6] Mas, após as independências, nos debates constitucionais, essas populações se tornaram um estorvo para a organização política no âmbito da lógica de mercado capitalista: como efetivar a abolição da escravidão? Como converter ex-escravizados

---

6 Rosa Virgínia Mattos e Silva (2004), em interessante estudo, demonstra que no Brasil colonial, apesar do multilinguismo, as línguas mais faladas inicialmente eram o tupi-guarani e a língua geral amazônica, de base tupinambá; porém, em meados do século XVIII, o Marquês de Pombal proibiu o seu uso e introduziu o português como língua obrigatória na colônia. Por sua vez, de acordo com a autora, os africanos e afrodescendentes se tornaram os principais difusores do "português geral brasileiro", devido às migrações empreendidas pelos seus senhores, à supressão oficial do tráfico e ao crescimento do número de escravizados urbanos.

em trabalhadores livres submissos? Como transformar afrodescendentes em cidadãos passivos? Como os tornar úteis à nação? Os indígenas deveriam ser considerados cidadãos? Como homogeneizar culturalmente essas populações? Quais estratégias usar para desfazer de suas cores?

O impacto dessas questões nas diferentes nações se diferenciou principalmente de acordo com a distribuição étnico-racial de suas populações. Quijano (2005) demostra que Argentina, Chile e Uruguai tiveram similitudes: menor uso do trabalho escravizado de africanos; prática de extermínio dos índios como artifício principal de posse de suas terras; amplo uso de trabalho de imigrantes europeus. Portanto, em comparação com outras nações, nesses países predominou uma população mais branqueada, com indígenas e afrodescendentes habitando terras distantes e pobres, profundamente marginalizados se não fisicamente eliminados. As demais nações se caracterizaram por ter uma população composta de maioria indígena, negra e/ou mestiça; contudo, observa-se que, excetuando Cuba e o Brasil, a população afrodescendente foi apagada da história das demais nações, conforme demonstrado em estudos recentes sobre a população afro-latino-americana. De qualquer modo, cada país, à sua maneira, buscou o branqueamento da população e se esforçou por homogeneizar culturalmente a nação, tendo a Europa e os Estados Unidos como espelhos.

O Brasil, com densa população negra, vivendo em meio a degradantes condições e tendo a abolição do trabalho escravo somente em 1888, despertava atenção dos vizinhos latinos, sendo possível encontrar na imprensa estrangeira artigos que noticiavam a tensão entre escravizados, negros livres e brancos proprietários. Por exemplo, em meio aos conflitos entre antiescravagistas e proprietários de terra uruguaios e brasileiros, que negociavam/pirateavam escravizados fugidos do Brasil para o Uruguai, Magariños Cervantes escreve no jornal *El Nacional* de 23 de agosto de 1851:

> Existem no Brasil vinte negros, mulatos etc. para cada branco e o dia em que o moderno Átila cruzar suas fronteiras proclamando a

liberdade dos escravizados, a igualdade de direitos e o comunismo em ação – porque não merece outro nome a desapropriação e extermínio da classe ilustrada e opulenta pela ignorante e miserável cujo número é infinitamente maior – o triunfo do sistema vermelho seria infalível. (apud Rodríguez, 2006, p.39)

Alfred Demersay, no texto *El negro del Paraguay*, de 1860, afirma ser diminuta a população negra nesse país e faz um alerta ao governo brasileiro, dizendo que, "[n]o Brasil, existem 4 negros ou mulatos em cada 5 habitantes. Este predomínio do sangue africano, ainda mais acentuado nas províncias setentrionais do Império, deve ser objeto de sérias preocupações por parte do seu Governo" (apud Carvalho-Neto, 1971, p.71).

Noutro exemplo, já no contexto pós-abolição, o destaque era para a condição de trabalho dos ex-escravizados. O cronista argentino Roberto Arlt, em *Aguafuertes cariocas*, de 1930, na crônica "Trabajar como negro", comenta que, apesar de os portenhos usarem essa expressão com certa frequência, não o faziam adequadamente, pois só poderiam entender seu real significado conhecendo o negro brasileiro, que,

descalço sobre as calçadas em brasa, carrega paralelepípedos, leva pacotes, sobe escadas carregado de fardos enormes, usa a picareta, a pá; levanta trilhos... E o sol, o sol brasileiro cai sobre suas costas de besta negra e as queima lentamente, dá-lhe um brilho de ébano reaquecido na fornalha. Ele executa os trabalhos mais brutais e rudes, aqueles que aqui fazem o branco retroceder. Sim, onde o pálido nativo ou o operário estrangeiro retrocedem, o negro estará para ocupar o lugar. E trabalha [...]. Por um pagamento miserável. É silencioso, quase triste. Deve ser a tristeza dos ancestrais. Sei lá! (Arlt, 2013, p.62)

A situação relatada por Arlt reitera a divisão racial do trabalho na América Latina, onde, no período pós-independência, foi elemento decisivo para o estabelecimento de cidadanias mutiladas, naturalizada e justificada pela origem étnico-racial. No caso do Brasil, temos que, no caso da população afrodescendente livre, não houve oficialmente discriminação de direitos devido à sua cor; as restrições legais foram direcionadas às pessoas escravizadas, por serem propriedade de seus senhores, a quem estavam sujeitados.

Na primeira Constituição, a de 1824, por exemplo, não se registra interdição do direito de voto aos afrobrasileiros, ou mesmo de frequentar a escola pública. Os impedimentos se fizeram pelas próprias condições de vida da população negra livre, marcadas por profundas desigualdades sociorraciais, o que não favoreceu sua ida à escola, direito a moradia e terras nem trabalho digno. Com a abolição da escravidão em 1888, muito pouco se alterou, lembrando que a porcentagem de escravizados registrada no Censo de 1872 era de 15,2% da população (Vainfas, 2008). Em relato de Pires de Almeida (1989, p.93), as discriminações se confirmam.

> Nas cidades em geral e no Rio de Janeiro, em particular, há dois elementos presentes: *uma classe média inteligente e, em geral, voltada para o bem* e classes inferiores muito miscigenadas, beirando em alguns pontos a classe média, mas quase todas possuindo um fundo hereditário de depravação que transparecerá nas ocasiões de faltas e maus exemplos... *As classes ocupadas com trabalhos manuais ou degradadas pelos hábitos ociosos ou viciosos parecem comprazer-se com a ignorância*. (grifos nossos)

No contexto republicano, a problemática da heterogeneidade racial e da identidade nacional no Brasil prossegue, com destaque para as campanhas governamentais de aumento da imigração europeia, fato comum em toda a América Latina. É certo que o fim da escravização de pessoas, do governo monárquico e das prerrogativas legais dos privilégios da nobreza instituiu novas questões para a organização da sociedade brasileira, pois, efetivamente, pela Constituição de 1891, "todos são iguais perante a lei"; portanto, há de se incorporar todo o povo à nação. Que povo?

A população indígena, drasticamente reduzida, ficou sob a tutela de religiosos no século XIX e início do século XX. Duas problemáticas perpassaram as ações envolvendo os povos indígenas naquela conjuntura: ausência de definição clara sobre o que seria território indígena (confundido com terras devolutas, facilitando a continuidade das práticas de apropriação indevida) e a política da tutela (justificada pela suposta incapacidade moral dos povos nativos). É fundamental ressaltar que a argumentação teórica dos europeus sobre a propriedade privada e sobre o trabalho regular como fatores de civilização (Locke, 2014 [1690]) foi desenvolvida ao longo do processo civilizador/colonizador, exatamente no confronto com as experiências comunitárias dos povos indígenas. Ou seja, perante outra noção de propriedade, impôs-se a ideia de propriedade privada como fator legitimador da posse, por parte do colonizador, mas também do conteúdo moral embutido naquele que se torna um proprietário.

Essa prática permaneceu nos períodos pós-independência, no Império e na República. Especificamente no contexto republicano, o desenvolvimento urbano-industrial e a demanda por construção de estradas e ferrovias favoreceram a segunda fase da "guerra justa", para justificar a invasão de terras e o desmonte de aldeias, agora legitimados pela necessidade de "progresso do país". Por outro lado, predominou o entendimento da falta de condição mental dos indígenas para se integrarem à nação como cidadãos, motivo da permanência, por um longo período histórico, de políticas estatais tutelares. Entretanto, examinando a legislação da época, é possível identificar que, na verdade, tais políticas se direcionavam à ratificação da divisão racial do trabalho. O Decreto nº 8.072, de 20 de junho de 1910, criou o Serviço de Proteção aos Índios e Localização de Trabalhadores Nacionais, no âmbito do Ministério da Agricultura, Indústria e Comércio, cujos fins, conforme consta no artigo 1º, eram:

a) prestar assistência aos índios do Brasil, quer vivam aldeados, reunidos em tribos, em estado nômade ou promiscuamente com civilizados;

b) estabelecer em zonas férteis, dotadas de condições de salubridade, de mananciais ou cursos de água e meios fáceis e regulares de comunicação, centros agrícolas, constituídos por trabalhadores nacionais que satisfaçam as exigências do presente regulamento. (Brasil, 1910, grifo nosso)

A proteção aos indígenas implicava sua redefinição como trabalhadores nacionais; conforme explicita o artigo 22 do mesmo Decreto:

O Governo Federal, por intermédio do Ministério da Agricultura, Indústria e Comércio, e de conformidade com este regulamento, promoverá a instalação de centros agrícolas, *onde serão localizados os trabalhadores nacionais* que, por sua capacidade de trabalho e absoluta moralidade, possam merecer os favores consignados para esse fim. (ibidem, grifo nosso)

Não obstante, a Figura 2, do século XIX, mostra indígenas brasileiros acorrentados como pessoas escravizadas.

Figura 2 – índios escravizados

Quanto à população negra, grande parte permanecia em condição similar à população indígena, ou seja, fora dos padrões europeus de civilização, visto que não tinham propriedade e trabalhavam em condições precárias. Como acontecia desde o Império, a população negra livre era empregada em trabalhos inferiores, pois contava com poucas chances de estudo e de acesso à formação profissional qualificada, situação que continua na República e passa a ser uma realidade para a população de ex-escravizados. Predominava o trabalho na roça, sujeitado aos mandos dos proprietários de terra; nas cidades, exerciam os mais vis trabalhos, incluindo como criados domésticos, e trabalhos em meios militares; esse cenário era agravado pelas péssimas condições de moradia (em favelas e cortiços), associadas a pobreza, fome e preconceito racial, levando à ampliação da criminalização entre afrodescendentes.

É o que pode ser observado no Código Penal promulgado logo após a instalação da República pelo Decreto nº 847, de 1890, no qual há várias passagens favorecedoras da vulnerabilidade dessa população. Por exemplo, o artigo 30 estipulava pena de recolhimento para crianças entre 9 e 14 anos em estabelecimentos disciplinares industriais, pelo tempo que ao juiz parecer, desde que não ultrapassasse a idade de 17 anos. Já de acordo com o artigo 157, era crime "praticar o espiritismo, a magia e seus sortilégios, usar de talismãs e cartomancias para despertar sentimentos de ódio ou amor, inculcar cura de moléstias curáveis ou incuráveis, enfim, para fascinar e subjugar a credulidade pública". O artigo 391 tratou das situações de prisão por mendicância e alcoolismo, e o capítulo XIII é todo dedicado à estipulação de penas para os "vadios e capoeiras". Acresce-se a essas questões o fato de que no Brasil, desde 1881, estava proibido o voto de pessoas não alfabetizadas (Decreto nº 3.029, de 9 de janeiro de 1881), instituindo mais um entrave para a população afrodescendente, pois a maioria estava fora da escola – por falta de escolas, mas principalmente por necessidade de trabalhar, seja para a família, seja para outrem; assim, além da condição de inferiorização estipulada pela cor, agregou-se outra falta: ser analfabeto.

Baseando-se nos dados dos Censos de 1872 e 1920, vários autores do final do século XIX e início do século XX publicaram obras referindo-se à existência de um Brasil sem povo. Entre eles consta Gilberto Amado, autor, em 1916, da famosa frase "Povo propriamente não o temos" (Amado, 1978, p.38). Para ele, no país não havia uma "coletividade consciente", uma herança da colonização portuguesa, dos tempos imperiais e da escravidão; portanto, desde a independência, as duas constituições – a do Império e a da República – pairavam no ar. No seu entendimento, também contribuía para essa situação o predomínio do clientelismo político praticado pelos proprietários de terra e o governo de estadistas "instruídos em leituras estrangeiras" que pouco entendiam a aplicação de suas teorias para o governo de um povo "sem saúde, sem hábitos de trabalho, dad[o] às superstições das raças selvagens, inútil quase como força econômica [...]" (ibidem).

Tomando especificamente o Censo de 1872, que estimou uma população total de dez milhões de pessoas, Amado afirma que "[...] não existia, nem podia existir, aquilo que tanto enchia a boca dos políticos: o 'povo brasileiro'". Pois, de acordo com ele, esse povo não podia ser

> o milhão e meio de escravos, o milhão de índios inúteis que a contagem do Governo reduziu, com evidente imprecisão, a quatrocentos mil apenas; não podiam ser os cinco milhões de agregados das fazendas e dos caipiras, matutos, caboclos, vaqueiros do sertão, capangas, capoeiras, pequenos artífices, operários rurais primitivos, pequenos lavradores dependentes, não podiam ser os dois milhões ou o milhão e meio de negociantes, empregados públicos ou particulares, criados e servidores de todas as profissões. O povo brasileiro, existente como realidade viva, não podia deixar de ser apenas as 300.000 ou 400.000 pessoas pertencentes às famílias proprietárias de escravos, os fazendeiros, os senhores de engenho de onde saíam os advogados, os médicos, os engenheiros, os altos funcionários, os diplomatas, os chefes de empresas, únicas pessoas que sabiam ler, tinham alguma noção positiva do mundo e das coi-

sas e podiam compreender, dentro da sua educação, o que vinha a ser monarquia, república, sistema representativo, direito de voto, governo, etc. (ibidem, p.36-7)

Ainda de acordo com Amado, a situação pouco teria se alterado com a República, pois "os elementos sociais" permaneciam os mesmos. Igual entendimento tiveram os 12 autores que compuseram o livro *À margem da história da República*, organizado por Vicente Licínio Cardoso, com primeira edição em 1924.[7] Pensada na época da comemoração do centenário da independência (1822-1922), a obra foi escrita sob o impacto do Censo de 1920, que omitiu o quesito cor, num contexto em que o foco esteve no branqueamento e no qual as elites buscavam vender a imagem de país civilizado aos europeus. Mas os dados revelaram o resultado de três séculos de esbulho e opressão sociorracial: dispersão populacional, número significativo de pessoas com ocupação mal definida, grande desigualdade na distribuição da propriedade de terra (concentrada nas mãos de 9% da população total), precárias condições de trabalho, baixos salários e altíssima taxa de analfabetismo (75% da população). De acordo com as análises de José Murilo de Carvalho (2003), num total de 30.635.605 habitantes, retirando analfabetos e mulheres, apenas 3.218.243 estavam aptas a votar; contudo, levando em consideração o limite de idade (21 anos), estima-se que apenas 2,4 milhões de pessoas estavam autorizadas a votar, ou seja, menos de 10% da população (Carvalho, 2003, p.102-3).

---

[7] Autores e artigos: A. Carneiro Leão, "Os deveres das novas gerações brasileiras"; Celso Vieira, "Evolução do pensamento republicano no Brasil"; Gilberto Amado, "As instituições políticas e o meio social no Brasil"; Jonathas Serrano, "O clero e a República"; José Antônio Nogueira, "O ideal brasileiro desenvolvido na República"; Nuno Pinheiro, "Finanças nacionais"; Oliveira Vianna, "O idealismo da Constituição"; Pontes de Miranda, "Preliminares para a reforma constitucional"; Ronald de Carvalho, "Bases da nacionalidade brasileira: uma síntese histórica"; Tasso da Silveira, "A consciência brasileira"; Tristão de Athayde, "Política e letras"; Vicente Licínio Cardoso, "Benjamin Constant, o fundador da República" e "À margem da história da República".

Entretanto, apesar das especificidades históricas brasileiras, a história da efetiva participação popular em eleições ainda carece de mais estudos comparativos, pois, no âmbito de uma história global, o sufrágio universal não se fez pela incorporação imediata de toda a população adulta. É importante lembrar que a organização de governos constitucionais aconteceu de modo sincrônico nos Estados Unidos, na Europa e na América Latina, no final do século XVIII e ao longo do século XIX, embora a historiografia, de modo geral, secundarize a experiência latino-americana e até interprete esse processo histórico como incompleto. É fato que, com algumas variações, em todas essas localidades predominou, em geral, o voto masculino adulto e a exigência de bens e de escolaridade, sendo que a ampla participação popular se fez gradualmente (Sabato, 2009).

De qualquer modo, as elites do século XIX pretendiam forjar nações constituídas no imaginário de unidade e homogeneidade social, cultural e territorial, ao mesmo tempo que uma série de guerras atravessavam os continentes europeu, americano e africano. Essa conjuntura tanto alimentou ideários nacionalistas como expôs fraturas desmedidas nas sociedades pelo aprofundamento das desigualdades sociorraciais e pela ampliação do racismo.

Héctor Espiell (2002) confirma que, como no Brasil, a população nativa das ex-colônias espanholas também foi ignorada nas constituições, com explícita violação do princípio de igualdade jurídica.

> Apesar de sua enorme importância demográfica em muitas e extensas áreas do México, América Central e América do Sul, nada relativo a eles aparece em textos constitucionais contemporâneos ou imediatamente posteriores à independência. A Revolução emancipatória manteve o poder político e econômico nas mãos dos "criollos". E os indígenas, que eram maioria em muitos dos novos Estados, foram marginalizados e, de fato, ficaram excluídos das realidades do poder e discriminados social e economicamente. (Espiell, 2002, p.143)

Como disse o político peruano Santiago Távara Andrade, na época da abolição do tributo indígena, em 5 de julho de 1856, "e esses índios que chamamos de cidadãos, para que eles servirão a república?" (apud Galindo, 1997, p.24). Diferentes grupos étnicos habitavam o Peru, entre eles os quéchuas, aimarás, *chocorvos* e *chachapoyas*, e durante o século XVIII, com a guerra desencadeada por Túpac Amaru II (1780), houve um forte movimento anti-indigenista. De acordo com Alberto Galindo (ibidem, p.17),

> [...] a administração colonial ataca tudo o que poderia ser considerado cultura andina: *proíbem o teatro e a pintura indígena, a leitura dos Comentários Reais, o uso do quíchua, a vestimenta tradicional.* Etnocídio? O certo é que o índio passa a ser tão desprezado quanto temido por aqueles que não o são. A cultura andina deixa os espaços públicos e se torna clandestina. (grifo nosso)

Contudo, essa fase se interrompeu com as guerras de independência, quando a população nativa se envolveu nas lutas contra os espanhóis, mas também entre si, por meio da organização de guerrilhas pelos proprietários de terra. De acordo com o pensamento dos autores da época, no Peru a grande fragmentação social e racial se apresentava incompatível com qualquer projeto democrático. O Censo de 1876 indicou uma população total de 2.700.000 pessoas, sendo 371.195 brancos, 1.554.678 indígenas, 500.000 mestiços e 50.000 negros ou asiáticos. Era diante desse quadro populacional que Távara se perguntava a respeito da utilidade dos indígenas para a república, pois, segundo ele, o índio, apesar de maioria, era o lado inerte da sociedade, vil, abatido, temeroso etc. (ibidem, p.24). Não obstante, no final do século XIX e início do século XX, os indígenas acabaram por se converter em um elemento positivo nos discursos de nacionalidade, e, na Constituição de 1920, a comunidade indígena foi reconhecida como categoria jurídica, durante a segunda presidência de Augusto Leguía (1919-1930), que também criou o Departamento de Assuntos Indígenas e o Dia Nacional do Índio (Wade, 1977, p.65).

Por outro lado, nesse contexto de maioria mestiça e indígena, a população afroperuana foi hiperinvisibilizada: o negro era um cidadão de segunda categoria, identificado como *"de color modesto"* (Leonardo, 2016, p.14). Apesar disso, temos que a população negra escravizada no Peru se fez presente desde os primórdios da colonização, com maior intensidade até o século XVII, dedicando-se ao trabalho agrícola no litoral, ao artesanato e ao trabalho doméstico nas cidades; de acordo com dados de 1791, 73,7% deles se concentravam em Lima (Aguirre, 2005). A abolição final da escravidão, em 1854, pareceu mais proveitosa para os senhores, que se desfizeram dos "escravizados problemáticos", com indenizações, enquanto muitos dos libertos, que não tinham nenhuma outra opção de sobrevivência, permaneceram nos mesmos locais, e aqueles que se dirigiram às cidades não encontraram nenhuma condição de vida digna – sendo, inclusive, responsabilizados pelo aumento da criminalidade. No entendimento de Aguirre,

> os escravizados que deixaram de ser escravos a partir de 3 de dezembro de 1854 tiveram que enfrentar uma sociedade que os recebia não como cidadãos iguais perante a lei – como deveria ter sido – mas como seres inferiores, abjetos e perigosos. "Vinte mil escravos fora de seus galpões" – escreveu Felipe Barriga, "Timoleón", em um jornal de Lima – representavam uma ameaça [...] que "seria necessário exterminar" para evitar "o terrível abalo" que representava a abolição [...]. O Heraldo de Lima chamou de "insulto ao bom gosto" o fato de ter sido outorgada a cidadania à aristocracia da gentalha. (ibidem, p.193-4)

Se o Peru apresentava maioria de população indígena e mestiça, na Colômbia as elites identificaram os colombianos como pertencentes a uma nação "mestiça branqueada", embora a costa do Pacífico, principalmente no distrito de Chocó, fosse inteiramente habitada por afrodescendentes (Wade, 1977). Nessa concepção de nação, indígenas e afrocolombianos foram excluídos porque foram identificados como não mestiços; além do mais, a aceitação social das pessoas negras no território colombiano foi muito limitada e individualizada – como regra geral, dependia da aparência. Nos registros de Santiago Perez, um dos membros da Comissão Corográfica, criada em 1850 para estudar as viabilidades de progresso no país, ele não economizou nas palavras depreciativas para se referir à população negra chocoana, afirmando: "[...] selvagem estupidez de raça negra, sua insolência boçal, seu desdém hediondo e seu cinismo escandaloso" (apud ibidem, p.45).

A Constituição colombiana de 1886, como a de outras nações latino-americanas, não levou em consideração a diversidade étnica, além de estabelecer a religião católica como oficial. E, em 1890, a Lei nº 89 instituía que

[...] nem os selvagens, nem os indígenas já reduzidos à vida civil seriam regidos pelas leis da república, e ambos seriam tratados como menores legais em matérias relacionadas com seus *resguardos*.[8] Sua condição inferior como indígenas era, portanto, protegida por lei, enquanto os negros eram simplesmente ignorados. (ibidem, p.46)

Fernando Mayorga García (2013), em interessante estudo, aborda a legalização da desigualdade de direitos nesse período político da Colômbia.

Entre 1887 e 1890, definiu-se [sic] três categorias claramente diferenciadas, a cada uma das quais indicou um marco regulatório diferente: a dos civilizados, aqueles que correspondiam às normas do Código Civil adotado em 1887 para a nova República unitária; a do semicivilizado, para quem foi promulgada a Lei 89 de 1890, em seus artigos 2º ao 42º; e o previsto no artigo 1º da mesma norma para os "selvagens", que seriam regidos pelas normas definidas

---

8 A jurisdição dos *resguardos* (reservas indígenas) era de origem colonial espanhola. Em determinadas regiões, de acordo com o tipo de interesse no uso do trabalho indígena, os espanhóis reconheciam as terras indígenas como propriedade ancestral (Zuluaga, 2015).

pelo Governo, de acordo com a autoridade eclesiástica. (ibidem, p.160)

Como deveriam ser governados os povos indígenas? Enquanto as elites liberais defendiam abertamente a posse das terras indígenas, os conservadores, dissimulados nas campanhas de proteção, viam nesses povos o "[...] braço poderoso para o patrimônio público, especialmente para a agricultura, onde quer que habite" (ibidem, p.165). A Lei nº 89, de 1890, teve como objetivo específico determinar "[...] a forma como os selvagens que são reduzidos à vida civilizada devem ser governados", ou seja, os "semisselvagens", pois não estavam contemplados nem na Constituição de 1886 e nem no Código Civil; já "os selvagens" seriam plenamente governados por autoridades eclesiásticas.

De acordo com García (2013), a Lei nº 89 foi, na verdade, uma questão de regulamentação da posse da terra. Como vimos, o sequestro das terras indígenas pelos colonizadores envolveu negociações, e os espanhóis passaram a "conceder" o usufruto das terras para os indígenas aldeados, denominado de *resguardos*. Portanto, a Lei nº 89, de 1890, trata do governo dos indígenas aldeados e de seus *resguardos* e instituiu para tal o estabelecimento de um *cabildo*, tipo de corporação municipal regida por um governador com poderes para aplicar penas, organizar censos, distribuir terras, fazer arrendamento conceder títulos de terras, por exemplo (García, 2013).

Assim, especificamente em relação à população nativa, foram organizados em todo o país *Territorios de Misiones*, administrados por ordens católicas espanholas, dando continuidade à prática de civilizar/integrar pela ideologia cristã, mas também por meio da extinção das comunidades e territórios (*resguardos*) dos indígenas. De acordo com o antropólogo Roberto Pineda Camacho (2016),

[...] a Assembleia Nacional Constituinte convocada pelo General Rafael Reyes ratificou pela Lei 5, de 1905, a legalidade da venda dos *resguardos* em leilão público e os direitos dos leiloeiros. A Lei

104, de 1919, ratificou a divisão dos *resguardos* e estabeleceu severas punições expressas em expropriação da terra para os indígenas que se opusessem à divisão. Possivelmente foi uma reação contra a rebelião dos latifundiários do Cauca, liderados por Manuel Quintín Lame, que entre 1914 e 1918 haviam disputado o poder da elite payanesa nas montanhas do Cauca.

Ainda assim, desde o início do século XX as elites colombianas apregoaram a ideologia de democracia racial; não obstante, recentemente (em 2017), o diplomata Sabas Pretelt de la Vega, no intuito de dissuadir um jornalista de visitar Chocó, disse: "Para que vais a Chocó, se lá só tem negros e mosquitos?". De acordo com Jaime Alvear, do *site* Las2Orillas (31 de maio de 2017), esta foi apenas uma de várias falas depreciativas direcionadas às pessoas afrocolombianas, citando como exemplo a afirmação do conservador Laureano Gómez em 1928: "O predomínio dos negros em uma nação a condena à desordem e à instabilidade política e econômica". Em meados dos anos 1950, o general Gustavo Rojas Pinilla dizia: "[...] o povo chocoano é uma espécie de deficiente e incompetente que precisaria ser desmembrado e entregue aos departamentos vizinhos".[9]

A concentração da população afrodescendente em uma localidade específica também aconteceu na Bolívia, onde se fixaram principalmente na região de Los Yungas, na floresta, próximo a La Paz. O último Censo que recolheu dados da população afroboliviana foi o de 1900 – 3.945 pessoas (Maconde, 2010) –, aparecendo novamente somente em 2012, com a opção de autopertencimento étnico, totalizando 10% da população (Balladares, 2014). Portanto, a invisibilização dessa população foi bem concreta e de longa data; como estratégia de sobrevivência, os afrobolivianos se misturaram à população nativa, inclusive a língua afro-yungueña é uma mescla de castelhano, quéchua, aimará e um pouco de português (ibidem). Os

---

9 https://www.las2orillas.co/vas-choco-alla-solo-negros-mosquitos-racismo-sabas-pretelt-otros-politicos-ese-departamento/

africanos chegaram à Bolívia no início da colonização, após a descoberta de ouro e prata na região do Potosí, em 1545; no século XVIII se dedicaram à produção de coca para o consumo dos trabalhadores das minas e seguiram com o trabalho em fazendas. Se a população afrodescendente era numericamente minoritária, o Censo de 1900 mostrou que 48,5% da população era de indígenas, segundo critérios de cor da pele e localização geográfica (Rodríguez, 2012).

Ainda assim, o direito à cidadania para os povos nativos e afrodescendentes da Bolívia foi limitado e dificultado. Por exemplo, a Constituição de 1826 – seguindo o padrão de outras da América Latina, dos EUA e da Europa, distinguia direitos civis (ser boliviano) de direitos políticos (ser cidadão), sendo que, para gozar desse último, era necessário saber ler e escrever. Já a Constituição de 1831 vedava cidadania aos empregados domésticos, e a reforma constitucional de 1843 acrescia a comprovação de "[...] ter indústria ou professar alguma ciência ou arte" (Balladares, 2014, p.77).

Também na Venezuela (González, 2015) se observa uma grande manipulação dos direitos da população indígena, a começar pelo fato de que, entre 1811 e 1904, algumas reservas indígenas foram encerradas, transformando a população local em camponeses disponíveis para o mercado. Nas Constituições de 1864, 1874 e 1881, discriminou-se entre índios civilizados, não civilizados e reduzidos. A *Ley sobre reducción, civilización y resguardos indígenas* (1882) consolidou a usurpação das conquistas coloniais para o Estado. Ao final do século XIX, os indígenas registravam decréscimo populacional e altas taxas de mortalidade, além de crise econômica na produção de tabaco, algodão e anil para exportação.

> Nesse cenário, a população indígena, negra e mestiça se diluiu no mar do campesinato ou da peonagem, uma força de trabalho feudal, muitos outros em busca de trabalho e onde se estabelecer, emigrando sem destino fixo. Diante da situação indefesa em que se encontravam, outros conseguiram combinar o trabalho do campo com o artesanato. (ibidem, p.195)

No Paraguai, os processos de confiscação de terras para o Estado e arrendamento às populações indígenas se fez principalmente a partir da segunda metade do século XIX, por meio do Decreto de 7 de outubro de 1848; entre os argumentos, afirmava-se que nem o regime de comunidade nem o da liberdade abrupta eram compatíveis com a República (Pastore, 2004, p.142-3). Esse contexto, diferentemente do da Venezuela, foi marcado por significativo desenvolvimento econômico, interrompido, no entanto, pela Guerra do Paraguai (1864-1870). Contudo, Ignacio Telesca (2015) observa que, além dos indígenas, transformados em camponeses, o desenvolvimento econômico do período não se fez com mão de obra assalariada, mas de pessoas escravizadas (a abolição aconteceu somente em 1869), presidiários e soldados militares. Os africanos chegaram ao Paraguai já no século XVI, sendo que no século XVIII a maioria era proveniente de embarcações brasileiras.

Mas, de acordo com a historiografia, os países que se desfizeram de suas populações indígenas e afrodescendentes com maior radicalidade foram Uruguai, Chile e Argentina, evocando o orgulho de serem as nações mais brancas e europeias da América Latina, sem índios e sem negros. Em comum, usaram de práticas de extermínio das populações indígenas e marginalizaram totalmente as pessoas negras, sendo que o estudo dessas populações nesses países é algo muito recente, uma história relegada ao período colonial e ocultada por décadas, inclusive nos livros escolares.

No caso do Uruguai, José M. López Mazz (2018) evidencia que, ao contrário do mito da população uruguaia branca, as classes populares no país têm origem nos africanos e nas populações nativas charruas, minuanos, guaranis e *chanás*. Não obstante, a história oficial do país sustenta o mito de que a principal etnia indígena, os charruas, do grupo guarani, foi toda dizimada no massacre de 1831, realizado pelo exército em Salsipuedes e organizado pelo primeiro presidente constitucional, Fructuoso Rivera. De acordo com José H. Figueira, na obra *Los primitivos habitantes del Uruguay*, a matança se fez legitimamente, para "evitar pilherias e contínuos prejuízos aos habitantes da república" (Figueira, 1892, p.33), pois esse povo era refratário à civilização. Gustavo Verdesio (2005, p.167) comenta que "[n]inguém levantou a voz contra o massacre covarde que acabou com aquela cultura indígena. O establishment 'criollo' apagou tudo, começou do zero e se dedicou a esquecer, meticulosamente, o massacre que havia perpetrado". Na verdade, como nas outras ações de extermínio dos povos nativos, o que esteve em questão foram as práticas de uso comunitário das terras e sua organização política sem hierarquia, por não serem compatíveis com a economia capitalista.

A verdade é que nos debates ocorridos no período dominado politicamente por Latorre (década de 1870) sobre a viabilidade do Uruguai como país, entre José Pedro Varela e Carlos María Ramírez, a discussão jamais incluiu os indígenas que ainda estavam no território (em sua maioria guaranis) após o extermínio dos índios *charrúas*. O país é imaginado como uma nação europeia, que prescindiu da contribuição indígena (e de qualquer outra contribuição não ocidental, como a africana). (ibidem, p.165)

No século XIX, os indígenas sobreviventes se dispersaram pelo país, vivendo no meio rural, onde se usavam expressões depreciativas como *peludo* e *china* para se referir a eles. Além do "problema do indígena", houve o do *gaucho*, também não incluído no projeto de nação, por ser considerado o herdeiro direto da "barbárie indígena", de acordo com Gustavo Verdesio (ibidem). Não era um tipo étnico, mas social, um grupo populacional nômade que poderia ser contratado para recolher o gado – pois tinha grande destreza para enlaçar, arear e domar – e tido como violento, pois não se submetia (Verdésio, 2005).

Se houve a invisibilização da população indígena, o que dirá da população afrodescendente, presente naquele país desde o século XVII e trazida por ordens religiosas. Os estudos de Romero Jorge Rodríguez (2006) indicam uma presença intensa da população afrodescendente na formação da sociedade uruguaia. O século XVIII representou o apogeu do comércio de africanos escravizados na região do Rio da Prata, monopolizada por ingleses, responsáveis pelo abastecimento dos mercados de Buenos Aires, Paraguai, Chile, Bolívia e Peru. Nessa época, os escravizados se organizaram em quilombos, com a presença, inclusive, de indígenas, movimento conhecido como *cimarronaje*. No Uruguai, com a construção da cidade de Montevidéu, em 1724, ampliou-se a presença de africanos, muitos dos quais eram comercializados pelos brasileiros.

Como em outros países, mesmo com a abolição em 1846, os afrouruguaios não foram incluídos nos projetos republicanos de nação. Na afirmação de Rodríguez (2006, p.31), "a abolição consagrou uma liberdade mediada que não significou a conquista da cidadania plena para a população negra do Uruguai"; assim, permanecerem marginais e como mão de obra barata, dando continuidade à divisão racial do trabalho. No século XIX, republicano, as mulheres afrodescendentes foram submetidas a situações ainda mais humilhantes: de "negras" se tornaram servas e criadas domésticas. Ademais, a polícia estabeleceu, em 1860, a obrigatoriedade de fazer um registro no caso da mudança de patrões. Se encontradas "vadiando" ou "cometendo faltas", eram confinadas ao Asilo de Mendigos por tempo indeterminado. A rotina da violência permanecia. Rodríguez (ibidem, p.35) traz como exemplo uma matéria publicada ("Tundas necesarias") no jornal *La Tribunita* de 1868, em que o autor, José Bustamante afirma:

> Um amigo meu, que é um excelente rapaz, costuma dar umas boas surras de vez em quando em seus criados. Mas cara, um amigo lhe disse outro dia, é estranho que você, com um caráter tão suave, maltrate assim quem te serve. O que você quer!, respondeu ele, os servos são como os relógios; é necessário dar corda de vez em quando.

Os autores dedicados a essa temática são enfáticos ao afirmar o genocídio da população afrodescendente propiciado pela Guerra do Paraguai (1864-1870) como o principal motivo do seu "desaparecimento", pois essas pessoas eram usadas como "bucha de canhão" pelos exércitos de Brasil, Uruguai, Paraguai e Argentina. Após a guerra, latifundiários, comerciantes e imigrantes se associaram, realizando negócios com banqueiros e com o capital estrangeiro, e rapidamente resolveram o "problema do negro", como exprime Rodríguez (ibidem, p.45): os homens foram encaminhados ao exército e as mulheres para a servidão doméstica.

Mas, de acordo com o autor, a presença dos afrodescendente na sociedade uruguaia não se fez somente como trabalhadores escravizados ou soldados do baixo escalão, mas também por meio de associações organizadas desde o período colonial: as confrarias (*cofradías*), vinculadas à Igreja Católica, e as Salas de Nación. As Salas de Nación, também nomeadas de *candombes*, *tambos*, *tangos*, *sitios* etc., eram espaços de festa, com destaque para os blocos de carnaval, devoções e reuniões. Aos poucos, tais locais se estruturaram de acordo com a descendência étnica de seus frequentadores, tendo existido até o início do século XX, com rígido controle das autoridades.

No final do século XIX, a população afrouruguaia se organizou politicamente por meio da Asociación Igualdad y Fraternidad, fundando o diário *La Conservación*, o primeiro de vários outros, no qual pleiteava igualdade de direitos, acesso à educação e o reconhecimento da "sociedade de cor" (ibidem, p.57). Nesse contexto, o ódio racial ganhou intensa visibilidade, pois a associação queria lançar um candidato negro ao parlamento, sofrendo fortes reações por parte da imprensa branca e das elites, sendo a ideia abortada. Na virada do século XIX para o XX, os afrodescendentes habitavam *los conventillos*, espécie de cortiços ocupados por uma média de 250 pessoas que ficaram conhecidos como "bairros de negros", mas também como locais de festas e *candombes*.

Do modo semelhante, no Chile, os projetos de nação não colocaram em dúvida a suposta superioridade da população branca e da civilização europeia sobre as populações nativas e afrodescendentes. Em relação à população nativa, o que se observa é o mesmo ocorrido em outras nações, ou seja, uma mudança significativa no tratamento da "questão indígena" após os movimentos de independência (González P., 2005). Por exemplo, em 4 de março de 1819, houve um decreto que outorgou plena capacidade civil aos indígenas, porém a reforma constitucional de 1833 discriminava aqueles com direto ao sufrágio, como podemos verificar no Capítulo IV:

ART. 8° São cidadãos ativos com direito a sufrágio os chilenos que, ao atingir os vinte e cinco anos, se forem solteiros, e vinte e um, se forem casados e saberem ler e escrever, tenham algum dos seguintes requisitos:
1º Uma propriedade imóvel ou um capital investido em algum tipo de negócio ou indústria. O valor do bem imóvel, ou do capital, será fixado para cada província de dez em dez anos por lei especial.
2° O exercício de uma indústria ou arte, ou o gozo de um emprego, renda ou usufruto, cujos emolumentos ou produtos mantenham proporção com a propriedade imóvel, ou capital referido no número anterior.

A mesma reforma excluía do direito de voto pessoas com "incapacidade moral" e os criados domésticos (artigo 10) e, nesse caso especificamente, destituía o direito político da população afrochilena, amplamente empregada nesse tipo de serviço. Em 1866, foi reinstituído o cargo de protetor de indígenas, extinto em 1930, ou seja, legalmente se negou sua capacidade civil, confirmada anteriormente. De acordo com o estudo clássico de Fernando Campos Harriet (1960), constata-se que, apesar das várias reformas eleitorais chilenas entre 1833 e 1925, as características excludentes do direito ao voto foram mantidas ou ampliadas, como no caso da exclusão de soldados do exército, da marinha e de policiais (1869). Por outro lado, a reforma de 1874 presumia que os homens alfabetizados possuíam rendas, portanto não era necessário comprová-la.

A história da presença de pessoas escravizadas e da população afrodescendente no Chile é uma das mais escondidas, conforme relatam historiadores recentes (Cussen, 2006; Scheel, 2012; Lepe-

-Carrión, 2017; Campos, 2017). Na historiografia clássica, a presença de africanos se limita ao passado colonial, como pessoas escravizadas, sendo que os historiadores enaltecem a Lei do Ventre Livre, em 1811, e a abolição total, em 1823. São várias as explicações atribuídas ao "desaparecimento" da população negra, entre elas uma suposta debilidade física e mental do povo afrochileno, mas também sua migração/expulsão para o Peru.

Conforme estudo de Cussen (2006), o historiador Diego Arana, em obra de 16 tomos publicada entre 1884 e 1902, minimizou a presença de pessoas escravizadas no Chile, mais concentrada em Cuyo, além de registrar que eram afeitas a festas, alcoolismo e jogos de azar. De acordo com o autor, já no período colonial elas foram enviadas ao Peru. Por sua vez, Francisco Encina (1955), contemporâneo de Arana, apresentou documentos que contrariam as informações deste e afirmou que, no final do século XIX, havia em Santiago mais negros, mulatos e zambos (negros com índios) que índios. Entretanto, apesar da população significativa, Encina afirmou que o sangue africano rapidamente deixou de circular nas veias dos chilenos, devido à sua inferioridade física e moral, ainda que bem tratados pelos seus senhores.

Outro autor, Guillermo Feliú Cruz, publicou em 1942 *La abolición de la esclavitud en Chile*, no qual analisou a questão jurídica e enfatizou os bons tratos recebidos pelos escravizados, tais como cuidados com saúde, vestimenta e educação, mas omitiu a situação dos escravizados livres e engrossou um pensamento bastante temerário – o de que as pessoas escravizadas queriam ser escravizadas. Ele assegurou que os debates sobre a abolição total no Chile foram extremamente tensos, lembrando a forte presença de homens afrochilenos nas guerras do Vice-Reino do Peru de 1814 e manifestações contrárias das mulheres brancas para impedir a libertação de suas criadas e amas de leite. Observa-se que, apesar de a historiografia chilena tomar a lei de 24 de julho de 1823 como data oficial da abolição, na verdade ela foi sucedida imediatamente pelo decreto de 28 de julho, com significativa ênfase criminalizadora:

1. Nenhum escravo pode ser considerado em posse de sua liberdade se não obtiver um documento da polícia declarando que recebeu sua liberdade.

2. O juiz policial não poderá conceder esse documento se deste não constar que o escravo fará algum exercício honesto e que é apto para ele. As escravas só poderão receber o documento atestando também ao juiz a honradez da casa onde passam a morar.

3. O escravo que não obtiver a referida passagem será considerado livre, mas ficará sempre sob o patrocínio, tutela e ordens de seu antigo senhor, que é obrigado a preencher, em relação ao escravizado, os deveres de auxílio e proteção, estabelecidos pela legislação para os escravizados. (apud Cruz, 1973, p.85-6)

Esse decreto teve duração de cinco meses, pois o artigo 8º da Constituição de 29 de dezembro de 1823 rezava que no Chile "não havia escravo". Por outro lado, o artigo 13 dessa mesma Constituição previu a suspensão da cidadania em situações que poderiam fortalecer a condição de vulnerabilidade das populações nativas e afrochilenas, a saber: "incapacidade física e moral" que impeça de trabalhar livre e reflexivamente, falta de emprego, condição de empregado doméstico, hábito de alcoolismo e jogos proibidos.

Em geral, os historiadores também comentam que o fim da escravidão em nada afetou a economia e a sociedade chilenas. O próprio Feliú Cruz confirmou tal fato e apresentou, no capítulo "Los esclavos quieren ser esclavos", um abaixo-assinado em que supostamente 200 pessoas escravizadas alegavam que não haviam sido consultadas se queriam ser libertadas. De acordo com Cruz, esse documento foi entregue meia hora antes da votação da lei de 23 de julho, e os argumentos supostamente expostos pelas pessoas escravizadas para a manutenção da escravidão eram os seguintes: excelência dos lares em que viviam (onde eram tratadas como pessoas da família), o fato de já estarem nas famílias há três gerações (portanto, habituadas à condição de servidão), o fato de as mulheres já estarem acostumadas a cuidar dos filhos dos senhores e não desejar se separar deles (Cruz, 1973, p.90-2). Entretanto, o próprio Cruz pôs em suspeição a veracidade da autoria do documento.

Ademais, com o fim da Guerra do Pacífico (1879-1883),[10] tendo o Peru perdido para o Chile a cidade portuária de Arica, com expressiva população afrodescendente, o governo chileno passou a perseguir essa população; com isso, muitas famílias foram obrigadas a se exilar em outras cidades peruanas (Campos, 2017). Entretanto, a presença africana permaneceu, ainda que com total invisibilização; desde 2008, o movimento dos afrochilenos pleiteia a incorporação da população negra ao Censo populacional.

No caso da Argentina, a ocultação dos afrodescendentes se fez com a justificativa de que a população era numericamente irrelevante e havia sido extinta na Guerra do Paraguai (1864-1870) e devido à peste de febre amarela (Buenos Aires, 1867-1871). A história escrita sobre os afroargentinos se restringe do período colonial até a Batalha de Monte Caseros, em 1852,[11] marco da queda do ditador Rosas, governador da província de Buenos Aires (1829-1832; 1835-1852). Ainda que já houvesse sido editada a Lei do Ventre Livre, de 1813, o governador fomentava a escravização, porém frequentava, com a esposa, as festividades dos *candombes*, tendo sido registrado nesse tempo que 30% da população de Buenos Aires era negra (Cirio, 2009). Como de costume, as pessoas escravizadas na Argentina foram muito utilizadas nas lutas independentistas, nas guerras envolvendo as nações do Rio da Prata e nos conflitos internos na Argentina.

Destaca-se que as políticas argentinas de restrição da imigração africana e asiática e de fomento da imigração europeia, no final do século XIX, reforçaram o "desaparecimento" das populações negra

---

10 Guerra declarada pelo Chile contra a Bolívia e o Peru, em que o último perdeu a região de Tarapacá e a primeira, a província de Antofagasta (e, por conseguinte, o acesso ao mar).
11 Batalha que fez parte da Guerra contra Oribe e Rosas (1851-1852), envolvendo revoltosos argentinos e os governos brasileiro e uruguaio contra o ditador argentino Juan Manuel de Rosas, que pretendia dominar o Paraguai, porém foi derrotado em Monte Caseros em 1852.

e indígena, não mais registradas nos censos. O período que se seguiu à ditadura de Rosas ensejou políticas liberais com inspiração na Europa e nos Estados Unidos, com destaque para dois árduos defensores do branqueamento: o ativista liberal Juan Bautista Alberdi (1810-1884) e Domingo Sarmiento (1811-1888), que governou o país entre 1868 e 1874. Alberdi publicou, em 1852, o clássico *Bases y puntos de partida para la organización política de la República Argentina*, com vistas a interferir nos debates sobre a constituição argentina, promulgada em 1853, que estabeleceu a igualdade jurídica e a abolição da escravidão.

Artigo 15 – *Na Confederação Argentina não há escravos*: os poucos que existem hoje estão livres a partir do juramento desta Constituição; e uma *lei especial regulará as indenizações a que der origem esta declaração*. Qualquer contrato de compra e venda de pessoas é crime do qual serão responsáveis quem o fizer e do tabelião ou servidor que o autorizar.

Entretanto, de acordo com Andrews (1989), o que se sabe é que, na província de Santa Fé, criou-se uma comissão para regulamentar as indenizações, ainda que, por muito tempo, a população afroargentina tenha sido empregada em trabalhos agrícolas. Por outro lado, na província de Buenos Aires e em outras, não se tem notícias de como e quando ocorreu esse processo de "declaração da abolição". De qualquer modo, nas duas primeiras leis eleitorais – a Lei nº 140, de 1857, e a Lei nº 8.871, de 1912 – evidencia-se a exclusão de parte da população, por gênero e idade, incapacidade financeira (mendicância ou abrigados em instituições de caridade), incapacidade moral, física e/ou mental e exigência de saber ler e escrever.

Em relação aos povos nativos da Argentina, também o período pós-independência foi marcado por estratégias legais de controle dos territórios por eles habitados e desaparecimento de suas culturas, além de franca opção pelo extermínio físico. Durante quase todo o período colonial, as regiões da Patagônia e do Gran Chaco foram pouco exploradas, ficando conhecidas como "terra de índio", o que não significou a ausência de tensões, como pode ser notado pelas prescrições que constam na Constituição de 1853, capítulo IV ("Atribuições do Congresso"), inciso 15: "Providenciar segurança nas fronteiras; preservando o tratamento pacífico com os índios e promovendo sua conversão ao catolicismo". Mas a lei de ocupação de terras (Lei nº 215, de 13 de agosto de 1867), que ordena "a ocupação dos Rios Negro e Neuquén como linha de fronteira sul contra os índios", consolidou o objetivo de nacionalizar o território, conforme podemos constatar em alguns artigos:

> Artigo 1º – As margens do rio "Neuquén" ou "Neuquen" serão ocupadas por forças do exército da República, desde sua nascente nos Andes até sua confluência no Rio Negro, no Oceano Atlântico, estabelecendo a linha na margem norte do referido rio da cordilheira ao mar.
>
> Artigo 2º – Às tribos nômades existentes no território nacional compreendido entre a atual linha de fronteira e a estabelecida pelo artigo 1º desta lei, será concedido tudo o que for necessário para a sua existência fixa e pacífica.
>
> Artigo 3º– A extensão e o limite dos territórios que se outorgarem em virtude do artigo anterior serão fixados por *convênios entre as tribos que se submeterem voluntariamente* e o Executivo da Nação. *Caberá exclusivamente ao Governo Nacional fixar a extensão e o limite das terras concedidas às tribos submetidas pela força.* Em ambos os casos, será necessária a autorização do Congresso.
>
> Artigo 4º – *No caso de todas ou algumas das tribos resistirem à submissão pacífica da autoridade nacional, uma expedição geral será organizada contra elas até que sejam subjugadas e jogadas ao sul dos rios "Negro" e "Neuquen".*
>
> Artigo 5º – Na margem esquerda ou setentrional dos referidos rios e, principalmente, nos vaus ou passagens que possam dar acesso às incursões dos índios, serão formados estabelecimentos militares em quantidade e na distância que o Poder Executivo julgar convenientes para sua total segurança. (Argentina, 1867, p.644, grifos nossos)

Desde meados do século XIX, nota-se o incremento das políticas de ataque aos povos nativos e de controle das terras por eles habitadas, tendo em vista o crescimento da pecuária e da agricultura exportadora, visando favorecer produtores agrícolas e pecuaristas. Sarasola (2005) destacou a trilogia ideológica das políticas indigenistas do período: redução, proteção e instrução, ou seja, respectivamente, segregação e confinamento, atribuição de incapacidade moral e negação dos saberes tradicionais. As legislações argentinas de terras e colonização do final do século XIX e início do século XX buscaram repetidamente reiterar essas intenções, além do surgimento de campanhas militares organizadas para a ocupação de terras, com ações de extermínio. Miguel Bartolomé (2003, p.166) destacou, por exemplo, a Conquista do Deserto, de 1876, comandada pelo General Roca. Contudo, a palavra "deserto" não se referia a um aspecto geográfico, pois

> os índios estavam e não estavam lá, o deserto era deserto apesar da presença humana, mas essa presença não era branca, nem mesmo mestiça e, portanto, carente de uma humanidade reconhecível. Povoar significava, contraditoriamente, matar. Despovoar a terra desses "outros" irredutíveis e irreconhecíveis, para substituí-los por brancos afins com a imagem do "nós" que o emergente estado "nacional" geria.

O autor relatou que o exército abriu fogo contra pampas e araucanos, destruindo suas aldeias, massacrando mulheres e crianças e fazendo uso até mesmo de técnicas de guerra bacteriológica, introduzindo nas aldeias pessoas com enfermidades contagiosas. O mesmo aconteceu nas campanhas no Gran Chaco, iniciadas em 1884 e embasadas na mesma ideologia do deserto. No entanto, o extermínio físico não foi a única solução: nas primeiras décadas do século XX, políticas de incorporação dos indígenas ao mercado de trabalho foram desenvolvidas, por meio do estabelecimento de missões e reduções.

2.2. Ciência e inferiorização racial

Quem conhece um cavalheiro entre nós que se gaba de ser um índio puro? Quem casaria sua irmã ou filha com um vassalo da Araucania e não mil vezes com um sapateiro inglês? Na América, tudo o que não é europeu é bárbaro: não há outra divisão senão esta: 1º, o indígena, isto é, o selvagem; 2º, o europeu, isto é, nós que nascemos na América e falamos espanhol, que acreditamos em Jesus Cristo e não em Pillán (deus dos indígenas). (Alberdi, 1852, p.32)

Passadas a abolição e a organização dos governos constitucionais na América Latina, novas questões se colocaram: como continuar mantendo as populações nativas e afrodescendentes subalternizadas? Como controlar oportunidades de trabalho e acesso à terra e ao conhecimento? Quais novas estratégias de inferiorização deveriam ser implementadas? Essas questões, reiteradas pelas elites em várias circunstâncias, numa América essencialmente mestiça, possibilitaram a circulação dos ideários europeus de aprimoramento das raças (eugenia) – principalmente pelo branqueamento – e adesão a eles. As palavras "raça", "etnia" e "racismo", de conotação ideológica, foram aos poucos se assentando nos mais variados tipos de narrativas, com autoridade científica para a argumentação da inferioridade ou superioridade das pessoas de acordo com cor da pele, traços fenotípicos e origem étnica.

Se os estatutos coloniais de pureza de sangue buscaram principalmente discriminar judeus e muçulmanos, como grupo étnico-religioso, de outros grupos humanos, o fenômeno da nova organização racial do trabalho, constituída nas relações abusivas dos povos europeus com os povos nativos da América e com os povos africanos, incitou a elaboração de outras demarcações.[12] A

---

12 Os estatutos de limpeza de sangue tiveram origem no Estatuto de Toledo, de 1449, que impedia os cristãos novos, ou seja, recém-convertidos à fé católica, considerados de sangue infecto (judeus, mouros e negros), de ocuparem cargos públicos (Olival, 2004).

valorização da "limpeza de sangue" como critério de hierarquia racial/social se apresentou cada vez mais como fator central na organização social e política de estados e nações. No século XVIII, contexto de difusão do Iluminismo, filósofos europeus consagrados alimentaram o preconceito racial com suas elucubrações, na tentativa de determinar a superioridade dos brancos europeus. Vejamos alguns exemplos. Voltaire (1694-1778), em *Tratado de metafísica* (1736), no capítulo 1 ("As diferentes espécies de homem"), descreve as diferenças entre as "raças" de modo estarrecedor. A seguir é apresentado um trecho, que, embora longo, faz-se necessário.

Descendo sobre este montículo de lama e não tendo maiores noções a respeito do homem, como este não tem a respeito dos habitantes de Marte ou de Júpiter, desembarco às margens do oceano, no país da Cafraria, e começo a procurar um homem. Vejo macacos, elefantes e negros. Todos parecem ter algum lampejo de uma razão imperfeita. Uns e outros possuem uma linguagem que não compreendo e todas as suas ações parecem igualmente relacionar-se com certo fim. Se julgasse as coisas pelo primeiro efeito que me causam, inclinar-me-ia a crer, inicialmente, que de todos esses seres, o elefante é o animal racional. Contudo, para nada decidir levianamente tomo filhotes dessas várias bestas. Examino *um filhote de negro de seis meses*, um elefantezinho, um macaquinho, um leãozinho, um cachorrinho. Vejo, sem poder duvidar, que esses jovens animais possuem incomparavelmente mais força e destreza, mais ideias, mais paixões, mais memória do que o negrinho e que exprimem muito mais sensivelmente todos os seus desejos do que ele. Entretanto, ao cabo de certo tempo, o negrinho possui tantas ideias quanto todos eles. *Chego mesmo a perceber que os animais negros possuem entre si uma linguagem bem mais articulada e variada do que a dos outros animais.* Tive tempo de aprender tal linguagem e, enfim, de tanto observar o pequeno grau de superioridade que a longo prazo apresentam em relação aos macacos e aos elefantes, arrisco-me a julgar que efetivamente ali está o homem. E forneço a mim mesmo esta definição: *O homem [da Cafraria] é um animal preto que possui lã sobre a cabeça, caminha sobre duas patas, é quase tão destro quanto um símio, é menos forte do que outros animais de seu tamanho, provido de um pouco mais de ideias do que eles e dotado de maior facilidade de expressão.* Ademais, está submetido igualmente às mesmas necessidades que os outros, nascendo, vivendo e morrendo exatamente como eles. Após ter passado certo tempo entre essa espécie, desloco-me rumo às regiões marítimas das Índias Orientais. Surpreendo-me com o que vejo: os elefantes, os leões, os macacos e os papagaios não são exatamente como eram na Cafraria; mas o homem, esse parece-me absolutamente diferente. Agora são homens de um belo tom amarelo, não possuem lã, mas têm a cabeça coberta de grandes crinas negras. Parecem ter sobre as coisas ideias totalmente contrárias às dos negros. *Sou, portanto, forçado a mudar minha definição e a classificar a natureza humana sob duas espécies: a negra com lã e a amarela com crina.* Mas, na Batávia, em Goa e em Surata, ponto de encontro de todas as nações, vejo uma grande multidão de europeus. São brancos, não possuem lã ou crina, mas cabelos louros bem soltos e barba no queixo. Mostram-me também muitos americanos, que não possuem barba. Eis minha definição e minhas espécies de homem bastante ampliadas. Em Goa encontro uma espécie ainda mais singular do que todas essas. Trata-se de um homem vestido com uma longa batina negra, dizendo-se feito para instruir os outros. Todos esses homens que vedes, diz-me ele, nasceram de um mesmo pai. E, então, conta-me uma longa história. No entanto, o que diz esse animal soa-me bastante suspeito. Informo-me se um negro e uma negra, de lã negra e nariz chato, engendram algumas vezes crianças brancas, de cabelos louros, nariz aquilino e olhos azuis, se nações imberbes vieram de povos barbados e se os brancos e as brancas engendraram povos amarelos. Respondem-me que não, que *os negros transplantados, por exemplo, para a Alemanha continuam produzindo negros, a menos que os alemães se encarreguem de mudar a espécie, e assim por diante.* Acrescentam que um homem instruído nunca diria que as espécies não misturadas degeneram, a não ser o Padre Dubos, que disse tal besteira num livro intitulado *Reflexões sobre a Pintura e sobre a*

Forma etc. Quer me parecer que agora estou muito bem fundamentado para crer que os homens são como as árvores: assim como as pereiras, os ciprestes, os carvalhos e os abricoteiros *não vêm de uma mesma árvore, assim também os brancos barbados, os negros de lã, os amarelos com crina e os homens imberbes não vêm do mesmo homem.* (Todas essas diferentes raças de homens produzem juntas indivíduos capazes de se perpetuar, o que não pode ser dito a respeito das árvores de diferentes espécies. Mas teria havido um tempo em que só existissem um ou dois indivíduos de cada espécie? Isto ignoramos totalmente.) (Voltaire, 1736, p.2-3, grifos nossos)

Já Kant (1724-1804), em *Determinação do conceito de uma raça humana* (1785), confirmando a influência da literatura de viajantes para a definição das diferenças de cores, afirmava: " Os conhecimentos que as recentes viagens têm disseminado acerca das multiplicidades no gênero humano contribuíram até o momento mais para incitar o entendimento à investigação desse ponto do que para satisfazê-lo" (Kant, 2012, p.28). Para ele, não é possível falar na existência de espécies humanas, como concebe Voltaire, mas em classes ou raças associadas à cor da pele, e identifica quatro delas: dos brancos, dos indianos amarelos, dos negros e dos americanos de pele vermelho-cobre, oriundas dos quatro cantos do mundo (ibidem, p.30-31). Demonstra também que, nos processos de mestiçagem, as características das quatro raças são "infalivelmente assimiladas":

O branco com a negra (e vice-versa) geram os *mulatos*, com a indiana os *amarelos*, e com a americana os mestiços *vermelhos*; o americano com a negra geram os *caraíbas pretos*, e vice-versa. (A mistura do indiano com o negro ainda não foi tentada.) O caráter das classes é *infalivelmente* assimilado em misturas heterogêneas, e não há qualquer exceção sobre isso [...]. O pai branco imprime nele [filho] o caráter de sua classe e a mãe preta o dela. Portanto, sempre tem de resultar uma linhagem intermediária ou um bastardo, cuja miscigenação se extingue gradativamente em maior ou menor extensão nos membros da procriação com uma única e mesma classe; mas quando ela se restringe a sua própria linhagem intermediária, e não se reproduz e se perpetua sem exceção. (ibidem, p.33, grifos do autor)

Para Kant, até aquele momento, era possível identificar apenas a existência de quatro raças, que se estabeleciam ou como raça pura ou misturadas, com ascendência maior em uma raça específica. O discurso da superioridade dos brancos pode ser claramente identificado em outro texto, *Observações sobre o sentimento do belo e do sublime* (1764). Na quarta seção, "Dos caracteres nacionais, na medida em que residem no sentimento diferenciado do sublime e do belo", ao comparar as manifestações desses sentimentos em povos diferentes, Kant é taxativo em relação aos africanos:

> Os negros da África não possuem, por natureza, nenhum sentimento que se eleve acima do ridículo. O senhor Hume desafia qualquer um a citar um único exemplo em que um negro tenha demonstrado talentos, e afirma: dentre os milhões de pretos que foram deportados de seus países, não obstante muitos deles terem sido postos em liberdade, não se encontrou um único sequer que apresentasse algo grandioso na arte ou na ciência, ou em qualquer outra aptidão; *já entre brancos, constantemente arrojam-se aqueles que, saídos da plebe mais baixa, adquirem no mundo certo prestígio, por força de dons excelentes*. Tão essencial é a diferença entre essas duas raças humanas, que parece ser tão grande em relação às capacidades mentais quanto à diferença de cores. A religião do fetiche, tão difundida entre eles, talvez seja uma espécie de idolatria, que se aprofunda tanto no ridículo quanto parece possível à natureza humana. A pluma de um pássaro, o chifre de uma vaca, uma concha, ou qualquer outra coisa ordinária, tão logo seja consagrada por algumas palavras, tornam-se objeto de adoração e invocação nos esconjuros. Os negros são muito vaidosos, mas à sua própria maneira, e tão matraqueadores, que se deve dispersá-los a pauladas. (Kant, 1764, grifo nosso)

Montesquieu (1689-1755), embora teoricamente combatesse a escravização de pessoas, via tal prática como um mal necessário e não economizou nas palavras para descrever a inferioridade dos negros. Em *O espírito das leis* (1748), livro XV, capítulo 5, afirma que, devido ao extermínio dos povos nativos praticado pelos europeus, foi necessário escravizar os africanos para o cultivo da cana-de-açúcar, e descreve o povo africano de modo profundamente depreciativo.

Aqueles de que se trata são pretos dos pés à cabeça; e têm o nariz tão achatado que é quase impossível ter pena deles. *Não nos podemos convencer que Deus, que é um ser muito sábio, tenha posto uma alma, principalmente uma alma boa, num corpo todo preto.* [...] Uma prova de que os negros não têm senso comum é que dão maior valor a um colar de vidro do que ao ouro, que, nas nações policiadas, é de tão grande importância. *É impossível que suponhamos que essas pessoas sejam homens; porque, se supuséssemos que eles fossem homens, começaríamos a crer que nós mesmos não somos cristãos. Espíritos pequenos exageram demais a injustiça que se faz aos africanos.* Pois, se esta fossem como dizem, será que não teria ocorrido aos príncipes da Europa, que fazem entre si tantas convenções inúteis, fazerem uma convenção geral em favor da misericórdia e da piedade? (Montesquieu, 1996, p.257, grifos nossos)

Outro autor, o filósofo e diplomata escocês David Hume (1711-1776), conhecido por suas ideias a respeito da experiência sensível como fonte do conhecimento, foi Administrador do Ministério Colonial Inglês. Ele defendia o poligenismo, ou seja, entendia que as raças humanas eram espécies biológicas separadas. Em *Of National Characters*, assim declara:

Estou apto a suspeitar que os negros são naturalmente inferiores aos brancos. Quase nunca houve uma nação civilizada com essa aparência, nem mesmo qualquer indivíduo eminente em ação ou especulação. Sem fabricantes engenhosos entre eles, nenhuma arte, nenhuma ciência. Por outro lado, a maioria dos brancos rudes e bárbaros, tal qual os antigos GERMÂNICOS, os atuais TÁRTAROS, ainda têm algo eminente sobre eles, em seu valor, forma de governo, ou algum outro particular. Uma diferença tão uniforme e constante não poderia acontecer, em tantos países e épocas, se a natureza não tivesse estabelecido uma distinção original entre essas raças de homens. *Além das nossas colônias, existem escravos NEGROS espalhados por toda EUROPA, da qual ninguém jamais descobriu quaisquer sintomas de engenhosidade; embora haja pessoas de baixa condição e sem educação, que emergiram entre nós distinguiram-se em todas as profissões*. Na JAMAICA, na verdade, eles falam de um negro como um homem de partes e erudição; mas é provável que ele seja admirado por realizações esbeltas, como um papagaio, que fala poucas palavras claramente. (HUME, 1875, p.208, grifo nosso)

Também Rousseau (1712-1778), em *Emílio*, ao apresentar os atributos de seu aluno imaginário, usa do seguinte argumento para justificar por que preferiu que Emílio fosse um europeu, e não um negro:

Um francês vive na Guiné ou na Lapônia; mas um negro não viverá igualmente na Suécia nem um habitante de Samoa no Benim. Parece ainda que a organização do cérebro é menos perfeita nos dois extremos. Nem os negros nem os lapões têm o equilíbrio dos europeus. Se quero, portanto, que meu aluno seja habitante da terra tenho que escolhê-lo numa zona temperada; na França. Por exemplo, de preferência. (Rousseau, 1992, p.29)

Além dos filósofos iluministas, a produção da inferiorização racial ganhou intensa adesão de cientistas, com fins de discriminação social devido à intensificação da mestiçagem. Por exemplo, foi comum a elaboração de "quadros de raças ou castas", com variações locais, a partir da atribuição de nomes/cores de acordo com os graus de mistura entre as três raças, sendo que, na maioria das vezes, os termos poderiam vir relacionados a uma qualidade de caráter. De acordo com Stephen Jay Gould (1991), na taxonomia moderna de raças humanas de Lineu (1707-1778), em *Systema naturae* (1835), ele mistura traços de caráter com anatomia; por exemplo, o negro africano – *Homo sapiens afer* – é guiado pelo capricho, os homens são indolentes e as mulheres sem pudor; já o *Homo sapiens europaeus* é orientado pelos costumes. No século XIX, Radiguet assim definiu a população peruana mestiçada:

> Entre *as pessoas de "médio pelo"*, distingue-se acima de tudo, o *cholo*, filho do índio e do branco; e o *cafuzo*, filho do índio e do negro, em graus diversos [...] a fisionomia do cholo carrega uma espécie de melancolia misteriosa, que, nas mulheres, sobretudo, se transforma em sedução. Estas últimas *estão longe de ter o orgulho e a veemência das "criollas" brancas*; sua fisionomia cor de sândalo, onde dois olhos negros abertos, ligeiramente levantados nos extremos, refletem a timidez, a *resignação*, e aquela estranha expressão vagamente inquieta que não trai memórias dolorosas ou pressentimentos terríveis. Doçura e indolência são as principais características do caráter cholo. *O cafuzo costuma ser vigoroso e de complexão alta; [...] sua fisionomia não é nada simpática, é expressiva e animada, também é muitas vezes dura e zombeteira*. Quanto às mulheres cafuzas, a testa estreita coberta por uma cabeleira rebelde, apesar do pedido das mães, que a trançavam em mil cordinhas, por não poderem segurá-la de outra forma mais elegante, e que desde a tenra infância a levantam com esforço, a fim de aumentar uma linha à sua estreita testa que denuncia o sangue africano; seu olhar provocador; sua boca sensual, seu nariz com janelas móveis: tudo nas mulheres respira paixão, no que tem de impetuoso e bárbaro. (Radiguet, 1971, p.55)

É importante destacar que a taxionomia constituída nesse contexto não pode ser tomada como algo natural, decorrente do "encontro" de pessoas de origens distintas. A atribuição da existência de quatro raças como características do "gênero humano" ou de um número ilimitado de nomenclaturas, indicadoras da mestiçagem, teve o propósito claro de demarcar uma hierarquia sociorracial, de teor racista, a começar pela elaboração da ideologia da superioridade da "raça branca". Como observa Salas (2009), o termo "mestiço" não foi suficiente para o esquadrinhamento humano, especialmente porque estiveram em questão misturas com africanos e povos nativos. Desse modo, um amplo leque de denominações se fez presente: zambos (filhos de índios e negros), mulatos (filhos de brancos e negros), zambos pretos (filhos de negros e zambos), *cuarterones* (filhos de brancos e mulatos), *quinterones* (filhos de brancos e *cuarterones*) e *salto atrás* (filhos com cor mais escura que a mãe). Surgiram também termos como *castizos, moriscos, coyotes, chamizos, chinos* e *ahí te estás* (ibidem, p.91), além de *monos, tierrúos, perraje, chusma* e *perro* (ibidem, p.13). Ressalta-se que, na América espanhola, foi feito uso do termo "casta", com sentido altamente pejorativo, indicador de promiscuidade sexual e relação de uma pessoa negra com outra, de escassa pele branca.

Francisco Calderón assim explica as nomenclaturas dadas à mestiçagem latino-americana e sua distribuição regional:

> As três raças, ibérica, índia e africana, misturadas, constituem a população da América. Nos Estados Unidos, a união com os aborígenes repugna o colono: na América Latina, a miscigenação é uma realidade irrefutável. A oligarquia chilena mantém na linha os araucanos, mas neste mesmo país os laços de sangue entre conquistadores e conquistados são numerosos. Os mestiços são os descendentes de brancos e índios; mulatos, os de espanhóis e negros; e os cafuzos, os de negros e índios, além de uma infinidade de subdivisões sociais. Na costa do Pacífico, chineses e negros também se cruzaram e encontramos todos os tons de cor, do branco caucasiano ao negro retinto, em tamanho e formato do crânio. Porém, o índio predomina e as democracias latinas são mestiças ou indígenas. A classe dominante adotou os usos, os costumes e as leis da Europa, mas a maior parte da população é quíchua, aimará ou asteca. No Peru, Bolívia e Equador, o índio puro constitui a base étnica. Na

Serra, fala-se o quíchua e o aimará; lá, também, as raças derrotadas preservaram seu comunismo tradicional. Do total da população do Peru e do Equador, o elemento branco atinge apenas 6%, enquanto o elemento indígena representa 70% da população e 50 na Bolívia. No México, os indígenas também são maioria, com o que podemos afirmar que existem quatro nações indígenas neste continente: México, Peru, Equador e Bolívia. Nos países onde a população indígena não conseguiu se manter pura, a maioria são mestiços: formam a população da Colômbia, Chile, Uruguai e Paraguai. Neste último país, eles falam tanto guarani quanto espanhol. O verdadeiro americano é o mestiço, descendente de espanhóis e índios, mas esta nova raça que comanda do México a Buenos Aires nem sempre é um produto híbrido. (Calderón, 1949, p.196)

No Brasil, os termos "negro" (escravo, pessoa de cor preta), "mulato" (preto com branco ou mulato com branco) e "crioulo" (negro nascido no Brasil ou descendente de escravizado) já apareciam nos documentos desde o século XVII, indicadores tanto da marca de cor como de condição social (Santos, 2005, p.117). Nos séculos seguintes, outros termos – como "vermelho" (indígena), "cabra" (filho de preto com mulato), "caful" (preto com índio), "mestiço" (branco, preto e índio) e "cariboca" (mestiço com índio) – também se fizeram presentes.

No século XIX, não foi somente o estabelecimento da igualdade jurídica que perturbou os novos governantes, mas também o aumento da mestiçagem na maioria das ex-colônias, associado aos anseios das elites em se afirmarem brancas. Por isso, ampliaram-se os interesses em conceituar raça e definir hereditariedade e a origem do homem, bem como os procedimentos de "melhoria da espécie", culminando com a elaboração do conceito de eugenia. Deste então, a mestiçagem, com a predominância da cor de pele mais escura, se tornou o elemento desencadeador do preconceito racial.

Foram muitos os autores que se dedicaram ao tema, ancorados nos conhecimentos da biologia, psicologia, antropologia e estatística, em desenvolvimento no período, e que consolidaram o enaltecimento da ciência como saber legítimo de entendimento da humanidade. Em geral, os estudos científicos concentraram seus esforços para provar a inferioridade dos africanos e afrodescendentes, na perspectiva biológica, cultural e/ou estética. Alguns estudiosos se dedicaram a comparar os traços de africanos com símios[13] ou a estabelecer hierarquia mental e estética, sempre confirmando as populações da raça caucasiana como superiores. Destaca-se que o tipo caucasiano, termo muito usado para se referir aos brancos, junto ao tipo etiópico e mongólico, compõe a taxonomia do zoologista Georges Cuvier (1769-1832), que contribuiu para disseminar a desqualificação dos africanos como "raça degenerada", termo amplamente usado no contexto (Gould, 1991).

A ideia de existência de raças degeneradas não foi meramente fruto da ciência, mas foi a divisão racial do trabalho, desde o início do século XVI, que possibilitou a imposição da cor da pele como fator central nas análises dos cientistas dos séculos XIX e XX. O esforço em inferiorizar populações não brancas se sofisticou, com extensão dos estudos de outros traços fenotípicos (como cabelos e formatos do rosto), seguidos de estudos de crânios (craniometria) e medidas gerais do corpo (antropometria), com predominância do argumento do determinismo biológico. Assim, o conceito de raça, que significou durante muito tempo um grupo de pessoas de origem/linhagem comum, passou, no século XIX, a ser usado para definir tipos ou subdivisões da espécie humana. Nesse mesmo contexto, surgiu a noção de etnia, de Vacher de Lapouge (1854-1936), distinto do conceito de raça (definido pelo autor como um grupo humano de características morfológicas hereditárias e psicológicas comuns), pois se referia a grupos humanos formados a partir de laços como cultura e língua. Desse modo, de acordo com o autor, a etnia reúne raças distintas, mas submetidas a costumes em comum (Poutignat; Streiff-Fenart, 1998).

Entre outros clássicos da época, destaca-se o radical adversário do liberalismo, Joseph Arthur de Gobineau (1816-1882), autor de

---

13 Ver Nott e Gliddon, *Types of Mankind*, de 1874 (apud Gould, 1991, p.22-3).

Ensaio sobre a desigualdade das raças humanas (escrito entre 1853 e 1855) que adquiriu notoriedade no final do século XIX por suas ideias sobre mestiçagem e degeneração das raças, pautadas pela superioridade branca. Gobineau demonstrou a dinâmica paradoxal no processo de degeneração das raças, pois a raça branca, identificada no povo germânico que civilizou a Europa, por ter se misturado às outras, também foi uma das causas da degeneração. Os negros se situavam no último degrau da hierarquia racial, de pior capacidade intelectual, mas ampla no campo sensorial (Gahyva, 2011). Gobineau esteve no Brasil em missão diplomática entre 1869 e 1870, e no artigo "L'émigration au Brésil", de 1874, afirmou que os brasileiros seriam extintos em 200 anos, devido à intensa mestiçagem e ao baixo número de brancos em sua população; o autor comentou: "Já não existe nenhuma família brasileira que não tenha sangue negro e índio nas veias, o resultado são compleições raquíticas que, se nem sempre repugnantes, são sempre desagradáveis aos olhos" (apud Sousa, 2013, p.22).

É importante ressaltar que, com a divulgação da teoria da evolução de Charles Darwin (1809-1882) em *A origem das espécies* (1859), a base criacionista, que sustentava o debate entre monogenistas (segundo os quais o ser humano tem origem no casal Adão e Eva) e poligenistas (segundo os quais há vários Adãos), ficou muito desacreditada (Gould, 1991). Ainda assim, autores de destaque ganharam notoriedade como opositores de Darwin, como foi o caso de Louis Agassiz (1807-1873), suíço que se estabeleceu nos EUA e passou pelo Brasil na conhecida Expedição Thayer, que culminou com a publicação de *Viagem ao Brasil 1865-186*. Entre vários relatos, confirmou a suposta degradação oriunda da miscigenação, "um pecado contra a natureza".

> Outra particularidade que igualmente impressiona o estrangeiro é o aspecto fraco e depauperado da população. Já o havia assinalado anteriormente; mas, nas províncias do Norte, isso é bem mais impressionante que nas do Sul. Não se trata apenas de ver crianças de todas as cores: a variedade de coloração testemunha, em toda so-

ciedade em que impera a escravidão, o amálgama das raças. Mas no Brasil essa mistura parece ter sido sobre o desenvolvimento físico uma influência muito mais desfavorável do que nos Estados Unidos. É como se toda pureza de tipo houvesse sido destruída, daí resultando um composto vago, sem caráter e sem expressão. (Agassiz, 1975, p.180, apud Soares, 2011, p.53)

Diferentes autores se dedicaram à craniometria, como foi o caso do americano Samuel George Morton (1799-1851), que em *Crania Americana*, de 1839, procurou demonstrar sua tese de que a hierarquia racial poderia ser explicada objetivamente de acordo com as propriedades físicas do cérebro, especialmente seu tamanho (Gould, 1991, p.40). Da mesma opinião, Paul Broca (1824-1880) reafirmou os estudos de Morton em artigo de 1866, escrito para uma enciclopédia:

O rosto prognático [projetado para a frente], a cor da pele mais ou menos negra, o cabelo crespo e a inferioridade intelectual e social estão frequentemente associados, enquanto a pele mais ou menos branca, o cabelo liso e o rosto ortognático [reto] constituem os atributos normais dos grupos mais elevados da escala humana [...]. Um grupo de pele negra, cabelo crespo e rosto prognático jamais foi capaz de ascender à civilização. (apud ibidem, p.76)

Outra tendência de estudos se apoiou na perspectiva de Ernst Haeckel (1834-1919) e em sua teoria evolucionista da recapitulação abreviada (segundo a qual toda pessoa individualmente em seu crescimento repete a evolução da humanidade), que tinha muitos seguidores, possibilitando conclusões como a de que adultos de "grupos humanos inferiores" se assemelhavam a crianças de "grupos humanos superiores" (ibidem, p.113). A teoria anatômica de Haeckel contribuiu para a proliferação de entendimentos altamente preconceituosos, como o de que meninos brancos, negros adultos e mulheres estavam no mesmo estágio de evolução mental e emocional (ibidem, p.115). Também o evolucionista Herbert Spencer

(1820-1903), conhecido por realizar análises sociais à luz das ciências naturais e divulgador da ideia da sobrevivência dos povos mais aptos, fundado na desigualdade natural, associou a capacidade intelectual de "selvagens" a crianças brancas (ibidem, p.115).

Na mesma linha antropométrica, destaca-se Cesare Lombroso (1835-1909), que, em *L'uomo delinquente* (1876), desenvolveu a teoria do criminoso nato, da criminalidade atávica e hereditária, que pode ser identificada por sinais anatômicos, como traços simiescos. O autor difundiu a ideia de que a criminalidade é um comportamento normal entre os "grupos humanos inferiores". Ressalta-se que, em *Menores e loucos em direito criminal* (1884), o jurista brasileiro mestiço Tobias Barreto (1839-1889), evolucionista adepto de Haeckel, fez uma crítica contundente às ideias de Lombroso, contrapondo o entendimento de que o conhecimento de um criminoso não se faz somente com dados psicológicos nem apenas com "[...] dados craniométricos, dinamométricos, oftalmoscópios e todos os mais epítetos sesquipedais, de que soe usar a tecnologia médica" (Barreto, 2003, p.114), lembrando que o ser humano é produto de "mil circunstâncias, de mil fatores diferentes" (ibidem, p.118).

Em 1883, o inglês Francis Galton (1822-1911) lançou o termo "eugenia" para se referir às possibilidades de aprimoramento da raça humana, fundado nos novos conhecimentos científicos da hereditariedade e da genética, que envolviam distinções raciais, bem como questões de gênero e geração. O termo se disseminou por vários países, oportunizando congressos e a criação de sociedades científicas, e se tornou questão central nas políticas públicas, especialmente nos campos da saúde e da educação. Não era um movimento homogêneo, sendo possível detectar uma perspectiva rígida mendeliana de genética (Grã-Bretanha, Estados Unidos e Alemanha) e a neolamarckiana de hereditariedade (França e América Latina), que prevê melhor articulação entre meio/natureza e cultura, além de possibilidades preventivas da degeneração com intervenção no meio (Stepan, 2005).

As teorias raciais europeias tiveram grande repercussão entre os intelectuais da América Latina, embora com diferenciações, de acordo com a intensidade da mestiçagem. Por exemplo, Francisco Calderón explicava as diferenças entre a colonização anglo-saxônica e a da América do Sul, afirmando que na primeira as variedades de tipo europeu se mesclaram, ao passo que na segunda se formaram "estranhas linhagens".

Na Argentina, onde se confundem imigrantes espanhóis, russos e italianos, a formação social é muito complexa. Aos índios aborígenes juntaram-se negros africanos, judeus espanhóis e portugueses, depois italianos e bascos, franceses e anglo-saxões; uma invasão múltipla onde o elemento latino domina. No Brasil, alemães e africanos se casam com índios e portugueses. Nos povos costeiros do Pacífico, especialmente no Peru, uma forte contribuição asiática, chinesa e japonesa vem complicar ainda mais a miscigenação humana. No México e na Bolívia, predomina o elemento indígena, o índio. Em Cuba e em Santo Domingo, são os negros. A Costa Rica é uma democracia de brancos e na Argentina e no Chile todos os vestígios africanos desapareceram. Resumindo, não existe raça pura na América. O próprio índio aborígene é um produto da mistura de tribos antigas e castas rançosas. Por enquanto, prevalece uma indefinível miscigenação, à espera da formação de raças históricas. (Calderón, 1949, p.194)

De acordo com dados da época, o Brasil se apresentava como o país mais mestiçado, trazendo aos intelectuais muitas preocupações quanto ao futuro da nação, de tal modo que que foi o primeiro país na América Latina a organizar uma sociedade eugênica, a Sociedade Eugênica de São Paulo, de 1918, proposta pelo médico Renato Kehl, seguida de publicações e congressos (Stepan, 2005). Já em meados do século XIX, em *História geral do Brasil*, Varnhagen alimentava esperanças de que "[...] chegue um dia em que as cores de tal modo se combinem que venham a desaparecer totalmente no nosso povo os característicos de origem africana, e, por conseguinte a acusação da procedência de uma geração [...]." (Varnhagen, 1854, p.183). Nos dizeres de José Veríssimo, em obra de 1890, a população brasileira de modo geral se caracterizava pela indolência e apatia, fruto, entre outros fatores, da

> etnogenia, isto é, as origens etnográficas e históricas [...]. Somos o produto de três raças perfeitamente distintas. Duas selvagens e, portanto, descuidosas e indiferentes, como soem ser nesse estágio da vida e uma, em rápido declínio, depois de uma gloriosa, brilhante e fugaz ilustração. (Veríssimo, 1985, p.67)

Podemos dizer, *grosso modo*, que os autores da época se dividiam em três posições: os pessimistas em relação às consequências da mestiçagem e à possibilidade de branqueamento, aqueles que defendiam a possibilidade de unidade étnica branqueada no futuro e os críticos das teorias racistas europeias da centralidade do atraso devido às origens raciais. Tomemos alguns expoentes.[14] Um deles foi o médico legista brasileiro Nina Rodrigues (1862-1906), consagrado por Cesare Lombroso como "apóstolo da antropologia criminal no novo mundo", segundo Afrânio Peixoto, ao prefaciar *As raças humanas e a responsabilidade penal no Brasil* de 1894. Rodrigues foi o principal representante da linha pessimista sobre a mestiçagem e radical defensor da inferioridade de pessoas negras, indígenas e mestiças. A obra, com influência das teorias racialistas da época, foi dedicada aos "chefes da nova escola criminalista": os professores italianos Lombroso, Enrico Ferri e R. Garofalo e os professores franceses Alexandre Lacassagne e Dr. Corre. No livro, o autor discute a impossibilidade de um código criminal único para o Brasil; sua tese é que a responsabilidade penal deve ser diferenciada de acordo com a origem racial do criminoso e de acordo com as regiões do país, levando em consideração as diferenças

---

14 Destaco estudos clássicos que abordam as teorias raciais no Brasil: Lilia Schwarcz (1993), Marcos Chor Maio e Ricardo Santos Ventura (1996), Kabengele Munanga (1999), Antonio Sérgio Guimarães (1999), Mariza Corrêa (2001).

populacionais e climáticas, bem como os estágios de evolução mental das raças.

Os negros africanos são o que são: nem melhores nem piores que os brancos: *simplesmente eles pertencem a uma outra fase do desenvolvimento intelectual e moral. Essas populações infantis não puderam chegar a uma mentalidade muito adiantada e para esta lentidão de evolução tem havido causas complexas.* Entre essas causas, umas podem ser procuradas na organização mesma das raças negríticas, as outras podem sê-lo na natureza do *habitat* onde essas raças estão confinadas. Entretanto, o que se pode garantir com experiência adquirida é que pretender impor a um povo negro a civilização europeia é uma pura aberração. Um negro disse um dia a viajantes brancos que a civilização branca era boa para os brancos, má para os negros. Não há sentença mais sensata. (Rodrigues, 1894, p.120, grifo nosso)

Apesar de profundas diferenças, diz concordar com o escritor Sílvio Romero em apenas um aspecto – o de que "todo brasileiro é mestiço, se não no sangue, pelo menos nas ideias" (ibidem, p.89) – e descreve a composição étnica da população do seguinte modo: minoria da raça branca pura (brancos nascidos no Brasil e europeus da raça latina, principalmente portugueses e italianos, ou da raça germânica); raça negra (africanos e negros nascidos no Brasil, não mestiçados); raça vermelha (indígenas); e maioria de mestiços, organizados em cinco classes – mulatos (brancos com negros), que correspondem à maior parte da população, havendo "mulato dos primeiros sangues", mulatos claros e mulatos escuros; "cabras", quase confundidos com os negros crioulos; mamelucos ou caboclos (brancos com índios), sendo os mamelucos mais brancos; curibocas ou cafuzos (negros com índios) e pardos (mistura de brancos, negros e indígenas). Ainda de acordo com Rodrigues, os mestiços mais puros, menos misturados (seja principalmente para a raça branca, seja para a negra), eram superiores, equilibrados e responsáveis; já os mulatos de "segundo ou terceiro sangue" configuravam o grupo de degenerados e depravados (ibidem, p.153). Embora reconhecesse a característica mestiça da população brasileira, não era otimista, como Sílvio Romero, quanto à possibilidade da existência futura de uma unidade ética mais branqueada da população brasileira.

O alvo das críticas de Rodrigues, Sílvio Romero, foi um dos principais entusiastas da mestiçagem combinada ao branqueamento. Em *História da literatura brasileira: fatores da literatura brasileira*, do final do século XIX, ele expôs seus argumentos a favor da causa abolicionista combinados aos estudos da literatura brasileira. Foi a partir da leitura dessa obra que Nina Rodrigues afirmou concordar com o fato de o brasileiro ser essencialmente mestiço. Romero, além do entendimento de que todo brasileiro era mestiço, se não no sangue, pelo menos nas ideias, acrescenta serem os artífices da mestiçagem brasileira "o português, o índio, o meio físico e a imitação estrangeira" (Romero, 1882, p.2). Assim descreve a composição racial brasileira e sua crença num futuro de população mestiça branqueada:

> A estatística mostra que o povo brasileiro compõe-se atualmente de brancos arianos, índios tupis-guaranis, negros quase todos do grupo banto e mestiços destas três raças, orçando os últimos certamente por mais de metade da população. O seu número tende a aumentar, ao passo que os índios e negros puros tendem a diminuir. Desaparecerão num futuro talvez não muito remoto, consumidos na luta que lhes movem os outros ou desfigurados pelo cruzamento. O mestiço, que é a genuína formação histórica brasileira, ficará só diante do branco quase puro, com o qual se há de, mais cedo ou mais tarde, confundir [...]. O Brasil não deve contar seriamente com os índios e negros como elementos de uma civilização futura, ainda que estenda até eles os benefícios do ensino primário. (ibidem, p.20-1)

De tudo que fica dito é fácil tirar a conclusão. Dos três povos que constituíram a atual população brasileira, o que um rastro mais profundo deixou foi por certo o português; segue-se-lhe o negro e depois o indígena. À medida, porém, que a ação direta das duas últimas tende a diminuir, com a internação do selvagem e a extinção do tráfico dos pretos, a influência europeia tende a crescer com a imigração e pela natural propensão para prevalecer o mais forte e o mais hábil. O mestiço é a condição dessa vitória do branco, fortificando-lhe o sangue para habilitá-lo aos rigores de nosso clima. (ibidem, p.35)

Entretanto, nem todos os autores do período aderiram às teses eurocêntricas da supremacia branca e da índole do brasileiro, descrito como preguiçoso e incapaz devido às origens e misturas étnicas. Discordavam dessas teses nomes como Manoel Bomfim e Alberto Torres (1865-1917). Em Bomfim, essa posição é mais precisa na obra *América Latina: males de origem*, em que ele afirma claramente que a teoria de hierarquização racial tinha como objetivo único legitimar a dominação e a exploração dos povos e ainda questiona a legitimidade científica da sociologia da Europa e dos Estados Unidos, ao declarar os "outros" como inferiores.

Em seus argumentos sobre a invenção da raça ariana como superior, criticou a aplicação da lei de seleção natural aos seres humanos, tal qual desenvolvida por Herbert Spencer e principalmente pelo antropólogo português Oliveira Martins (1845-1894). Além disso, problematizou a falta de fundamento lógico na construção narrativa dos povos indígenas e africanos como inferiores e questionou: "Que é que prova serem eles assim incapazes e inferiores?" (Bomfim, 2008, p.199). No seu entendimento, para confirmar a ausência de provas sobre a suposta inferioridade desses povos, bastaria comparar o "passado bárbaro" dos germânicos com os esplêndidos impérios dos povos originários, tal qual encontraram os espanhóis, bem como com a organização dos quilombos africanos. Para o autor, os teóricos da hierarquia racial confundem oportunidades históricas com inferioridade de raças. Ele também criticou os detratores da mestiçagem, como Agassiz, e as afirmações de que a mistura de raças era o motivo da instabilidade política da América Latina, além de afirmar que não havia nenhuma prova de degeneração do caráter do mestiço: "Consultem-lhe as estatísticas de qualquer cidade sul-americana, e ver-se-á que o número de delinquentes mestiços é, talvez, relativamente inferior ao dos criminosos de raças puras" (ibidem, p.212).

Na obra *O problema nacional brasileiro*, com primeira edição de 1914, Alberto Torres também discutiu as teses de inferioridade racial associada às críticas ao imperialismo e à entrega das riquezas nacionais ao estrangeiro; ele definiu o Brasil como "uma terra saqueada" (Torres, 1978, p.16). Para ele, a causa da desorganização do país não estava na diversidade racial, mas na ausência de um espírito de nação. Apoiado no geógrafo alemão Friedrich Ratzel (1844-1904), afirmou que o que faz a diferença entre os povos não são suas aptidões, mas as condições de vida, e apelou pela convivência cordial entre todas as raças (ibidem, p.30), chegando a afirmar que, caso o afeto entre as raças fosse estimulado, haveria pouco preconceito. O autor também criticou a versão europeia de que o povo brasileiro era, por natureza, preguiçoso e indolente e assegurou: "Somos um dos povos mais sensatos e inteligentes do mundo [...]. O brasileiro é trabalhador e ativo como os mais operosos povos do mundo" (ibidem, p.55).

Torres insinuou a existência de estreita vinculação entre o avanço dos debates relativos à igualdade de direitos e o crescimento da ciência como legitimadora da desigualdade natural. Atento ao crescimento do movimento operário, das lutas pela igualdade e do avanço do imperialismo, comentou que patrões e "[...] raças colonizadoras pediram títulos à ciência, para os direitos da hierarquia e da subordinação" (ibidem, p.59). E afirmou:

> Não se poderia achar prova mais clara da natureza política deste movimento do que a que mostram a semelhança e simultaneidade das diversas doutrinas aristocráticas, predominantes na ciência social. Gobineau e Malthus, Vacher La Lapouge, certas filiações políticas e sociais do darwinismo, Nietzsche, surgiram, de origens e fontes diversas, quase na mesma geração, chegando por métodos todos científicos, à mesma conclusão: a afirmação da superioridade morfológica, irredutível, de certas raças, certos povos. (ibidem, p.58)

Outro texto crítico das teorias racialistas, porém bem menos conhecido, foi o de Augusta Peick Moreira, enfermeira alemã e esposa do médico psicanalista brasileiro Juliano Moreira, que era um homem negro. Originalmente publicado no conhecido periódico alemão *Revista Ilustrada de Geografia e Etnografia*, o artigo, traduzido para o português com o título "Homens de cor no Brasil", foi publicado em 1910 no *Almanaque Brasileiro Garnier*. Nas palavras do tradutor, provavelmente o historiador e editor da revista, João Ribeiro (1860-1934), a publicação do artigo se justificava pela alta relevância sociológica. Nesse texto, a autora desenvolveu a tese de que as justificativas dadas pelos teóricos a respeito da existência de uma suposta superioridade dos brancos europeus, especialmente após publicações de Gobineau, não se sustentavam na prática.

Augusta Moreira iniciou a escrita comentando sobre as misturas de cores no Brasil e concentrou-se na análise da população negra e dos mulatos; sua principal premissa era a de que, havendo educação e oportunidades iguais para brancos e pretos, todos poderiam se destacar, citando como exemplo indivíduos negros brasileiros que "[...] se tem distinguido nos vários ramos da atividade humana, médicos, advogados, sacerdotes, farmacêuticos, preceptores, negociantes, agricultores, etc. [...] Apesar dos preconceitos de cor, muitos deles tem conseguido atingir boas posições" (Moreira, 1910, p.353). Ela observou, no entanto, que o mesmo não ocorria na ocupação de cargos públicos por nomeação, embora se sobressaíssem nos concursos. No artigo, a autora contestou os "três defeitos graves" atribuídos à população negra por estudiosos norte-americanos: imprevidência, imoralidade e improbidade.

Sobre a imprevidência, ela questionou se as condições de escravidão foram favoráveis para o desenvolvimento do hábito de economia, lembrando ainda que muitos escravizados pagaram sua liberdade com recursos próprios. Constatou que, após a abolição, a população negra foi sujeitada a trabalhos quase forçados, predominando, para a maioria, a ausência de condições favorecedoras de bons princípios de previdência, ainda que alguns poucos tenham conseguido ser negociantes ou proprietários. E afirmou: "a economia e a previdência não são privilégios de nenhuma raça, mas sim o produto natural de uma cultura mais ou menos paciente, bom exemplo e o estímulo proveniente do meio em que se vive" (ibidem, p.354).

O defeito da imoralidade foi radicalmente contestado por Augusta Moreira, com base sobretudo nos fatos relatados sobre a época da escravidão, segundo os quais as famílias de brancos, especialmente as mulheres e crianças, eram deixadas com total confiança aos cuidados dos "pretos" em caso da ausência do chefe da casa. Destacou também que não se podia confundir a acusação aos pretos com a imoralidade praticada pelos homens brancos no assédio às mulheres escravizadas.

> Causa aliás admiração que com o regime daqueles tempos, as mais das vezes não ficava ao escravo nem o direito de ter mulher legal e filhos e, muito menos, o direito de protestar contra a cupidez dos senhores frente as suas companheiras e filhas. Admira que a moralidade daqueles que foram criados debaixo de tal regime não chegasse ao mais baixo nível. (ibidem)

E o que dizer da improbidade? Embora fosse um defeito reiterado, devido à condição de pobreza em que vivia a população negra, a autora foi categórica – em sua opinião, não era possível afirmar que no Brasil os pretos eram mais desonestos que os brancos, e prosseguiu: "Os Europeus mesmo que as mais das vezes quase monopolizam o comércio a retalho das grandes cidades, enganam muito mais vezes o comprador preto do que este tenta enganar aqueles" (ibidem, p.355). Ela comentou, ainda, sobre a conhecida fidelidade dos negros e a confiança que lhes era conferida na prática de vários ofícios, por exemplo, no comércio, em repartições públicas e no serviço de carga e descarga de navios, em que não havia a menor queixa. De acordo com a autora, "os defeitos dos pretos não são maiores que os dos brancos e [...], por intermédio da progressiva influência da educação, eles desaparecerão" (ibidem, p.356).

Já sobre as pessoas de cor mulata, citou os estudos do próprio Juliano Moreira ao comparar a degeneração das raças em europeus (sem mestiçagem) e mulatos, constatando que os casos de idiotice e imbecilidade não tinham origem na raça, dando exemplos de mulatos brasileiros portadores de alta inteligência, como Gonçalves Dias, Tobias Barreto, André Rebouças e José de Patrocínio. Augusta Moreira reafirmou que as faltas notadas nos mulatos se deviam à ausência de oportunidade de estudos e que, se fossem educados em boas escolas, não se diferenciariam nem do branco europeu nem do norte-americano. Contrariando totalmente os autores da época, confirmou as ideias de Juliano Moreira de que a principal causa da degeneração presente nos diferentes matizes do mulato estava no progenitor branco. E concluiu:

> As qualidades dos indivíduos estão sempre em relação com o meio no qual eles se desenvolvem, e aqui [Alemanha], como em todos os povos, há uma infinita escala de tipos e caracteres, e no Brasil, como em toda a parte, deve partir das classes mais abastadas o bom exemplo e um impulso salvador em prol da educação das classes ditas inferiores. (ibidem, p.359)

Já na década de 1920, um autor muito comentado, principalmente devido à ideologia do branqueamento, foi o antiliberal Oliveira Vianna (1883-1951), um dos principais divulgadores da eugenia e do preconceito racial no Brasil. Ele publicou várias obras sobre o assunto, com destaque para *Evolução do povo brasileiro* (1923). Em todas as suas obras, é recorrente a fundamentação nos teóricos europeus da hierarquia racial e do atavismo, ou seja, a defesa de que os mestiços tendem a reproduzir as características físicas e morais da "raça inferior" a que se misturaram. Vianna foi responsável pela disseminação e consolidação das ideologias que estigmatizaram a população negra como imoral, indolente, anárquica e degenerada, apresentando como única salvação a mistura com a população branca. Para ele, o negro não tinha capacidade de assimilar a "cultura ariana" e sua condição de "[...] civilizabilidade não vai além da imitação, mais ou menos perfeita, dos hábitos e costumes do homem branco" (Vianna, 1933, p.156-7). Os indígenas não fugiam à regra, pois "seu poder de capilaridade social, a sua ascensionabilidade é mesmo muito inferior à do negro [...], inteiramente refratário a qualquer influxo educativo no sentido da arianização" (ibidem, p.158). No entanto, essas questões estavam com os dias contados, pois

> os elementos bárbaros que formam o nosso povo estão sendo, pois, rapidamente reduzidos, a) pela situação estacionária da população negra; b) pelo aumento contínuo dos fluxos arianos nestes últimos tempos; c) por um conjunto de seleções favoráveis, que asseguram, em nosso meio, ao homem de raça branca, condições de vitalidade e fecundidade superiores aos homens das outras raças. (ibidem, p.186)

Também seguindo a ciência europeia, destaca-se o uruguaio José H. Figueira e seu ensaio paleontológico *Los primitivos habitantes del Uruguay*, cuja publicação, em 1892, foi motivada pela proximidade da celebração do quarto centenário de descobrimento da América. Após a descrição geográfica, o autor expôs características dos "habitantes primitivos" do Uruguai, "segundo critérios científicos", cuja inferioridade condená-los-ia também ao desaparecimento. Esses habitantes primitivos eram os charruas (que em 1831 foram exibidos em Paris e se caracterizavam por ser taciturnos, falsos e apáticos, incapazes de se adaptar a uma civilização superior, sem governo, sem divisão do trabalho e nômades, supersticiosos e de linguagem gutural), os *yaros* ("assassinos" do "descobridor" do Rio Uruguai, capitão Juan Álvarez y Ramón, eram semelhantes aos charruas, embora com linguagem diferente), os *bohanés* (sem informações), os *chanás* (descritos como dóceis e pacíficos), os *arachanes* (de origem guaranítica, exterminados no século XVII), os *guenoas* (também desaparecidos) e os minuanos (taciturnos, apáticos, contrários a qualquer civilização). Enfim, no seu entendimento, a hostilidade às leis, a presença de ideias sobrenaturais e o apego à liberdade, entre outras características, revelavam o estágio infantil desses povos, confirmando os traços de sua inferioridade (Figueira, 1892, p.43).

Julgando, então, as tribos que povoaram o Uruguai *com um critério científico*, devemos considerar, em geral, como constituintes de sociedades simples, com chefes acidentais (*charrúas* e *minuanes*), ou temporárias (*guenoas* e *chanás*) e levando uma vida semi-sedentária (*charrúas, yarós, bohanés, minuanes* e *guenoas*) ou sedentária (*chanás*). O quadro que coloco na frente de, em síntese, as características individuais e sociais desses povos, *classificado de acordo com o sistema de Mr. Herbert Spencer*, que permite relacionar facilmente os diversos elementos que caracterizam esses agrupamentos primitivos. (ibidem)

Do mesmo modo, foi a ciência europeia que fundamentou a narrativa eugênica e racista da tese de Clemente Palma, *El porvenir de las razas en el Perú*, de 1897, com o objetivo de obter grau de bacharel na Faculdade de Letras. O autor pressupõe a existência de um gênero humano, determinado por leis biológicas e pela evolução e que, como o gênero animal, é dividido em raças ou espécies estabelecidas hierarquicamente, anunciando, portanto, sua premissa de que cruzamentos errôneos geram raças enfermas e degeneradas e "[...] atrasam o carro triunfal das raças vitoriosas" (Palma, 1897, p.9). Inspirado em Spencer, ele afirmou que é obrigação dos governos controlar os cruzamentos de seu povo, como fazem os pecuaristas com seus rebanhos, de modo a favorecer a seleção dos mais dotados. Na ausência de uma raça homogênea no Peru e à luz de Le Bon, intencionou descrever as características das raças que constituíam a população peruana e contribuir para as reflexões quanto às possibilidades de um futuro organizado na unidade de uma "alma coletiva".

Adepto dos fundamentos eugênicos de que melhorar a raça é a fusionar com uma raça superior, de "sangue bom", Palma descreveu as principais raças que constituem a população peruana e foi radicalmente pessimista quanto às condições de se formar um espírito homogêneo, necessário para a organização de uma "civilização progressiva" (ibidem, p.13) caso não houvesse "cruzamento" com a raça branca. De acordo com ele, na hierarquia da inferioridade racial há as raças chinesa, indígena e negra; e da superioridade, as raças espanhola (embora nervosa, turbulenta e pouco prática) e mestiça (apesar de insuficientemente dotada de caráter). À luz das teorias europeias, o autor não economizou palavras para depreciar nenhum desses povos, ao mesmo tempo que afirmou seu lento desaparecimento, por diferentes motivos; segundo ele, os chineses eram um nada, não representavam nenhum princípio ativo de vida, eram viciados em ópio e inadaptados; os indígenas, devido à sua "inata condição inferior" (ibidem, p.37) e vício em coca, não serviam mais, nem para a reconstituição do império inca nem para a vida moderna; já os negros estavam em extinção devido à diminuição dos cruzamentos entre eles e ao branqueamento. Destaca-se que Palma era contraditório ao expor o desaparecimento natural desses povos, pois ora defendia o extermínio físico do restante da população indígena e a expulsão dos chineses pelo governo – "[...] quando houver a convicção dos efeitos perniciosos que esta raça degenerada, viciosa e suja pode causar na vida do nosso Povo" (ibidem, p.38) –, ora argumentava pela ciência europeia. E afirmou:

> Era preciso que se cumprisse aquela lei sociológica observada por Spencer e Darwin, e que Le Bon sabiamente estuda no livro já citado [*Les lois psychologiques de l'évolution des peuples*]: uma lei que poderia ser formulada da seguinte forma: *todo Povo inferior, na presença de um superior, está fatalmente condenado a desaparecer*. (ibidem, p.31, grifo nosso)

Perante narrativas tão destrutivas, nos perguntamos quais foram os principais argumentos para tanto ódio racial, após séculos eliminando a cultura dos povos originários, de escravização e subalternização dos povos africanos e inclusive do uso abusivo da mão de obra dos chineses. Reafirmamos que, na história latino-americana, esse processo vincula-se à divisão racial do trabalho e ao modo como os diferentes grupamentos étnicos foram absorvidos nas novas dinâmicas do mercado capitalista desde o século XIX, associado ao nível de intensidade da prática do extermínio físico e aos processos de mestiçagem.

No caso dos indígenas, por exemplo, Palma afirmou que eles não tinham aspirações: "[...] todas elas se reduzem a viver sossegadamente em sua comunidade, possuindo algumas varas de terra para plantar batata e coca para se alimentar e para suas esposas e filhos, uma garrafa de cachaça para se embebedar, e mais nada, não precisam de mais" (ibidem, p.15). Paradoxalmente, para justificar o apogeu do próspero império inca no passado, o autor argumentou pelo esoterismo e não pela ciência, pois atribuiu sua existência ao espírito de um "homem misterioso" chamado Manco Capac, a quem é atribuído o título de fundador do império inca no século XIII.

> Que talvez teve algumas gotas de sangue ariano em seu sangue, que talvez foi estrangeiro, que talvez *surgiu daquela mesma raça infeliz como uma flor exótica, como uma daquelas inexplicáveis anomalias da natureza* que faz brotar um intelectual entre uma geração de idiotas e um idiota em uma geração de intelectuais. (ibidem, p.18, grifo nosso)

Palma usa da mesma argumentação mítica para comentar sobre o esplendor dos africanos egípcios, que, segundo ele, se explica por "leis puramente cósmicas ou por uma ação étnica oculta que, no meio de uma raça verdadeiramente abjeta, que toca os limites da animalidade pura, tenha surgido um povo dotado de tão grande superioridade, como caráter e inteligência" (ibidem, p.24). Esse tipo de interpretação usada pelo autor precisaria ser mais bem problematizada, pois, enquanto a ciência decifrava a existência de povos inferiores, o esoterismo era suficiente para justificar a prodigalidade de povos da mesma raça.

Ainda de acordo com Palma, embora a "raça negra", de "inferioridade indiscutível", também tenha sido retratada com as características mais desfavoráveis – tais como inepta para a vida civilizada, covarde, rancorosa, sem energia e fanática –, ela foi interpretada como menos degenerada que os povos indígenas. Ainda assim, era inferior, porque, em síntese, não reunia "[...] as condições de intelectualidade e de caráter que a sociologia atribui às raças perfectíveis e predispostas a constituir uma nacionalidade próspera" (ibidem, p.26).

Quanto às "raças superiores", os espanhóis e mestiços/*criollos* (oriundos da miscigenação de espanhóis com índios) também são apresentados como degenerados, embora superiores às outras raças. A primeira "raça" se degenerou pelo "desgaste", devido tanto à luta secular contra os mouros quanto às crises econômicas e ao próprio processo da colonização; Palma os descreve como um povo de exaltados, de baixa intelectualidade, mas com grande apelo artístico, embora débeis e imorais. Já os mestiços eram os mais inclinados à vida civilizada e, ainda que possuidores de muitos defeitos, expressavam "a tonalidade do espírito nacional" (ibidem, p.34). As características da raça *criolla* elencadas por Palma eram bondade de gênio, espírito artístico, espírito de desordem, anarquia e falta de caráter. O incomodo quanto à desorganização dos *criollos* é justificado pela ciência de Le Bon e Agassiz, que, por sua vez, tomam o Brasil como modelo de degeneração.

> Le Bon afirma que: "todos os países com grande número de mestiços estão, por isso mesmo, condenados à anarquia perpétua, pelo menos enquanto não forem dominados por uma mão de ferro. Isso é o que vai acontecer no Brasil. Este país tem apenas um terço de brancos, o resto da população é negra e mulata". O famoso Agassiz disse a respeito do Brasil "que basta estar no Brasil para não poder negar o declínio resultante dos cruzamentos. Esses cruzamentos enfraquecem as melhores qualidades do branco, do índio e do preto, e produzem um tipo indescritível cuja energia física e mental é enfraquecida". (ibidem, p.36)

Segundo o autor, a única saída para superar os defeitos da raça seria o branqueamento por meio da miscigenação com os europeus, especialmente com os alemães; para isso, aconselhou o governo peruano a fomentar a imigração e "que pague a preço de ouro por esses preciosos alemães que vão construir a futura grandeza de nosso país" (ibidem, p.40). Como exemplo de sucesso oriundo do branqueamento europeu, citou Argentina e Chile, especialmente a Argentina, pois, de acordo com Palma, era a nação que possuía o maior volume de população composta de povos de raças superiores, aqueles de "sangue italiano, inglês, francês e espanhol"; por isso, na América Latina, era a única nação civilizada.

A questão da mestiçagem e a solução do branqueamento foram temas comuns nos outros países da América Latina, sendo que o branqueamento se tornou uma meta e política de governo. De acordo com Calderón, essa ideia já estava nos planos de Simón Bolívar (1783-1830), autor da seguinte afirmação, citada por ele:

> Devemos fomentar a imigração de europeus e norte-americanos para se estabelecerem aqui e nos trazerem suas ciências e artes. Essas vantagens, um governo independente, escolas gratuitas e o *casamento com europeus e anglo-americanos mudariam totalmente o caráter do país e o tornariam ilustrado e próspero*. Precisamos de mecânicos e agricultores, e é deles que o país precisa para avançar e progredir. (apud Calderón, 1949, p.35, grifo nosso)

Juan Bautista Alberdi, em sua obra *Bases y puntos de partida para la organización política de la República Argentina*, de 1852, foi um dos grandes defensores da imigração europeia como meio de progresso e cultura para a América do Sul. É conhecida a sua afirmação de que "cada europeu que vem às nossas praias nos traz mais civilizações nos seus hábitos, que depois comunica aos nossos habitantes, do que muitos livros de filosofia" (Alberdi, 1852, p.35).

Queremos plantar e aclimatar na América a liberdade inglesa, a cultura francesa, a laboriosidade do homem da Europa e dos Estados Unidos? Precisamos trazer pedaços vivos delas nos costumes de seus habitantes e radicá-los aqui. Queremos que os hábitos de ordem, disciplina e indústria prevaleçam em nossa América? Vamos enchê-la com pessoas que possuem profundamente esses hábitos. Eles são comunicativos; ao lado do industrial europeu, o industrial americano logo se forma. A planta da civilização não se propaga a partir da semente. É como a vinha, pega de muda. (ibidem, p.35-6)

Outro autor, Nicolás Palacios, em *Raza chilena: libro escrito por un chileno y para los chilenos* (1904), faz afirmações curiosas sobre a mestiçagem do povo chileno, que se apresentava extremado: de um lado, o predomínio do sangue araucano; de outro, o sangue germânico, então presente nos francos que chegaram ao Chile (Palacios, 1918, p.59). De acordo com o autor, seria preciso fazer um esforço para conter a emigração "dessa população de origem teutônica", ou seja, os chilenos puros, ao mesmo tempo que seria necessário evitar facilidades para a imigração de europeus latinos. Ou seja, contra a possibilidade de uma "invasão latina" (ibidem, p.67) e baseado na ciência racista, especialmente de Spencer e de Le Bon, enaltecia a raça germânica. Palacios denunciou o que ele denominava de imprensa latina ou latinizada pela divulgação e propaganda a favor da imigração de latinos, que, entre outros, favoreciam a divulgação de hábitos imorais na população, como o carnaval, as touradas e as loterias (ibidem).

2.3. A falta da cor branca – estigmatização e evitação social

Nosso tempo é especialista em criar ausências: do sentido de viver em sociedade, do próprio sentido da experiência da vida. Isso gera uma intolerância muito grande com relação a quem ainda é capaz de experimentar o prazer de estar vivo, de dançar, de cantar. E está cheio de pequenas constelações de gente espalhada pelo mundo que dança, canta, faz chover. (Krenak, 2019, p.26)

A reflexão do escritor e líder indígena Ailton Krenak nos faz indagar sobre a lógica das dinâmicas de inferiorização das populações não brancas, as consequências do racismo para a vida em sociedade e as perdas afetivas e culturais para todas as pessoas nesses séculos de opressão e subalternização racial. Como vimos, paradoxalmente, esse processo se agravou no contexto das independências coloniais, de estabelecimento da igualdade jurídica das populações e das lutas por direitos civis e sociais ocorridas nas Américas e na Europa desde o século XIX. Concomitantemente, nesse mesmo século, a Europa se apossava de novas colônias, consolidando uma história global de dominação racial, agora certificada pela ciência.

O desenvolvimento dos estudos racialistas e da eugenia e a tentativa de elaborar uma hierarquia racial baseada na ciência buscou, antes de tudo, justificar uma realidade em que o racismo já estava estruturado e a divisão racial do trabalho cimentada, numa combinação entre o passado da colonização das Américas e aquele presente de exploração neocolonialista da África, da Índia e da Ásia. No século XIX e nas primeiras décadas do século XX, academias, bibliotecas, gabinetes, congressos e cafés foram tomados por temas prementes – raça, hierarquia racial, preconceito racial –, que estiveram presentes em diferentes meios divulgadores – livros especializados, teses, periódicos, romances, pinturas, fotografias, charges, música, teatro, dança e vestimenta – e foram debatidos por toda a intelectualidade e pelas elites políticas e econômicas. Como pensavam muitos, o grau de desenvolvimento de um país poderia ser visto pela cor da pele de sua população. As elites dos países latino-americanos se esforçaram para se desfazerem dos estigmas de inferioridade da "raça latina", sendo o branqueamento o recurso mais comum.

Ou seja, passado o tempo da comercialização e da escravização de pessoas, o corpo continuou sendo objeto de repressão e violência. Esse processo foi marcado pela estetização do preconceito, sendo que a discriminação por cor e por traços fenotípicos se expandiu para difamação e depreciação das danças, músicas, falas, vestimentas, alimentação, enfim, das diversas manifestações culturais. Para isso, contribuiu a principal tecnologia disponível no período, o impresso: por meio de jornais e revistas circularam piadas e ilustrações estigmatizadas referentes às populações afrodescendentes e aos povos originários.

É fundamental ressaltar que a estigmatização grupal e o preconceito individual estão intimamente relacionados, pois, como observam Elias e Scotson, a estigmatização de um grupo não se faz meramente por atributos individuais, mas pelo fato de as pessoas estigmatizadas pertencerem a um grupo considerado coletivamente como inferior. Ademais, a elaboração dessa consideração só pode ser compreendida no âmbito das relações sociais e da natureza de suas relações de interdependência. Portanto, a peça central estará nos diferenciais de poder, como afirmam os autores:

> Um grupo só pode estigmatizar outro com eficácia quando está bem instalado em posições de poder das quais o grupo estigmatizado é excluído. Enquanto isso acontece, o estigma de desonra coletiva imputado aos *outsiders* pode fazer-se prevalecer. O desprezo absoluto e a estigmatização unilateral é irremediável dos *outsiders*, tal como a estigmatização dos intocáveis pelas castas superiores da Índia ou a dos escravos africanos ou seus descendentes na América, apontam para um equilíbrio de poder muito instável. Afixar o rótulo de "valor humano inferior" a outro grupo é uma das armas usadas pelos grupos superiores nas disputas de poder, como meio de manter a sua superioridade social. (Elias; Scotson, 2000, p.23-4)

Essa dinâmica social, nomeada pelos autores como "figuração estabelecidos-*outsiders*", é um modelo teórico de análise das desigualdades sociais e das relações de poder com base em pesquisa empírica realizada numa cidade inglesa. Esse estudo revelou um tema universal: grupos mais poderosos se veem como pessoas melhores, possuidoras de carisma grupal e de virtudes compartilhadas por todos os seus membros caracterizadoras de sua coesão. Essa posição superior pode fazer que os de fora do grupo se sintam carentes de virtudes.

Mas, para a manutenção da coesão de membros do grupo que se considera superior, são necessárias, entre outros elementos, a imputação de estigmatizações ao grupo *outsider* e sua designação como grupo anômico, em contraste com a aparência legalista e normativa dos estabelecidos. A estigmatização também tem como função desestabilizar emocionalmente o outro, por meio de subalternização, inferiorização e desonra. Sua eficácia depende da consciência de que a humilhação almejada tem o aval do grupo estabelecido; desse modo, a inferioridade de poder acaba se confundindo com uma suposta inferioridade humana e pode corresponder a uma expectativa geral da existência naturalizada de determinados comportamentos tidos como "típicos" dos *outsiders*, ora uma "apatia paralisante", ora "desordem".

Os atributos usados pelos grupos estabelecidos para estigmatizar, humilhar e ferir o outro só têm sentido num dado contexto. No caso da modernidade eurocêntrica, devido à divisão racial do trabalho, a cor e os traços fenotípicos foram os fatores legitimadores da superioridade de poder dos colonizadores, expressa na prática de submeter e escravizar grupos inteiros, o que lhes conferiu vantagens não apenas econômicas, mas também estéticas – desde então, a marca física se apresentou como símbolo de valor humano. Isso significa que o preconceito de cor não se produziu simplesmente pelo atributo individual de alguém ser portador de determinada cor, mas pelas relações mercantis de trabalho, conforme as cores das pessoas.

Ainda segundo Elias e Scotson (2000), o termo "preconceito racial" é insuficiente para dar visibilidade ao ato ideológico de "evitação social", expresso nos sentimentos de desprezo, aversão e ódio ou até de medo de um contato mais estreito, gerados pelo grupo racial tomado como superior em suas relações com os outros. As diferenças de aparência física ou mesmo de práticas de linguagem são apenas sinais produzidos como reforço de uma inferioridade imaginada e desviam daquilo que é central, no caso, a escravização de pessoas e a exploração do trabalho, fonte das vantagens de poder econômico, político e estético dos grupos estabelecidos.

Portanto, o reforço da suposta inferioridade humana pela aparência e a depreciação das diferentes manifestações culturais (expressar pela marca racial) podem ainda ser acompanhados de sua criminalização. Esse fator é amplamente verificável no processo civilizador/colonizador, o que, inclusive, contribuiu para o desenvolvimento das teorias raciais criminalistas do século XIX. Entre vários exemplos, temos no Brasil a Carta Pragmática de 24 de maio de 1749:

Capítulo IX - Por ter informado dos grandes inconvenientes que resultam nas conquistas da liberdade de trajarem os negros e os mulatos, filhos de negro ou mulato, ou de mãe negra, da mesma sorte que as pessoas brancas, *proíbo* aos sobreditos, ou sejam de um ou de outro sexo, ainda que se achem forros ou nascessem livres, o uso não só de toda a sorte de seda, mas também de tecidos de lã finos, de holandas, esguiões e semelhantes ou mais finos tecidos de linho ou de algodão, e *muito menos lhes será lícito* trazerem sobre si ornato de joias, nem de ouro ou prata, por mínimo que seja. (apud Lara, 2000, p.309, grifos nossos)

No caso da América espanhola, as restrições e criminalizações se repetem, como pode ser visto no *Código de legislación para el gobierno moral, político y económico de los negros de la isla Española* (São Domingos); no capítulo 9, as leis 1 e 2 proibiam as mulheres "negras livres e as pardas" de usarem mantilhas e pedras preciosas, ouro e prata em bordados de suas vestimentas ou adornos e os homens de portarem armas, bem como de usar sobreiros bordados (Salmoral, 2000, p.1047). Uma ordenança de 9 de agosto de 1790, direcionada às pessoas escravizadas de Buenos Aires, determinou a proibição de jogos de cartas, dados e "[...] fandangos às dez horas da noite" (ibidem, p.1159). Outra restrição muito comum se referia às práticas religiosas. No mesmo código, primeira parte, capítulo primeiro, a lei 2 proibia a veneração dos mortos em orações e cantos de tradições africanas (ibidem, p.1031).

No Brasil, esse tipo de proibição no período colonial está registrado nas Ordenações Filipinas (1603). Mas, após a independência, a Constituição de 1824 fixou a religião católica apostólica romana como a oficial da nação brasileira. Desse modo, o Código Penal de 1830, parte quarta ("Dos crimes policiais"), capítulo 1 ("Ofensas da religião da moral e bons costumes") tornava crimes os seguintes atos:

Art. 276. Celebrar em casa, ou edifício, que tenha alguma forma exterior de Templo, ou publicamente em qualquer lugar, o culto de outra Religião, que não seja a do Estado [...]. Art. 278. Propagar por meio de papéis impressos, litografados, ou gravados, que se distri-

buírem por mais de quinze pessoas; ou por discursos proferidos em públicas reuniões, doutrinas que diretamente destruam as verdades fundamentais da existência de Deus, e da imortalidade da alma. [...]
Art. 280. Praticar qualquer ação, que na opinião pública seja considerada como evidentemente ofensiva da moral, e bons costumes; sendo em lugar público.

Já no Código Criminal de 1890, logo após a abolição, a criminalização das práticas religiosas de origem africana foi bem mais explícita. O capítulo III ("Dos crimes contra a saúde pública") apresentou quatro tipos de ação criminal que poderiam ser enquadradas como práticas culturais de origem africana:

Art. 156. Exercer a medicina em qualquer dos seus ramos, a arte dentária ou a farmácia; praticar a homeopatia, a dosimetria, o hipnotismo ou magnetismo animal, sem estar habilitado segundo as leis e regulamentos; Art. 157. Praticar o espiritismo, a magia e seus sortilégios, usar de talismãs e cartomancias para despertar sentimentos de ódio ou amor, inculcar cura de moléstias curáveis ou incuráveis, enfim, para fascinar e subjugar a credulidade pública; Art. 158. Ministrar, ou simplesmente prescrever, como meio curativo para uso interno ou externo, e sob qualquer forma preparada, substância de qualquer dos reinos da natureza, fazendo, ou exercendo assim, o ofício do denominado curandeiro; Art. 159. Expor à venda, ou ministrar, substâncias venenosas, sem legítima autorização e sem as formalidades prescritas nos regulamentos sanitários.

A criminalização das manifestações culturais e estéticas das populações afrodescendente e indígenas se aprofundou com a difusão das teorias racialistas, quando a difamação da estética se tornou inerente à depreciação da cultura, da linguagem e dos hábitos, tomados cada vez mais como anômicos. No caso da estética, como defendeu o autor brasileiro Oliveira Vianna (1933), é sobre as marcas raciais, especialmente o cabelo e a cor – cabelos mais ou menos lisos e pele mais ou menos clara –, que incidem o nível de aceitação social e os estigmas de raça inferior. Elas imprimem o desvalor da cultura.

Tomemos aqui como exemplo uma curta crônica, publicada na revista *Fon Fon* de 1917:

> Domingo de sol, cheio de luz e cheio de alegria e de dobres de sinos. A criadinha, *uma negrinha retinta*, tem o dia de folga para descanso. Vaidosa, *inveja a patroa* e procura vestir-se como ela. *A sua figura então, é dum grotesco que dói...* Sapatos de salto alto, cambados, vestido de filó, colares, braceletes, anéis, toda *uma falsificação de vidros coloridos...* O rosto empoado tem uma *cor cinzenta*, os cabelos engraxados com uma grande rosa branca espetada... Toda ela lembra um *bibelot...* de casa de turco... Mas está contente porque está o *succo*, muito contente porque *imita a patroa*: passeia nos bondes, anda de automóvel, e dança e vai dançar o tango, hoje, com ele, ah! Aquele tango choroso "Me larga marvado!". (*Revista Fon Fon*, n.52, 29/12/1917, grifos nossos)

Nessa narrativa, aparecem várias manifestações de desprezo. Na caracterização da mulher, tudo prima pela falta, pela ausência, pela inexistência, fundamentos para zombarias e ofensas; ela é descrita como uma espécie de ser humano falsificado. Assim, a mulher negra, mas de cor cinzenta pela maquiagem, está feliz, porque tem sua cor e origem disfarçada, pois imita a patroa, provavelmente branca (que imita a Europa?). Sua condição social reforça a divisão racial do trabalho, é uma criada/negrinha retinta, com destaque para a linguagem depreciada ("marvado") e a opção de lazer (dançar o tango) naquela época era um detalhe importante de reforço das diferenças raciais, como pode ser identificado nas publicações do período.

No contexto, o chamado tango brasileiro se assemelhava ao maxixe, de origem afrobrasileira, surgido no século XIX e considerado libidinoso e vulgar. São bastante curiosos os debates que essa dança de salão suscitou na época. Tomemos, por exemplo, uma coluna da revista *Fon* de 27 de setembro de 1913, em que o autor comentou:

> O *tango*!! Há uma agressiva repulsa contra a intromissão da moderna dança nos velhos hábitos quadrilheiros e polkadores [*sic*]

de nossa sociedade [...]. Essa é a opinião de um elevado e circunspecto paredro [sic] político, cuja autoridade é respeitada em toda a linha. E S. Ex. continuando a sua preleção, acrescentou: Digam-me cá: Há cousa mais encantadora que ver tango bem dançado pela mulher dos outros? Na roda houve diversos risos amarelos e diversas cabeças que se talharam logo a respectiva carapuça (*Revista Fon Fon*, n.39, 27/09/1913)

No mesmo número da revista, o autor de outra coluna anunciava a "civilização do tango brasileiro" ao informar que os parisienses retiraram o tango do *bas fond*: "[...] civilizou-o, limpou-o, perfumou-o e depois fez penetrar nos hábitos leves dos chás da tarde e dos *cabarets* elegantes". Ele advertiu, contudo, que, apesar do sucesso, em Paris o tango não era uma dança dos salões da alta sociedade e que, também no Brasil, "esse agora chamado tango parisiense" não teve simpatia na alta sociedade brasileira, pois a dança continuava sendo um "arremedo educado do nosso maxixe". As imagens dos periódicos confirmam o estereótipo de vulgaridade.

Figura 3 – Tango brasileiro

Figura 4 – Maxixe em Paris

Do mesmo modo, a capoeira e o samba foram depreciados. A capoeira, que já era criminalizada desde o período colonial, continuou o sendo, mesmo após a abolição. No Código Penal de 1890, o artigo 402 tratava especificamente da proibição da prática da capoeira, com agravante no caso de o capoeirista pertencer a alguma "banda ou malta" (parágrafo único), e instituiu como crime

> Art. 402. Fazer nas ruas e praças públicas exercícios de agilidade e destreza corporal conhecidos pela denominação capoeiragem; andar em correrias, com armas ou instrumentos capazes de produzir uma lesão corporal, provocando tumultos ou desordens, ameaçando pessoa certa ou incerta, ou incutindo temor de algum mal.

Figura 5 – Capoeira

O samba foi criminalizado e marginalizado, e diversas vezes os sambistas eram interceptados pela polícia e poderiam ter seus instrumentos, especialmente o pandeiro, recolhidos (Neto, 2017). Andrews comenta o esforço das autoridades para eliminar o conteúdo africano do carnaval:

> Durante a primeira metade do século XIX, os escravos e negros livres de Buenos Aires, Montevidéu, Rio de Janeiro, Salvador, Car-

tagena, Havana e outras cidades reuniam-se para disputas turbulentas de danças e batuques, em que cada nação africana procurava demonstrar sua superioridade [...]. Durante o final do século XIX e início do século XX, o foco do evento deslocou-se de festas de rua para eventos públicos e privados organizados e patrocinados pelas elites locais: desfiles de automóveis e carros alegóricos representando clubes de elite e outros grupos organizados especificamente para participar do carnaval, além de bailes formais realizados nos principais clubes sociais e hotéis.[15] (Andrews, 2014, p.157-8)

Por exemplo, no longevo semanário argentino *Caras y Caretas*, fundado em 1898, encontramos um interessante artigo na edição de 15 de fevereiro de 1902, em que o autor, que assina como Figarillo, fala sobre o "carnaval antigo", marcado pelos baldes de água, marimbas e tambores (que ainda sobrevivia nas "brenhas andinas") e pelos *candoberos*. Para ilustrar, ele registrou o tocante depoimento de uma "ex-carnavalesca":

> Quando a Nação Venguela pisava na rua [...] até as pedras dançavam. Em 1870, antes da grande peste, *os rapazes de bem começaram a se vestir de marrom*, imitando até a nossa maneira de falar, e os compadritos convidaram a milonga, feita sobre a nossa música, e *não tivemos mais remédio do que nos trancar em nossas casas porque éramos pobres e tínhamos vergonha...* Mais tarde, senhor, não havia nenhum gringo na cidade que não se fantasiasse de Venguela, e fizesse umas danças com piruetas, *o que era um verdadeiro ridículo...* (Figarillo, 1902, p.30)

---

15 É importante ressaltar que a organização de clubes sociais não foi uma prerrogativa de pessoas brancas. Em várias cidades da América Latina, pessoas negras com posses, excluídas das organizações sociais dos brancos, se reuniam em clubes famosos, como El Progresso (Santiago, Cuba), Club Atenas (Havana), La Perla Negra (Santo Domingo) e Kosmos (São Paulo), além de se filiarem em associações atléticas e recreativas frequentadas pela população negra (Andrews, 2014, p.160).

EL CARNAVAL ANTIGUO
LOS CANDOMBEROS

DOS MORENAS REPRESENTANTES DEL CARNAVAL ANTIGUO

MESA PRESIDENCIAL DE UNA SOCIEDAD DE NEGROS

blaciones que florecen entre las breñas andinas, que relumbran al sol en las llanuras solitarias, adonde llega apenas el eco de la vida o que duermen las siestas apacibles entre los quebrachales chaqueños dulcemente abanicados por las inconstantes brisas montaraces.

Nosotros, los cultores del moderno carnaval tan aparentemente culto como realmente aburrido; los que arrojamos la serpentina ondulante, silenciosa y anónima, sobre la multitud callejera que desfila chillando aburrimiento y sudando fastidio, ni entendemos ya que en época pasada y no lejana todavía, hayan podido ser horas ligeras éstas que vivimos, largas y pesadas.

Las azoteas, las ventanas y balcones, las puertas de calle y aun el descampado frontero de los ranchos suburbanos ó los portillos de los cercos de las quintas de las afueras, se engalanaban con las mozas de la familia y sus relacionados, todas armadas de jarros y teniendo á mano las tinas rebosantes y las rústicas coronas de flores natu-

El clásico carnaval que fué deleite de nuestros padres, es ya casi un forastero en su propia patria y solamente se le encuentra con sus típicas mascaradas, sus baldes de agua, sus huevazos, sus baños en las tinas defendidas á jarro y á moquete por las mujeres del pago, allá, en las po-

EX-PRESIDENTAS DE COMPARSAS DE NEGROS

rales con que premiarían el ardoroso arrojo de sus adversarios.

Las mascaradas bulliciosas, los orfeones, las comparsas musicales pasaban ante ellas provocando su aplauso, pero su simpatía no los acompañaba, porque la reservaban para los escuadrones de jinetes que venían á provocarlas, luciendo su habilidad para arrojar la cáscara certera, al pasar á media rienda y á tiro de jarro, flotando el poncho flexible y luciendo orgullosos la charolada bota y el blanco pantalón, vírgenes aún del contacto del agua, ó para el pelotón formado por los de á pie, atropelladores y amigos del entrevero.

En una calle lejana, allá, donde no se hacen abigarrados corsos todavía, viven encerradas cuatro morenas viejas, ex-carnavalistas decididas y que conservan con veneración las marimbas y los tambores que fueron de su nación.
—¿Y con esto bailabas usted?
—Claro...! Cuando la Nación Venguela pisaba la calle, amito—nos dijo la ex-presidenta de la úl-

© *Biblioteca Nacional de España*

Figura 6 – Carnaval antigo

Esse depoimento demonstra bem as estratégias usadas pelo grupo estabelecido para reafirmar a condição subalterna e *outsider* do outro, ao ridicularizar suas sensibilidades e manifestações culturais, favorecendo o afloramento de sentimentos de vergonha de si. Nessa mesma edição, há outros artigos sobre o "carnaval civilizado" e imagens que retratam os bailes e concursos de fantasias infantis. Na Figura 7, é curioso observar as fantasias inspiradas em tipos europeus, usadas pelas crianças brancas de elite.

Figura 7 – Crianças fantasiadas

Enquanto o carnaval se civilizava, sambistas continuavam sendo atacados. É possível encontrar nos jornais brasileiros denúncias de eventos com reunião de sambistas e demanda por intervenção policial; por exemplo, o *Jornal do Brasil* trouxe, em 1903, a seguinte notícia:

> Um Samba
>
> O delegado da 15ª circunscrição urbana, acompanhado de inspetores e praças, deu cerco ontem à noite em uma chácara abandonada da rua Barão do Bom Retiro n.57, de propriedade de Horácio Caldas, onde se realizava um funambulesco e retumbante samba, prendendo para mais de 100 indivíduos, que se entretinham na dança africana [...]. (*Jornal do Brasil*, 24/04/1903, p.2)

Já Sílvio Romero se referiu aos hábitos culturais de africanos e indígenas do seguinte modo:

> A música dos negros é monótona: os seus instrumentos não passam do *marimbau*, do *mutungo* (uma cuia com ponteiros de ferro), do *tambaque* (espécie de tambor) e do *pandeiro*. A dança é uma série de pulos, requebros e gatimanhos. A música dos índios era mais variada, e os seus instrumentos mais numerosos. – O *samba*, estou hoje convencido, é de origem indígena. Fernão Cardim, que escreveu em 1583 [Narrativa Epistolar], assim a ele se refere: "Fazem seus trocados e mudanças com tantos gatimanhos e trejeitos que é coisa ridícula; de ordinário não se bolem de um lugar, mas estando quedos em roda fazem o mesmo com o corpo, mãos e pés; não se lhes entende o que cantam; mas disseram-me os padres, que cantavam em trovas quantas façanhas e mortes tinham feito seus antepassados." É claramente a origem dos nossos *xibas* e *sambas* atuais em que são exímias as populações do interior. *Não os acho ridículos, como supôs Fernão Cardim; são a música e a dança na infância, e a infância é ingênua e não ridícula* [...]. Mas será verdade, repito, que os Tupis e os africanos tivessem uma viva poesia

rudimentar, que haja passado às nossas populações atuais? Eu o creio, mas eis aí uma grande dificuldade. Fala-se muito da poesia dos índios dos três primeiros séculos da conquista; mas mui poucos e insignificantes são, como já se viu, os fragmentos coligidos; e quanto aos africanos nada se tem colhido. Demais, os hinos líricos e épicos, cantados pelo povo brasileiro, são, como disse, vazados nos moldes da língua portuguesa. *Como marcar o veio negro e o vermelho em canções que afetam uma só forma? As dificuldades abundam. Incontestavelmente o português é o agente mais robusto de nossa vida espiritual.* Devemos-lhe as crenças religiosas, as instituições civis e políticas, a língua e o contato com a civilização europeia. Na poesia popular a sua superioridade como contribuinte é, portanto, incontestável. (Romero, 1882, p.33-4, grifos nossos)

Podemos identificar, ainda, a representação caricaturada das populações africanas e indígenas e de sua estética e cultura em jornais e revistas latino-americanos. No amplo universo de representações estigmatizadas das pessoas não brancas, gostaria de chamar atenção para alguns aspectos comuns nos periódicos da América Latina do final do século XIX e início do século XX,[16] destacando três características. A primeira se refere ao fato de que, em todos eles, evidentemente excetuando periódicos da chamada imprensa negra e pró-indígenas, as pessoas negras e indígenas foram invisibilizadas, pois as imagens são predominantemente de pessoas brancas ou branqueadas – homens, mulheres, crianças e famílias, com destaque para as ilustrações de festividades, as seções de moda e fotografias de crianças. A moda e o esporte são europeus; as residências e espaços das cidades são requintados; os produtos nas

---

16 Pesquisa realizada no Ibero-Amerikanisches Institut (IAI), em Berlim, em diversos periódicos da coleção "Revistas de Cultura" (digitalizados e não digitalizados) referentes ao período do final do século XIX e início do século XX dos seguintes países: Argentina, Bolívia, Brasil, Colômbia, Chile, Cuba, Equador, Paraguai, Peru, Uruguai e Venezuela. https://www.iai.spk-berlin.de/startseite.html

SUBALTERNIDADE E OPRESSÃO SOCIORRACIAL   203

propagandas são de alto padrão – tudo expressa o mundo elitista. Ou seja, são periódicos com público leitor definido, e é bastante curioso que, apesar da diversidade estética das populações, tudo se homogeneíza pela moda importada da Europa ou dos Estados Unidos. Ler a seção de moda numa revista já é o suficiente para saber o que foi publicado nas outras, afinal, é moda!

Figura 8 – Moda Uruguai

Figura 9 – Moda Brasil

A segunda característica é identificada nas representações das crianças. Em meio a muitas imagens de crianças brancas, representadas junto às suas famílias, brinquedos e eventos sociais, as de crianças negras e indígenas ilustram notícias de sua estadia em asilos, abrigos ou orfanatos e outras instituições filantrópicas, inclusive nos países de maioria afrodescendente, como o Brasil. Vejamos como as crianças são representadas na mesma revista, para um público de uma classe abastada.

SUBALTERNIDADE E OPRESSÃO SOCIORRACIAL 205

No Abrigo de Menores do Districto Federal, o Dia da Bandeira decorreu festivamente, tendo o respectivo director, sr. Miguel Paes do Amaral Pimenta, depois de uma prelecção sobre a data, offerecido uma mesa de doces aos pequenos asylados.

OS QUE DESABROCHAM

Olympia, Julinho, Cicero, Lucia e Regina, filhinhos do Dr. Alberto Penteado, de S. Paulo.

Figuras 10 e 11 – Crianças

A terceira característica se deve ao fato de que a rara presença de pessoas negras e/ou indígenas, incluindo crianças, se faz de um único modo: caricaturado e estigmatizado, em imagens e em piadas ou histórias desqualificadoras, além do uso de chacotas para se referir às suas linguagens, reproduzindo solecismos, costumes e hábitos.

– *Isso não é possível! E' a sexta vez que venho e me dizem que o patrão não está em casa!... Diga-me, então, quando é que elle estará em casa?...*
– **Num sei.** *O sinhô ispere que eu vó* **priguntá** *p'ra elle...*

Figura 12 – Solecismo

No caso dos indígenas e mestiços, do povo morador da roça, as representações são muito semelhantes também nas revistas, pois reforçam o estigma do caipira preguiçoso, espertalhão e apreciador de cachaça.

Figuras 13, 14, 15

Além de ilustrações e piadas em revistas de generalidades, outro tipo de registro, com característica estigmatizante, foram os desenhos em quadrinhos. Nobu Chinen (2019) realizou uma vasta pesquisa sobre a representação de afrodescendentes em impressos e revistas em quadrinhos brasileiras, além de comentar sobre obras de vários autores que tratam do assunto. Segundo ele, é possível identificar, desde meados do século XIX, ilustrações de pessoas negras com traços exagerados e deformados, destacando-se o formato da boca.

De um modo geral, ilustradores de vários países tiveram influência das teorias racistas, especialmente a craniometria e a frenologia, mas também dos desenhistas norte-americanos, que em cartazes anunciavam os bufões do século XIX – músicos, dançarinos e cantores negros que ofereciam entretenimento às pessoas brancas (ibidem, p.55). Eles faziam tanto sucesso que os próprios artistas brancos se pintavam de preto para fazer suas exibições. Os desenhos de negros eram feitos de modo estereotipado e exagerado, com viés racista, inspirados na maquiagem usada pelos brancos para se fazerem de pretos. Como veremos, o modo dos norte-americanos de representar a população africana influenciou os desenhistas da América Latina, onde se repetia o seguinte esquema: "A cabeça como uma bola ou uma elipse preta, olhos esbugalhados e lábios exageradamente grossos [...]" (ibidem, p.60).

Figura 16 – A vida como piada

Não se intenciona aqui fazer estudos de grafismos ou da história de ilustrações em periódicos, apenas trazer alguns exemplos do seu uso na inferiorização estética de pessoas africanas e indígenas. Entre eles está um desenho de Angelo Agostini (1843-1910) na *Revista Illustrada* de 1884, durante campanha abolicionista, em que ele alerta: "Somos muito abolicionistas, mas não nos extasiamos diante as belezas da raça africana, cuja plástica deixa muito a desejar, Vê-se cada venta!".

Figura 17 – A cor da abolição

Para a depreciação das pessoas indígenas, o confronto com a estética branca: mesmo pai?

Figura 18 – De tal pai, tal filha

Ou, ainda, pela ridicularização de sua capacidade de trabalho.

—¡Mira esos bárbaros! Seguramente esos han venido con algún circo.
—No hombre esos son los ediles de la Ilustre Municipalidad que se han dedicado á talar parques y jardines.
—¿Y para qué quieren tanta madera?
—Quien sabe. Sin duda para fabricar flechas amorosas.

Figura 19 – A tribo em ação

Como já dito, a reprodução de solecismos era uma forma comum de marcar uma suposta inferioridade: eram registradas falas (geralmente associadas a desenhos) em que se acentuava uma pronúncia/dialeto que muito se afastava do português oficial. É o que podemos perceber no seguinte diálogo:

– O-ô cuó itété, pai (ilegível). Sabe? Nós vá fica tudo foro.
– É é!
– Siô Clapi dá carta de liberdade á todo africano
– Uê!

Figura 20 – A notícia da abolição

A estigmatização pela falta também foi usada pelos criadores das personagens negras da primeira revista infantil brasileira, *O Tico-Tico* (que circulou entre 1905 e 1977), em geral presente nas histórias em quadrinhos. Tomando as edições das três primeiras décadas da publicação, identificamos sete personagens negras: os meninos Benedito, Giby, Benjamin, Chocolate e Azeitona e as meninas Sebastiana e Lamparina. Essas crianças, com nomes estranhos, não possuem famílias e são representadas como serviçais, ingênuas, desprovidas de inteligência, travessas, malvestidas e/ou "saco de pancada" das crianças brancas. Quando há o registro de falas dessas personagens, elas também são reproduzidas como solecismos. Entre vários exemplos desse tipo de ilustrações em quadrinhos, selecionei quatro. No primeiro, o personagem Giby, que na verdade é Izidôro Carneiro, é o criado da casa de Juquinha; logo que eles se conhecem, Juquinha já anuncia que aquele era o "moleque mais preto" que ele já havia visto (*O Tico-Tico*, 1907a, n.106, p.1).

SUBALTERNIDADE E OPRESSÃO SOCIORRACIAL   213

Figura 21 – Giby

Chinen (2019, p.112) observa que, no Brasil, o termo "gibi" é usado para se referir a revistas em quadrinhos, mas em seu significado original designa um moleque negro. No exemplo da história do número 108 da revista, de 1907, continuação da série "A ignorância de Giby", o contraste na representação estética das pessoas brancas e negras é acentuado, e o rosto do menino negro segue o esquema de representação norte-americano. A história nos conta que,

enquanto Giby obedecia cegamente às ordens de Juquinha, este ia dizer a sua mamãe que o moleque parecia pateta: D. Luiza pretendendo certificar-se surpreendeu o Giby solenemente repimpado sobre as costas de uma cadeira, esperando atento por algum peixe que Juquinha afirmara existir em uma tigela cheia d'água. E Giby foi asperamente repreendido. (*O Tico-Tico*, 1907b, n.108, p.1)

Figura 22 – A ignorância de Giby

No terceiro exemplo, a menina Lamparina é o destaque em termos de representação estética totalmente negativa de pessoas/crianças negras: ela é quase uma macaquinha, e nas suas histórias não faltam bananas, cambalhotas nem a fala atrapalhada. A história "Um bicho desconhecido" narra o seguinte:

Outro dia Jujuba descobriu na areia da estrada a impressão da planta dos pés de um animal desconhecido. Carrapicho seguiu aquele rastro e foi ter no bananal, onde havia um montão de cascas de banana. Jujuba, então, falou com os olhos fora das órbitas: — Deve ser bicho muito grande. E construíram Jujuba e Carrapicho uma armadilha gigantesca, capaz de prender um elefante. No dia seguinte, pela manhã, lá dos lados do bananal partiam gritos estridentes. Era Lamparina que tinha caído no laço e se agitava, aflita, de cabeça para baixo (*Virge do céu! Uai! Uai! Mi sorta! Mi larga!*). (*O Tico-Tico*, n.1236, 1929, grifo nosso)

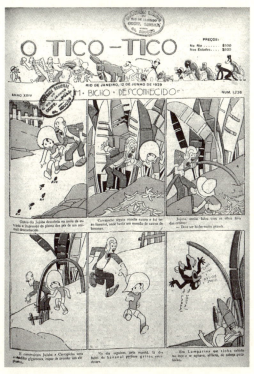

Figura 23 – Um bicho desconhecido

Já o menino Azeitona é o personagem negro dissonante, que compõe um trio com Réco-Réco e Bolão, ambos brancos. A sua representação estética também é inspirada nos norte-americanos, e as histórias repetem as humilhações de sempre. Vejamos o que se passou na combinação entre os dois meninos brancos:

—Vamos dar um susto *no preto*? Perguntou Réco-Réco a Bolão. Um de nós se veste de fantasma e o resto é sopa...

— Pois vamos, respondeu Bolão.

À noite, quando Azeitona ia se deitar, Bolão chegou ao seu quarto e disse: — Escuta. Vai lá no sótão e chama Réco-Réco para me ensinar a lição de amanhã. Azeitona, que de nada suspeitava, subiu a escada de dois em dois degraus, porque queria voltar logo para dormir. Mal chegou em cima, porém... Réco-Réco lhe apareceu vestido de fantasma. Foi um susto formidável! Azeitona sentiu um frio nas costas e não empalideceu por ser preto. O medo foi tão grande que, em vez de sair correndo pela porta, atirou-se pela janela indo cair dentro da tina da lavadeira. Foi o banho melhor que Azeitona tomou na vida! Pudera... (*O Tico-Tico*, n.1338, 1931, p.24)

Figura 24 – Réco-Réco, Bolão e Azeitona

Nessa revista infantil, também é possível encontrar histórias e quadras com apelo racial que não eram acompanhadas de ilustrações. Vejamos, por exemplo, um trecho de "A pulga e a cigarra":

> Pulga feia e de grande vaidade [...]
> Vós que credes ser muito letrada
> E por todos ser muito queridinha
> Não passais de uma tola negrinha
> Mal querida e por todos odiada (*O Tico-Tico*, n.702, 1919)

As estratégias para subalternizar populações negras e indígenas poderiam ocorrer apenas com a negação radical de sua existência, como foi o caso de países em que elas estavam presentes em menor número. Por exemplo, o mote *"Negros, en Buenos Aires, no hay"* foi repetido por várias gerações, como atesta Andrews (1989) em seu livro sobre os afroargentinos de Buenos Aires, se referindo ao modo como os habitantes da cidade caracterizavam sua população, mas advertiu que a informação não era inteiramente correta. Na verdade, a frase se embasava em um mito difundido no auge das teorias racialistas, segundo o qual, após a abolição, a população negra desapareceu. Ressalta-se que, em geral, a historiografia registra a presença de pessoas afrodescendentes na cidade de Buenos Aires associada ao governo de Juan Manuel de Rosas (1829-1832; 1835-1852), fortemente combatido pelo liberal Domingo Sarmiento, que governou a Argentina entre 1868 e 1874.

Esse é o caso de José Luis Lanuza (1946) em *Morenada: una historia de la raza africana en el Río de la Plata*, no qual descreveu o burburinho das pessoas negras (homens, mulheres e crianças) circulando pelo centro da cidade de Buenos Aires, especialmente como vendedores ambulantes e como trabalhadores de fábricas e pequenas indústrias. Ele chama atenção para um fato muito comum nos países latino-americanos: o emprego de crianças, jovens e adultos negros como trabalhadores domésticos, chamados de criados. Na Figura 25, destaco a escolha de uma mulher negra como babá para uma propaganda de roupas infantis em periódico uruguaio. Nota-se que o rosto da mulher, diferentemente do da criança, está borrado.

Figura 25 – A babá

Em algumas famílias mais abastadas, as criadas também poderiam se vestir de modo mais luxuoso, o que suscitava críticas e ironias, como pode ser observado na reprodução que Lanuza faz de uma matéria publicada no jornal *El Monitor*, na qual um pai lamentava ter que comprar *peitones* (pente decorativo) não somente para sua esposa e filhas, mas também para as "[...] beiçudas das minhas negras que também usam pentes, meias de seda e passam muito penteadas, porque a senhora e as meninas dizem que isso contribui para o decoro da casa..." (ibidem, p.91).

Lanuza comentou, ainda, as várias estratégias da população branca da Argentina para se diferenciar da população negra; como exemplo, reproduziu uma fala de Manuel Belgrano (1770-1820) em que ele afirma que "os brancos preferem a miséria e a preguiça, antes de ir trabalhar ao lado de negros e mulatos" (ibidem, p.147-8), ressaltando que, no entendimento desse militar e economista, as "pessoas de cor" eram prejudiciais para o desenvolvimento da indústria. Sarmiento, em análise desse período, criticou a condescendência de Rosas com os afroportenhos, dando como exemplo os *candombes*, que tinham sua esposa como patrona. Para ele, os candombes foram o terror de Buenos Aires, e assim se manifestou quanto à sua impressão após um desfile: "dia de pavor para os brancos, para os filhos dos espanhóis, que prepararam, executaram e realizaram a independência [...]" (Sarmiento, 1883, p.41).

No início do século XX, propalou-se na Argentina a retórica das pessoas afrodescendentes como "raça em extinção". Quando apareciam nos periódicos, repetia-se o que era comum nos outros países, ou seja, opressão e deboche. Na Figura 26, o político se apresenta totalmente autoritário e achincalha a dança *cakewalk*, praticada pelos afrodescendentes, mas que atraía os brancos pelo ritmo.[17]

---

17 *Cakewalk* é a denominação dada a uma dança surgida no sul dos Estados Unidos, criada por afrodescendentes escravizados. A dança zombava secretamente dos passos e gestos das quadrilhas e minuetos dançados pelos brancos. Dançando, as pessoas perfaziam o traçado das plantações e quem fosse melhor ganhava um bolo, por isso o nome, que significa "caminhada para o bolo" (Baldwin, 1981).

Figura 26 – *Cakewalk*

Mas houve exceções. No artigo "Gente de color", publicado em 1905 na revista *Caras y Caretas*, Juan José de Soiza Reilly comentou sobre o desaparecimento dos afrodescendentes, enaltecendo sua valentia e o passado triunfante de suas gerações anteriores na África, e observou:

> Aos poucos essa raça vai se extinguindo [...]. É triste. É lamentável [...] *sem outro delito que a cor de sua pele e sem outro crime que sua mansidão, serviu de escárnio, de escabelo e de tapete a outra raiz mais astuta e mais fraca...* E esta raça proscrita [que] vive sozinha dentro de sua nostalgia *e que expia o pecado de sua negra epiderme*. (Reilly, 1905, p.5, grifos nossos).
>
> Enquanto isso, a raça vai perdendo sua cor original na mistura. Fica cinza. Dissolve-se. Fica clara. A árvore africana está gerando flores brancas do Cáucaso. (ibidem, p.74)

Nesse artigo, Reilly criticou aqueles que defendiam o extermínio dos negros baseados nas teorias que afirmavam ser "[...] o crânio do negro impenetrável às nossas ideias, aos nossos hábitos de pensamento e nossas tendências sociais" (ibidem), e aqui aludiu especificamente ao escritor argentino Miguel Cané (1851-1905). Em oposição a essa corrente de pensamento, Reilly citou os clubes sociais fundados por afroportenhos de classe média e sua atividade intelectual, como a publicação do periódico *La Ortiga*.

Alejandro Frigerio (2013), em "Imágenes del 'negro' en la revista Caras y Caretas (1900-1910)", também comentou esse artigo de Reilly e reafirmou o apagamento da população negra nas matérias do periódico, a não ser nas raras aparições como indivíduo marginal e bestializado, em piadas e propagandas de produtos de limpeza. O autor traz uma importante contribuição ao apresentar a ideia de "inclusão subordinada": "Os desenhos ou caracterizações discursivas que os apresentam infantilizados ou parecendo símios não deixam dúvidas de que independente de sua classe social, são considerados inferiores por serem 'negros', pelo 'delito da cor da sua pele'" (Frigerio, 2013, p.172).

Um livro muito citado nos estudos raciais da Argentina é o do uruguaio radicado em Córdoba Vicente Rossi (1871-1945), *Cosas de negros: los orígenes del tango y otros aportes al folklore rioplatense – rectificaciones históricas*, publicado pela primeira vez em 1926, que, como observa Julieta Kabalin Campos (2018), surgiu num contexto em que o discurso sobre o desaparecimento da população negra na Argentina já estava consolidado. Como nos alerta essa autora, o texto de Rossi se apresenta de forma bastante contraditória, pois inicialmente se integra ao discurso racista da época, ao descrever a população afrodescendente como um povo conformado com o suposto fato de que neles predomina a estética da falta: defeituoso e descuidado, portador da pior das cores, ou ainda de que a natureza deu à humanidade "[...] *o homem branco a obra y no negro a caricatura*" (Rossi, 1958, p.41). O povo negro foi descrito como selvagem, porém, em um segundo momento, o autor afirma que essa população sofreu níveis de tortura selvagem que desconhecia totalmente (ibidem, p.51). Entretanto, de acordo com Rossi, para compensar a sua "desolada estética, o desacerto nos traços e na cor", o homem negro é pleno de virtudes: honrado, fiel, de exemplar moralidade, estoico, sem ambição, humilde (ibidem, p.41).

Desse modo, o autor desenvolveu seus argumentos de como a escravização e a dominação exercida pelos brancos e pela igreja foi responsável pelo embrutecimento dos negros, além de ressaltar sua fundamental importância no processo colonizador e na sua conformação aos modos dos brancos. Como exemplo de sua valentia, cita a Revolução do Haiti, pioneira na campanha por uma constituição liberal e democrática. Destaca-se que a obra de Rossi é um importante estudo de resgate dos hábitos e das práticas culturais da população negra, mais especificamente de Montevidéu e de Buenos Aires, tais como *candombes*, rituais dos negros *lubolos*, carnaval e milonga, além de contribuir para a discussão da época a respeito do tango brasileiro, da *habanera* cubana, do tango argentino e do maxixe, então em rota internacional, tanto pela sua energia contagiante como pelos ataques dos moralistas. Para Rossi, o negro criollo tem na história das regiões americanas onde viveu páginas honrosas que lhe foram roubadas em benefício da pretensão desesperada de "clareamento" étnico. Ele não estava interessado; permitiu que o Irmão branco enchesse o ventre elástico de sua vaidade como quisesse e guardou para si a virtude mais valiosa do homem, a panaceia mais eficaz para sua tara: a alegria. (ibidem, p.105)

Na competição pela população mais branca, as elites estabeleciam contrastes entre os países, sendo que Cuba e Brasil, pelo fato de terem a população visivelmente mais colorida, se apresentavam como países francamente favoráveis a tais comparações. Por exemplo, em artigo publicado na revista *Mate Amargo*, de Buenos Aires, o autor que assinou como Dalia descreveu as maravilhas naturais da cidade do Rio de Janeiro, mas comentou: "Os que não me agradaram foram os habitantes. Muita pele morena e negra. A indumentária é em geral desastrosa. Não há comparação possível com a população de Buenos Aires, em sua maioria corretamente vestida" (*Mate Amargo*, n.1, 1911, p.8).

Também o já citado cronista argentino relatou, em suas crônicas, seu incômodo com a população negra do Rio de Janeiro. Além de destacar sua árdua condição de trabalho, afirmou ser aquela uma população de cérebros virgens, de poucas ideias e cujos corpos robustos encobriam um tipo infantil, como um pequeno animal semicivilizado (Arlt, 2013, p.63). E relatou:

[...] o pobre negro, o negro miserável, aquele que mora nos rancheiros do Corcovado e do Pão de Açúcar, me dá a sensação de ser um animal isolado, um pequeno bicho que se mostra como é, na escuridão da noite, quando ele caminha e ri sozinho, conversando com suas ideias [...] quando na escuridão ouve uma risadinha de orangotango, um sussurro de palavras; é um africano descalço, que anda movendo os ombros e retendo sua alegria misteriosa. (ibidem)

O historiador afroboliviano Juan Angola Maconde usou a frase "A pele é acidente, mas o cabelo não mente." (apud Balladares,

2014, p.23) para se referir aos estigmas raciais identificadores dos afrobolivianos. De acordo com Balladares (ibidem), essa população, invisibilizada desde o século XIX, inclusive excluída dos censos oficiais, se mestiçou, principalmente com o povo aimará, como estratégia de sobrevivência social; desse modo, o cabelo *chiri* (encaracolado, ondulado) se apresentava como principal indicador de pertencimento étnico. O autor destacou que, desde o início da colonização, afrobolivianos e povos originários compartilharam características: território, linguagem, vestimentas, manifestações culturais e casamentos, bem como histórias de opressão e preconceito.

Salas (2009) estudou o racismo na Venezuela e o desenvolvimento da ideologia do branqueamento como fator de consolidação do projeto nacional, num contexto idêntico ao de outros países: a representação de indígenas e afrodescendentes como problema e estorvo. Embalados pelas teorias raciais, os intelectuais venezuelanos da época também interpretaram índios e negros como raças inferiores e causa de todos os males. O autor destacou a difusão da ideologia de branqueamento de Guzmán Blanco (1829-1899) por meio de políticas de imigração. Entre os intelectuais da época que defenderam cientificamente o branqueamento pela mistura com europeus, destaca-se o escritor Alberto Adriani (1898-1936), que, embora não tenha publicado um livro, deixou vários escritos em periódicos e materiais avulsos, organizados e publicados pela primeira vez em 1937.

Em texto de 1918, o autor defendeu a instrução e a imigração como fatores de progresso e desenvolvimento, como políticas de governo: "[...] favoreceremos a imigração que há de trazer às nossas praias gente robusta de corpo e espírito que levante nossa raça que decai ou estaciona" (Adriani, 1998, p.16). Como outros autores, Adriani entendia que a mestiçagem com uma raça superior depuraria os males das raças negras e indígenas, e o futuro da América seria de uma população uniforme branca, ou seja, "[...] a prosperidade econômica e o avanço social de nosso país dependem do aumento de sua população, e pode-se acrescentar, de sua população branca" (ibidem, p.82). É curioso observar que sua discussão antropológica se apoiava nos clássicos europeus e nos brasileiros J. B. Lacerda e Oliveira Vianna.

Mas é no artigo "Venezuela y sus problemas de la inmigración", de 1926, que o autor deixou bem claro seu racismo, ao expor sua posição contrária à adoção de uma política neutra, que permitisse o ingresso livre de quaisquer pessoas no país, defendendo uma imigração seletiva, rigidamente coordenada pelo governo. Exemplificou demonstrando ser contrário às práticas das empresas estrangeiras localizadas no país que contratavam a mão de obra mais barata que encontravam, ou seja, pessoas negras, asiáticas e indianas, o que trazia muitos prejuízos à nação.

Especificamente sobre as pessoas negras, advertiu que o perigo estava bem próximo, citando as populações das Antilhas: "[...] O perigo não é imaginário, pois na Venezuela, nos últimos anos, a infiltração de negros das Antilhas tem sido ativa, e sabe-se que nos anos de 1919 e 1920, 200.000 negros da Jamaica emigraram para o Panamá, Cuba e Estados Unidos" (ibidem, p.85). Também observou que os povos hindus e chinês, o último considerado como o trabalhador mais dócil e econômico, eram comprovadamente povos inassimiláveis, inclusive ressaltando que sua imigração estava proibida nos Estados Unidos, Argentina, Peru e Panamá. Contudo, de acordo com Adriani, entre todas as raças, o "perigo negro" era o mais grave e de solução mais difícil, devido não somente ao fato de a Venezuela já ter uma considerável população negra, mas também porque o negro antilhano era inferior ao negro nacional e, mesmo que contribuísse momentaneamente para a economia, era "[...] um elemento nocivo de nossa vida intelectual, social e política" (ibidem, p.86). Como bom adepto das teorias racistas, afirmou:

> Por muitas razões, o negro tem sido, nos países americanos, um fator de deterioração quando as raças se misturaram, ou de desordem quando permaneceram separadas [Estados Unidos]. Em nosso país, foram a matéria-prima, o elemento em que quase todas

as revoluções recrutaram seus exércitos. Um aumento notável da população negra poderia perturbar o desenvolvimento normal de nossas instituições democráticas e de toda a nossa vida nacional e, acima de tudo, comprometer seriamente nossa unidade moral. (ibidem)

Também o Paraguai foi considerado um país branco. Para se referir ao modo como as elites paraguaias definiam a homogeneidade branca de sua população, Romañach lançou mão de uma afirmação do italiano radicado na Argentina José Ingenieros (1877-1925): "[...] tudo o que se fizer para as raças inferiores é anticientífico. No máximo, eles poderiam ser protegidos para serem extintos agradavelmente" (Romañach, 2004, p.155). A respeito da característica principal da população paraguaia desde o período colonial, de intensa mestiçagem entre brancos e indígenas, Arsenio López Decoud, editor do *Álbum gráfico de la República del Paraguay*, publicação comemorativa do primeiro centenário da independência, assim descreveu os habitantes daquele país:

> Homogeneidade da população
> A população do Paraguai, assim como das repúblicas Argentina, Uruguai e Chile, é homogênea, *predominando completamente a raça branca*. O número de índios que habitam o centro do Chaco na selva pode ser calculado em 30.000. Na Região Oriental *são hoje objeto de curiosidade, assim como os negros*. (p.83, grifos nossos)

Não obstante, o mesmo livro confirma ser o país uma nação bilíngue, sendo o espanhol a língua oficial e o guarani, a língua familiar (ibidem). Temos aí uma situação inusitada, pois o Paraguai se apresentava naquele contexto como o único país oficialmente bilíngue na América Latina, falseando a afirmação da homogeneidade racial idealizada.

Para esse país, podemos identificar duas estratégias distintas de branqueamento da população: de um lado, a negação da população negra e, de outro, a supressão da população indígena pela elaboração da ideologia da "mestiçagem positiva" ou mestiçagem *sui generis*[18] (Delvalle, 2019, p.14). Yessica Carolina Acosta Delvalle problematizou a construção de uma identidade imaginária branca em diferentes obras da época, principalmente no *Álbum*. Ela mostrou como esse processo foi carregado de ambiguidade, pois, ao mesmo tempo que se referiam aos indígenas como selvagens e inferiores, também enalteciam suas qualidades e seu porte físico, principalmente do povo guarani, como estratégia para a valorização da mestiçagem e a construção da ideia do "mestiço branco". Como afirmou a autora, as elites, embora mestiças, se autoidentificavam como brancas, ou seja, "[o] mestiço paraguaio se percebe como parte do guarani, mas também o despreza, herdando os discursos de autorrepresentação das elites e legitimando-os, o indígena aqui é parte do passado, não do presente" (ibidem, p.31).

Figura 27 – Família do capitalista Eusebio Torres do ramo de pecuária e estaleiro.

---

18 Delvalle (2019) afirma que o termo foi cunhado por Carla Giaudrone para contrapor a noção de mestiçagem degenerativa e sua difusão no contexto.

Quanto à população afrodescendente, como narrado por Decoud no *Álbum*, ela estava em extinção e não passava de um objeto de curiosidade. Entretanto, Romañach, em sua pesquisa, encontrou vários relatos que confirmam sua presença na sociedade paraguaia; neles, não faltaram narrativas da mulher negra imoral e da morena sensual e lasciva, bem como as críticas aos *candombes*, tidos como "orgias dos negros" (Romañach, 2004, p.160). O mesmo ocorreu no Uruguai, que disputava com a Argentina o título de nação mais branca da América Latina e, portanto, também teve sua população africana e indígena invisibilizada, considerada gente do passado. No prólogo do livro de Romero Rodríguez relativo aos afrouruguaios, Luis Ferreira trouxe a seguinte citação do discurso de um político em um "desfile de imigrantes" ocorrido em 18 de julho de 1998: "Estamos em um país onde ainda é possível afirmar que nossa civilização europeia nos diferencia do resto da América Latina, principalmente quando não há sangue negro ou índio em nossa população" (Rodríguez, 2006, p.9). Contudo, de acordo com os estudiosos atuais, o mito da homogeneidade racial branca contrasta com as imagens que se tem dos habitantes do Uruguai e, por exemplo, com a forte presença dos *candombes* na cultura uruguaia. De qualquer modo, essa insistência na autorrepresentação como povo branco europeu favoreceu a invisibilização da população negra atual, bem como da história dos afrouruguaios (sua escravização e suas experiências na fundação dos clubes sociais e da imprensa negra, além da organização do único Partido Negro da América Latina, no contexto do final do século XIX e início do século XX) (ibidem).

Sobre o *candombe* na cultura uruguaia no início do século XX (no contexto de europeização do carnaval, como em toda a América Latina), também é possível encontrar textos nos quais essa prática cultural foi relegada ao passado. Em artigo publicado na *Anales, Revista Nacional*, n.48 (XLVIII), 1920, "Como eran los candombes en Montevideo", o autor descreveu as comemorações de rua, referindo-se a um tempo antigo e já passado; curiosamente, as pessoas que ilustram a matéria são brancas pintadas de preto.

SUBALTERNIDADE E OPRESSÃO SOCIORRACIAL   229

Figura 28 – Candombe - homens brancos pintados de preto

No Equador, embora a população afroequatoriana tenha sido invisibilizada do mesmo modo, vamos destacar aqui as intenções de apagamento da população indígena. Na *Revista Ecuatoriana* de 28 de fevereiro de 1889, tomo 1, o editor publicou sua análise do livro *Geografía general del Nuevo Mundo*, do colombiano Felipe Pérez, e com indignação contestou os dados da população equatoriana registrados no livro:

> População: 1.300.000 indivíduos, a maioria deles indígenas. Como seríamos legais se a maioria de nossa população fosse estrangeira ou descendente! Mas, se o autor dá o nome de indígena ex-

clusivamente aos índios, também se engana, já que no Equador pode-se contar um terço da pura raça americana; menos de outro terço de raça espanhola ou europeia, e mais do último terço do mestiço. (p.35-6)

Luis Villegas (2003) demonstrou como as elites equatorianas incorporaram as teorias europeias do branqueamento e se esforçaram para difundir a ideia de que a cultura nacional deveria esquecer os índios e relegá-los a um elemento folclórico e turístico. Isso significou constituir uma outra imagem, branqueada: "O índio foi, então, objeto de um processo de transformação ordenado e executado pelas classes dominantes para enganchá-lo no trem do progresso". Essa tentativa, entretanto, foi frustrada, pois, conforme relato de um participante do Primer Congreso de Industriales, realizado na cidade de Ambato em 1935,

> o índio produz, produz, produz, *mas não consome*, não tem necessidade porque não foi ensinado a se aproveitar da civilização e a consumir para também aumentar a sua produção, e deixe de ser máquina que não consome, mas seja homem. O dia em que virmos os índios em sapatos de couro envernizado, com meias de seda, vestidos e chapéus elegantes, passeando pelas ruas de Ambato, de braços dados com um índio bem-vestido, esse dia será uma bênção para a história da economia nacional, *porque ganharíamos para nossa indústria um milhão e meio ou dois milhões de novos consumidores e para eles uma nova forma de trabalho e vida*. (apud ibidem)

Jesús Aguilar, em seus estudos sobre questões raciais no Peru, ressaltou como o discurso científico europeu sobre as raças convergiu as atenções para a aparência das pessoas, levando-se em consideração a mestiçagem. Desse modo, depreciar e estigmatizar as vestimentas, a cultura e a linguagem dos afrodescendentes e indígenas, e ao mesmo tempo difundir luxos, estilos e modas europeias, funcionou como uma barreira racial. Também o uso de expressões depreciativas para se referir ao outro era uma estratégia de manutenção de sua inferioridade, por exemplo, o uso do termo *cholo*, que a partir do século XIX esteve claramente associado com índio ignorante e para se referir aos empregados domésticos (Aguilar, 2017, p.34). De acordo com esse autor, palavras como *zambo*, *negro* e *índio*, além de *cholo*, são usadas ainda hoje para se referir às pessoas pobres (ibidem, p.364).

O autor destacou que, a partir de meados do século XIX, desenvolveram-se políticas migratórias visando ao branqueamento, sendo que o crescimento de oportunidades econômicas e educacionais, não por acaso, incidiu predominantemente sobre pessoas portadoras de tonalidade de pele mais branca, contribuindo para demarcar efetivamente as barreiras da cor. Ou seja, "[...] a partir daquele momento, ser negro, índio ou não branco explicava por que alguém era pobre, sem educação, sujo e incapaz de viver decentemente" (ibidem, p.370).

Também não se mediram esforços para subestimar as manifestações culturais das populações afroperuanas e indígenas, além das várias representações caricaturais presentes em periódicos. No caso da população afrodescendente, foi comum a ridicularização das músicas, das danças e da linguagem; nas palavras de Radiguet, "[...] os negros desnaturalizam as danças graciosas e sentimentais do Peru, introduzindo nelas as posturas grotescas e os impulsos desordenados de suas 'bamboulas' africanas" (Radiguet, 1971, p.57), e acrescentou:

> Se quiserem captar sob um aspecto mais curioso o caráter das pessoas de "médio pelo", você tem que procurá-los em festas da roça. O abandono e a apatia que lhes são comuns não resistem aos pratos apimentados, às bebidas fermentadas ou espirituosas e ao impulso das danças peruanas. Devido à influência destes vários incidentes, a sua fisionomia triste e resignada assume uma expressão de alegria quase selvagem. Uma festa realizada em Lima, a dos Amancaes – o Longchamps das pessoas de cor – pode, mais do que tudo, fazer com que essa transformação seja apreciada. (ibidem)

Já Clemente Palma contribuiu para inferiorizar as manifestações estéticas dos indígenas, afirmado que, do ponto de vista artístico, eles se encontravam em estágio primitivo, "[...] ao menos de acordo com o conceito que as raças superiores têm da Arte e que os estetas consideram a expressão de um intelectualismo avançado" (Palma, 1897, p.17). A arquitetura indígena foi descrita como pesada, os desenhos expressavam animalidade e obscuridade de simbolismos, e a música revelava melancolia e amargura.

Para Alberto Espinosa Bravo, em artigo publicado em *La Revista Semanal*, o problema do índio era médico; ele afirmou categoricamente que o índio era um toxicômano, pelo consumo de coca e aguardente, algo ancestral. Para o autor, "[n]a serra, onde a densidade da população é visível, o vício em cocaína é enorme. As festas religiosas e familiares do índio, sem a coca e a cachaça, perdem seu significado. Coca e aguardente são companheiras inseparáveis do índio" (Bravo, 1930, p.23).

É importante destacar que as elites chilenas desenvolveram preconceitos não somente contra pessoas negras e indígenas, mas também contra os "latinos". Palacios descreveu em sua obra os problemas populacionais do Chile, que ele afirmou estar em decadência devido, entre outros fatores, à emigração para outros países, altos índices de mortalidade e pobreza. Assim, também assessorado pela literatura racial da época, ele defendeu o fortalecimento da raça chilena, que, como vimos, ele alude ser de origem germânica; desse modo, rejeitou não somente a mistura do chileno com "gente barata" tais como negros e chineses (Palacios, 1918, p.29), mas também com os latinos, ao constatar que "[...] chegou a imigração latina forçada, que já faz bastardos em parte da população de algumas cidades" (ibidem, p.60).

A superioridade da pele de cor branca é incontestável no pensamento de Palacios, que, em seu discurso racista, menosprezou até as expressões afetivas, chegando a afirmar que as pessoas negras não economizam esforços para mostrar suas partes brancas.

Para o negro, toda raça branca é superior à dele, e nada ambiciona mais um negro do que ser branco. Toda a sua vaidade, que é colossal, se baseia em se parecer em alguma coisa do branco. [...] O negro tem as palmas das mãos, como a planta dos pés, de uma cor mais clara que o resto da pele, e *não perdem a oportunidade de exibi--las*. Quando reconhecem um amigo, vêm de longe mostrando seus dentes muito brancos e acenando com as mãos viradas para a frente para mostrar suas palmas cinzentas (ibidem, p.84)

De modo inédito, dois eventos de guerra na América Latina, a Guerra do Paraguai e a Guerra do Pacífico, manifestaram a "guerra de raças", segundo terminologia de Foucault (1993). Ou seja, além da luta de classes, no século XIX, o enfretamento biológico se apresentou como uma nova faceta da história: devido aos conflitos envolvendo disputas por territórios e demarcação de fronteiras, é possível detectar a confluência entre ódio racial e ódio nacional. No Chile, a Guerra do Pacífico foi um marco importante para a elaboração de uma identidade nacional superior em relação aos demais países latino-americanos, especialmente Peru e Bolívia. Segundo Zagal et al. (2017), o conflito possibilitou a consolidação do mito de uma nação caracterizada por uma excepcionalidade racial – sua população branca homogênea –, bem como reforçou estereótipos quanto às populações indígenas e afrodescendentes. Houve, ainda, o conflito interno de ocupação das terras do povo *mapuche* conhecido como "Pacificación" de la Araucanía (1861-1883), além de outros conflitos envolvendo os povos *rapa nui*, aimará, quéchua e afrodescendentes nas regiões entre Atacama e Tarapacá.

As charges alusivas à Guerra do Paraguai provavelmente foram as primeiras a expressar essa mistura de ódio racial e ódio nacional, basicamente entre Paraguai e Brasil, principalmente nos diários paraguaios. O fato de o exército brasileiro ter sido majoritariamente composto por pessoas escravizadas e pessoas negras livres franqueou os registros de escárnio. Contudo, o uso de pessoas escravizadas e afrodescendentes nesse evento não foi prerrogativa do exército brasileiro: elas também compuseram os exércitos da

Argentina, do Uruguai e do próprio Paraguai, além de ter havido recrutamento de povos indígenas e crianças guaranis (Batalha de Campo Grande ou Acosta Ñu, 1869). Enquanto paraguaios eram nomeados, na imprensa brasileira, pelo termo pejorativo "caboclo" (índio, caipira, roceiro etc.), os periódicos do Paraguai representavam o exército brasileiro como macacos, *exército macacuno*, incluído as autoridades, como já comentado (Toral, 1995). É muito conhecida a charge publicada no jornal *El Centinela* de 9 de maio de 1867, com os dizeres: "Toma! E o que esses três estão fazendo aqui? —Shhh! São o Imperador do Brasil, o Visconde de Tamandaré e o Marechal Polidoro que estão em conferência secreta sobre a guerra no Paraguai" (p.3).

Figura 29 – O Imperador do Brasil

Mas o exemplo mais notável de representações de nações como caricatura racial pode ser encontrado em ilustrações que fizeram alusão à Guerra do Pacífico e aos conflitos da década de 1920 envolvendo os mesmos países, com destaque para as revistas chilenas *Sucesos* e *Corre Vuela*. Numa emblemática imagem da revista *Sucesos*, de 1927, é possível verificar a nítida associação entre hierarquia nacional e hierarquia racial. Como estudaram Zagal et al. (2017), a imagem desenhada por Santander Pereira repercute as tensões constituídas nesse evento. Nela, o mito do Chile ordeiro, branco e homogêneo, "de mãos atadas" aos Estados Unidos, contrasta com as representações da Bolívia – uma mulher negra de feições exageradas, vestida como *cholas* bolivianas – e do Peru – um homem de pele negra seminu e de traços africanos estigmatizados. Portanto, o tratamento dado às populações originárias e aos afrodescendentes também assumiu contornos de disputa entre as nações, embora com peculiaridades locais.

Figura 30 – Guerra do Pacífico – as graças do Tio

Noutra imagem, o desequilíbrio da posição entre Peru e Estados Unidos é ainda mais assustador.[19] A representação do Peru como uma criancinha negra, pobre e com trajes rotos, frente à soberba imagem dos Estados Unidos, expressa a nova figuração política das elites econômicas, o que se confirmou na história latino-americana a partir da década de 1920.

Figura 31 – Solução do conflito?

---

19 A imagem representa ameaças feitas pelo governo americano, na pessoa do secretário Hughes, em retaliação ao rompimento do Peru com o Tratado de Ancón, que pôs fim à Guerra do Pacífico, beneficiando amplamente o Chile (Figueroa; Torres, 2015).

3
EDUCAR AS CORES PELA ESCOLA: DESIGUALDADE ESCOLAR E INSTITUCIONALIZAÇÃO DE INFÂNCIAS SUBALTERNAS E INFERIORES

Qual deveria ser o melhor tipo de educação a ser ministrado às diferentes raças, considerando-se as suas diferenças primordiais [...]? Não temos a menor dúvida de que as *atividades humanas vinculadas às raças de cor* seriam dirigidas com muito maior sensatez se, em nosso contato com elas, *tivéssemos plena consciência das diferenças reais que existem entre elas e nós, e tratássemos de fomentar as disposições que mais se sobressaem nelas, em lugar de tratá-las em pé de igualdade*. (Agassiz apud Gould, 1991, p.35, grifos nossos)

Estaria Agassiz propondo uma divisão racial da educação? A afirmação do autor traduzia, naquele contexto, uma questão já debatida desde o final do século XVIII: a necessidade de instrução para todos, mas combinada com uma oferta escolar desigual. Sendo assim, seguindo o autor, quais seriam, então, as "disposições" das crianças afrodescendentes e indígenas que mais se sobressaíam e poderiam, porventura, ser o alvo de sua educação? Neste capítulo, temos a intenção de demonstrar que a difusão da escolarização universal e obrigatória, de padrão eurocêntrico, foi o coroamento do processo de inferiorização e subalternização das populações indígenas e afrodescendentes. Proponho, como contribuição para a escrita da história da educação, pensar com Quijano (2005), a partir de suas reflexões sobre eurocentrismo e divisão racial do trabalho, a pertinência de se indagar sobre uma divisão sociorracial da educação, constituída no cruzamento entre divisão racial do trabalho, pobreza e universalização da escola.

É importante ressaltar que, do século XIX em diante, com a difusão das políticas de escolarização para todos, a qualificação de ignorante para pessoas não letradas se somou às demais qualificações sociais pejorativas para se referir às populações indígenas e afrodescendentes, tais como inércia, lascívia, indolência e apatia. Atribuir a um "outro" o epíteto de ignorante foi cada vez mais recorrente nos discursos de propagação das letras – ignorância, do latim *ignorantĭa*, significa falta de conhecimento, não saber. A sua elaboração para definir como uma pessoa (não) compreende o mundo se fez a partir de padrões exteriores a esses grupos, produzindo-os como um "outro". Entre vários exemplos, tomemos aqui a argumentação de Comenius (1592-1670), em *Didática magna*, sobre o seu entendimento quanto à importância de se difundir amplamente a aprendizagem da leitura e da escrita:

> É certo que os índios da América não poderiam imaginar que era possível um homem poder *comunicar a outro homem os sentimentos da sua alma*, sem falar, sem enviar um mensageiro, mas apenas com a expedição de um pedacinho de papel; *enquanto que, entre nós, até os mais estúpidos o entendem*. Por isso, por toda a parte e em todos os casos, se pode dizer: "as empresas outrora consideradas impossíveis *farão rir* os séculos futuros". (Comenius, 1985, p.167, grifos nossos)

O padrão eurocêntrico do saber universalizou suas próprias experiências; desse modo, "[...] as outras formas de ser, as outras formas de organização da sociedade, as outras formas de conhecimento, são transformadas não só em diferentes, mas em carentes, arcaicas, primitivas, tradicionais, pré-modernas" (Lander, 2005, p.13). Como previa Comenius, a escrita se propagou, mas o riso não foi afável, e sim embasado em chacotas e zombarias direcionadas àquelas pessoas que continuaram a se comunicar sem a escrita, seja porque a prática da escrita não era necessária à sua organização social, seja por não terem tido oportunidade de acesso à escola. A desqualificação e inferiorização de outros modos de saber e de expressar os "sentimentos da alma" foi motivo de muita opressão social. Por isso, a problematização da origem eurocêntrica das políticas e práticas pedagógicas nas Américas é fundamental para melhor compreendermos as dinâmicas opressivas às quais os diferentes grupos étnico-sociais foram submetidos.

Essa imposição da perspectiva de mundo eurocêntrica ou de conhecimentos oriundos de uma racionalidade única possível, desautorizando outras experiências, foi definida por Quijano (2005) como colonialidade do saber e do ser. De acordo com o autor, essa dinâmica ensejou uma nova intersubjetividade mundial, pelo controle cultural, intelectual e religioso, a qual se deu em três dimensões: expropriação dos saberes dos colonizados em benefício europeu; repressão dos padrões de conhecimento, sentido e expressão de sua subjetividade em detrimento dos valores sociais e religiosos dos dominadores; e imposição da aprendizagem da cultura dos dominantes (portanto, colonização das perspectivas cognitivas).

A permanência dessas dimensões, por um longo período, interferiu diretamente nos processos de institucionalização da escola. Ou seja, a produção da escola pública esteve vinculada ao desenvolvimento de novas relações sociorraciais de poder, uma vez que a colonialidade do saber se fez no âmbito dessas relações. Na produção eurocêntrica da modernidade, a racionalidade foi incutida como uma qualidade exclusivamente de brancos e europeus, ou, ainda, de quem se autodefiniu como pertencente a um "grupo humano mais avançado da espécie", portador da civilização.

A noção de colonialidade do saber expressa uma longa trajetória histórica de expropriação e destruição de saberes locais e a imposição de um outro padrão cognitivo, que se tornou o único válido, cuja herança se encontra na filosofia clássica greco-romana. Quijano (2005) ressaltou os principais elementos da perspectiva eurocêntrica do conhecimento, totalmente interdependentes: articulação entre dualismos (tradicional-moderno, primitivo-civilizado, corpo-mente etc.) combinada ao evolucionismo histórico linear e unidirecional e à naturalização das diferenças culturais, codificadas pela ideia de raça e pela distorção da perspectiva de tempo de modo que os acontecimentos se irradiem a partir do tempo europeu.

É importante destacar aqui a dicotomia corpo e mente, elemento fulcral para o assentamento do cognitivismo eurocêntrico.[1] Como demonstrou Quijano (2005), a origem dessa dualidade está na tradição cristã de separação entre corpo e alma, porém alterada e sistematizada por Descartes (1596-1650) pelo dualismo razão e corpo. Esse fato não diz respeito apenas à secularização dessa nova concepção, mas expressa também as novas dinâmicas de identificação do sujeito como ser portador ou não de razão, separado de um corpo, condenado à razão biológica, o que possibilitou a difusão dos argumentos raciais desqualificadores das populações indígenas e africanas e exaltadores dos povos europeus.

Não foi por acaso que os apelos à difusão da escolarização na América Latina ocorreram simultaneamente à defesa do incremento de políticas de imigração europeia, no esforço de branquear a população. Na história da educação latino-americana, as políticas de escolarização e imigração se fizeram de modo totalmente integrado e complementar. Como expressou o venezuelano Alberto Adriani, era preciso fomentar a imigração, dado que "nosso território contém uma grande proporção de índios e negros" (Adriani, 1998, p.88), e acrescentou:

> Esse sistema consiste em *colonizar com brancos as terras altas, cujo clima é temperado, e fornecer administradores, educadores e quadros comerciais e industriais para a população indígena ou negra*. Assim, aumentaria a população branca e seu padrão de vida poderia ser realizado e, *ao mesmo tempo, educar as populações de cor e*

---

[1] Essa análise e sua relação com a educação de matriz europeia estão mais bem desenvolvidas em "The body's civilisation/decivilisation: emotional, social, and historical tensions" (Veiga, 2018).

torná-las elementos ativos da vida nacional. (ibidem, p.89, grifos nossos)

Esse tipo de proposição, recorrente na história da educação latino-americana, confirma a hipótese de que a divisão sociorracial da educação, integrada à divisão racial do trabalho, compôs o processo civilizador/colonizador, durante muito tempo. Desde o período colonial, temos que a doutrinação católica foi imposta como prática educativa primordial para a instrução dos povos africanos e indígenas, embora, no caso dos povos originários, o aldeamento, voltado à fixação ao solo e ao desenvolvimento de hábitos de trabalho, também tenha tido um forte apelo pedagógico. Desse modo, a aprendizagem de algum tipo de ofício se tornou premente, ainda que muitos dos saberes produzidos em suas experiências societárias tenham sido apropriados pelos colonizadores (como as técnicas de mineração trazidas pelos africanos).

Nos primórdios coloniais, a presença da igreja católica foi imprescindível, quando ordens religiosas, com destaque para os jesuítas, se impuseram por todo o território latino-americano por meio da criação de missões, reduções e oficinas, além do ensino para os filhos dos colonos, nas universidades e nos colégios, onde se ensinava "[...] gramática, retórica, filosofia, lógica e outros" (Weinberg, 1981, p.40). Desde então já se identificava discriminação racial para contratação de mestres: Weinberg (ibidem, p.44) citou um documento do ano de 1601 em que o Conde de Monterrey, na cidade do México, determinou que o mestre da universidade não poderia ser negro, mulato ou índio.

Mas, no século XVIII, a expulsão da ordem dos jesuítas em toda a América Latina[2] acelerou o processo de monopolização da organização da educação pelo Estado, com responsabilidade dos municípios ou paróquias. Entretanto, isso não significou que outras ordens religiosas não seguiram atuando, especialmente junto

---

2 Em Portugal e nas suas colônias, isso aconteceu em 1759; na Espanha e suas colônias, em 1767.

às populações indígenas. No contexto pós-independência, várias nações continuaram buscando religiosos, inclusive jesuítas, como parceiros para a estruturação de suas políticas de governo.

No entanto, de acordo com a documentação arrolada por Weinberg (1981), no contexto colonial de instituição de escolas, de um modo geral, detectaram-se muitas limitações na sua organização, tais como não pagamento dos professores, poucas escolas, número muito reduzido de mestres, castigos físicos e tensões entre as escolas pias de paróquias e os grêmios de professores. O autor informou ainda que, em tais escolas pias de primeiras letras, aceitavam-se crianças sem distinção de raça e sem exigir nascimento legítimo. Já as escolas preparatórias ou colégios só admitiam alunos com documento de "pureza de sangue". De um modo geral, políticos e intelectuais reclamavam escolas gratuitas para a população pobre numa retórica uníssona que associava escola a elevação da moralidade e mudança de costumes.

O que mudou com as independências? Como as populações afrodescendentes e indígenas se incorporaram à nova sociedade das letras? Na verdade, seria melhor perguntar como elas foram inseridas, pois, com a abolição da escravidão, a suspensão do pagamento de tributos indígenas e o estabelecimento da igualdade jurídica, tornou-se necessário criar mecanismos de controle da sua inserção social. Desse modo, as políticas instituídas tiveram como objetivo central monitorar o acesso à propriedade e ao conhecimento. O que se pode perceber, num contexto de consolidação das relações de trabalho capitalistas e da efetivação da terra como mercadoria, é que essas populações foram relegadas, cada vez mais, à condição de pobreza. Em complementação, a proposição de sua educação se fez pautada no objetivo de serem instruídas para se tornarem elementos ativos da vida nacional, ou seja, instrução para o trabalho. Essas novas circunstâncias possibilitaram a frequente associação das populações africanas e indígenas com pobreza e ignorância, fazendo dessa realidade uma situação extremamente comum, naturalizada, com alcances cada vez maiores; assim, o problema racial se tornou sociorracial.

Dessa maneira, no século XIX, a oferta educacional continuou seguindo a divisão racial do trabalho. José Bonifácio, nos "Apontamentos para a civilização dos índios bravos do Brasil", de 1823, sugeriu a criação de um Colégio de Missionários, com aulas de doutrina católica, da língua geral (tupi) ou guarani e, para os mais talentosos, o ensino de latim, ciências e formação militar (apud Dolhnikoff, 1998, p.105). Sua proposição mantinha a tradição do assédio católico para aproximar os indígenas do trabalho regular. Ainda de acordo com José Bonifácio,

> Como os índios, pela sua natural indolência, e inconstância, não são muito próprios para os trabalhos aturados da agricultura, haverá para com eles nessa parte alguma paciência e contemplação, e, será mais útil a princípio ir empregando em Tropeiros, Pescadores, [...] ou também lhes ensinando aqueles ofícios para os quais tiverem mais habilidade e jeito. (apud Dolhnikoff, 1998, p.89)

Num outro documento, Bonifácio sugeriu várias medidas para a educação dos costumes, por exemplo, "[...] os pais dos índios bravos que quiserem reconhecer o domínio português possam sujeitar os filhos a uma espécie de domesticidade ou escravidão temporária que não deve exceder cinco anos: tempo suficiente para educar os filhos a uma vida laboriosa [...]" (apud Dolhnikoff, 1998, p.133). Também propunha a imposição de outros hábitos:

> Abolir em todo o Brasil o uso de assentar-se em esteiras ou estrados, e o estar de cócoras, e o comer com as mãos.
> Introduzir banhos frios e abolir os quentes.
> Introduzir os exercícios ginásticos de luta, saltos e carreiras; e abolir danças moles e lascivas.
> Experimentar depois dos exercícios, que fazem suar, o ungir o corpo com óleo à maneira dos gregos e romanos.
> Proibir quanto possível for o nímio uso da cachaça, que os enfraquece, e faz morrer de hidropisia.

Para o povo trabalhador que o vestido conste de calças, camisa, e jaleco largo à chinesa – tudo de algodão branco ou tinto. (apud Dolhnikoff, 1998, p.134)

No caso da população afrodescendente, pouquíssimas crianças tiveram acesso às aulas de instrução pública, devido à pobreza e ao trabalho, como veremos mais adiante. Por ora, quero me deter nas questões educacionais provocadas pela Lei do Ventre Livre, de 28 de setembro de 1871,[3] direcionada às crianças filhas de mães escravas. Por essa lei, os seus filhos nasciam livres e, após completarem 8 anos de idade, poderiam ser entregues para instituições educativas caso não permanecessem na casa dos senhores de suas mães até os 21 anos. Verifica-se, nos discursos das elites, uma evidente preocupação em os manter na condição de subalternidade, prolongando a divisão racial do trabalho; desse modo, a reivindicação pelo aprendizado agrícola foi praticamente unânime. Não obstante, como alertou Marcus Vinícius Fonseca (2002), o número de crianças libertas no ventre e entregues às instituições mantidas pelo Estado foi muito diminuto; ademais, tais instituições não estiveram restritas aos libertos, tendo também se especializado no trato de outras infâncias: crianças abandonadas/enjeitadas e órfãos pobres,[4] em sua maioria crianças negras e mestiças livres. Essa constatação do autor é fundamental para dimensionarmos as consequências históricas dos vínculos estabelecidos entre condições sociais precárias, permanência em instituições especializadas e identidade racial no processo de elaboração da subjetividade das gerações futuras.

---

3 http://www.historia.seed.pr.gov.br/arquivos/File/fontes%20historicas/leidoventre.pdf

4 Fonseca arrola as seguintes instituições: asilo do Imperial Instituto Fluminense de Agricultura e Asilo Agrícola de Santa Isabel (Rio de Janeiro); Estabelecimento Rural São Pedro de Alcântara (Piauí); Colônia Orfanológica Isabel (Pernambuco); Colônia Orfanológica Blasiana (Goiás); Colônia Orfanológica de Nossa Senhora do Carmo (Minas Gerais); Colônia Orfanológica Cristina (Ceará); Colégio Nossa Senhora do Amparo e Instituto dos Educandos Artífices (Pará) (Fonseca, 2002, p.182).

A preocupação dos políticos esteve em pensar o que fazer com aqueles jovens quando eles completassem 21 anos, ou, na pergunta de Perdigão Malheiro, "[...] que educação devem receber estas crias, que aos 21 anos, por ex., tem de entrar no gozo pleno dos seus direitos?" (Malheiro, 1867b, p.227). É importante lembrar que a Constituição de 1824 permitia o voto para homens maiores de 25 anos (se solteiros) ou de 21 anos (se casados); não havia restrições quanto à alfabetização, e para as eleições primárias, a exigência de renda era muito pequena, $100 anual, embora houvesse impedimento do voto para pessoas empregadas como "criados de servir" (Brasil, 1824, artigo 91). Nesse caso, como em outras constituições latino-americanas, a determinação abrangia a população negra livre, amplamente usada para serviços domésticos.

Malheiro propôs para esses jovens, além de educação moral e religiosa, buscar uma profissão – por exemplo, de lavrador ou trabalhador agrícola – ou aprender um ofício mecânico; ele também adiantou que alguns deles até poderiam ser aproveitados nas letras, mas alertou: "Embora em contato com escravos, a sua educação deve ser modificada, *não a fazê-los exclusivamente doutores e literatos, mas sobretudo pessoas morigeradas*, que possam vir a ser úteis a si e ao país, cidadãos prestantes" (ibidem, p.228, grifos nossos). Conforme refletiu Fonseca, os debates educacionais ocasionados pela Lei do Ventre Livre sugeriam a preocupação das elites em não colocar em risco a já consolidada hierarquia sociorracial.

> Tratava-se de uma modernização das relações sociais, mas buscando manter a hierarquia social e racial que ao longo da escravidão caracterizou a sociedade brasileira. A Educação, da forma como foi pensada, reivindicada e praticada durante o processo de abolição da escravidão no Brasil, manifestava essa tentativa de continuidade. No centro das práticas educativas foram colocados elementos que, ao longo da escravidão, haviam sido permanentemente acionados como estratégias de dominação sobre os negros: o trabalho e a religiosidade. (Fonseca, 2002, p.183)

A questão da difusão da escolarização no século XIX é carregada de complexidade, pois esteve em sincronia com vários outros eventos inter-relacionados, que precisam ser levados em conta pela historiografia da educação, tais como movimentos independentistas, igualdade jurídica, pessoas escravizadas, movimentos abolicionistas, cidadania e capitalismo. Todas essas temáticas foram atravessadas pela construção do indígena e/ou da pessoa negra como problema político e social. Como nos alertou Zea, o pensamento constituído na modernidade eurocêntrica por um lado unificou todos os humanos como portadores de razão, mas, por outro, questionou se todos sabiam fazer "bom uso da razão", levando em consideração as diferenças "acidentais" entre os corpos das pessoas: "A mesma razão alojada em corpos tão diferentes dá resultados diferentes, que distinguem a civilização do primitivismo ou da selvageria" (Zea, 1990, p.201). Ou seja, o corpo foi tomado como determinante na definição do uso da razão ou da condição de "ser civilizado", e fica então a questão: levando em consideração a cor da pele, de que modo a escola de padrão eurocêntrico, difusora da razão instrumental, participou da difusão dos padrões de inferioridade e superioridade humanas? É o que se pretende discutir neste capítulo.

O processo de popularização da escola no século XIX integrou as dinâmicas sociais de formação das nações e dos governos constitucionais, por isso os argumentos foram similares. Ernest Renan, no clássico "O que é uma nação?", de 1882, afirmava que, embora as consequências "sejam benéficas", nenhuma nação se organizava "sem violência, sem extermínio de pessoas, sem aniquilar crenças e culturas, e isto se faz pela imposição do esquecimento de certo passado" (Veiga, 2019a, p.64). Segundo o autor, "o esquecimento, e mesmo o erro histórico, são um fator essencial na criação de uma nação [...]. Ora, a essência de uma nação está em que todos os indivíduos tenham muito em comum, e também que todos tenham esquecido muitas coisas" (Renan, 1997, p.161-2). Também a escola universal, em suas origens, se apresentou como lugar do esquecimento das tradições dos povos submetidos e da invenção de uma outra memória.

A construção do nacionalismo, fundamental para o engendramento das nações, previu essa violência, pois se constituiu pela imposição de uma cultura homogênea a toda a população, estruturada por um grupamento de conhecimentos a serem adquiridos na escola: "[...] alfabetização, cálculo, hábitos de trabalho e fundamentos sociais básicos, e familiarização com os fundamentos técnicos e sociais básicos" (Gellner, 1994, p.45). Nesse sentido, a escola se tornou a principal difusora da concepção estática das noções de cultura e civilização, controlando, portanto, o entendimento de aperfeiçoamento e progresso da humanidade. A ideia de instituir e disseminar padrões de moral e costumes considerados civilizados para todas as sociedades se globalizou; portanto, a monopolização estatal do ensino foi um fator decisivo para a organização dos Estados-nação.

Desse modo, debatida na Europa desde o início do século XVIII, a monopolização da escola elementar pelo Estado se consolidou ao longo do século XIX, quando em diferentes nações o Estado passou a regulamentar o processo de sua efetivação, instituindo currículo mínimo, material pedagógico e livros, tempo de escolaridade, formação de professores, autorização para a abertura de escolas e certificações. A proposta de escolarização ampliada da população teve como pretensão a homogeneização dos padrões da criança civilizada, por meio da imposição de modelos universalizados de aprendizagem e de comportamento. Isso favoreceu a divulgação de novas identidades desqualificadoras e estigmatizantes das crianças pobres e trabalhadoras, das afrodescendentes e indígenas que não puderam frequentar escolas, ou mesmo daquelas crianças que não se adequaram, por diferentes motivos, aos novos modelos.

Para melhor desenvolver essas questões, este capítulo se organiza em duas seções. A primeira tem como objetivo evidenciar os argumentos produzidos por educadores e políticos da época no afã de institucionalizar a escola estatal, bem como identificar os principais obstáculos apontados e discutir a opção pela oferta escolar desigual. A segunda seção trata das políticas a serem implementadas e da consolidação da oferta desigual, levando em consideração que, mesmo a legislação não tendo sido integralmente cumprida, o objetivo da nossa análise foi aprender o seu sentido.

3.1. Educação para todos: escola/educação desigual

Não há melhor povo para se governar do que aquele que for regularmente instruído: é esta uma verdade que mais de uma nação tem adotado como axioma; *quanto mais instruído é um povo, mais elemento de ordem existe entre ele, mais dócil se torna, e a convicção é o instrumento mais forte para se fazer as massas entrarem na orbita da moral e dos bons costumes.* Esta instrução obtém-se por meio de escolas regularmente distribuídas por todas as partes, e públicas, para que possa qualquer desfavorecido de meios usar delas. (*Album Litterario*, 1861, p.2, grifo nosso)

A *indolência de nossos mestiços* é um legado dos seus maiores, que mais deve merecer a arte de educar do que das repreensões penais. (Rodrigues, 1894, p.142)

As citações acima são registros de autores brasileiros, que, entretanto, pelo que disseram, poderiam ser chilenos, bolivianos, norte-americanos, europeus etc. A questão que se coloca é: como pode ter sido possível a universalização do mesmo preceito – educar para moralizar – em nações constituídas por povos e costumes tão diferentes? Esse é um debate importante para a escrita da história da escola, pois a imposição da razão instrumental e de novos modos de comportamento, primeiro aos súditos e em seguida aos cidadãos, se deu numa conjuntura em que a necessidade de estabilização de poderes era premente para as monarquias absolutistas e, posteriormente, para os governos constitucionais. Mas, no caso desses governos, com a implantação da igualdade jurídica, fez-se imprescindível a elaboração de novas estratégias pedagógicas para o enfrentamento das desigualdades de toda ordem, seja para os cidadãos, seja para aqueles que ficaram à margem.

Os processos de estatização da escola nas metrópoles e em suas colônias possuem história variada e não se vinculam apenas ao acontecimento da Revolução Francesa, como comumente é descrito. Por exemplo, a iniciativa da Prússia se fez no auge do absolutismo, com Frederico I, em 1717, sendo que os desdobramentos posteriores, sob o governo de Frederico II, se realizaram como parte das reformas absolutistas/iluministas. No caso de Portugal e Espanha, a estatização se vinculou ao contexto de expulsão da ordem dos jesuítas, os principais gestores da educação nas colônias. Por sua vez, na França, nação de referência do iluminismo, as ações concernentes à estatização da escola só se desenvolveram com a queda da monarquia, a partir da assembleia constituinte de 1791, mais precisamente no século XIX.

Em que pesem as diferenças históricas locais, é certo que, desde o século XVIII, ampliaram-se os debates relativos à estatização e à universalização de escolas elementares nos estados europeus e nas Américas. Em comum, esses locais apresentaram um movimento caracterizado por muitas contradições no âmbito da inclusão/exclusão sociopolítica, da elaboração de uma nova hierarquia social (por níveis de escolaridade) e da formulação de novas identidades e estigmas (escolarizado, analfabeto, ignorante etc.). De qualquer forma, a interferência de reis e príncipes nos assuntos da educação dos súditos revela que estavam em curso alterações radicais no entendimento da função do conhecimento para a organização político-social. Ainda que outros modos de acesso aos saberes tenham permanecido, porque associados à influência das igrejas locais, o controle da educação passou a ser cada vez mais centralizado no Estado. Nesse contexto, elaborou-se o argumento de que a educação, numa escola regulamentada pelo Estado, propicia mais pressão e disciplina do que na casa dos pais (Wittmütz, 2007, p.18).

Destaca-se que, desde as reformas educacionais empreendidas no século XVIII "para o bem-estar dos súditos", já havia a previsão de ofertas escolares desiguais, de acordo com o lugar social das crianças da plebe (Veiga, 2019a). Por exemplo, o edital prussiano de 1794 relativizou o cumprimento da obrigatoriedade escolar no item "Dever dos pais de manter seus filhos na escola" (título doze, parágrafo 45); nele, há uma cláusula que atenua a obrigatoriedade de as crianças pobres frequentarem a escola se estivessem empregadas em negócios domésticos e não pudessem se dedicar com regularidade aos estudos; nesse caso, o ensino poderia ser apenas aos domingos, "nas horas livres entre o trabalho e outros momentos decentes."[5] No século XIX, do mesmo modo, foram introduzidas cláusulas especiais para moradores das áreas fabris, com redução da obrigatoriedade escolar para 6 anos.[6] Portanto, são evidentes as tensões no processo de estabelecimento do direito à escola, pois, desde seu início, a implementação da escola estatal se fez na conveniência do mercado.

Em Portugal, sob o comado do Marquês de Pombal, por meio de quatro alvarás, o rei D. José I (que governou entre 1750 e 1777) alterou radicalmente o processo de administração do ensino com vigência nas colônias, segundo o argumento de que "[...] da cultura

---

5 *Pflicht der Aeltern, ihre Kinder zur Schule zu halten. §. 45. Zum Besten derjenigen Kinder, welche wegen häuslicher Geschäfte die ordinairen Schulstunden, zu gewissen nothwendiger Arbeit gewidmeten Jahreszeiten, nicht mehr ununterbrochen besuchen können, soll am Sonntage, in den Feyerstunden zwischen der Arbeit, und zu andern schicklichen Zeiten, besondrer Unterricht gegeben werden.* (Allgemeine Landrecht für die Preussischen Staaten, 1794). http://ra.smixx.de/index.html

6 Volkmar Wittmütz (2007) observou que, nos estados prussianos do início do século XIX, devido ao trabalho e à pobreza das famílias, apenas 60% das crianças em idade escolar frequentavam regularmente a escola; além disso, faltavam materiais escolares e prédios/salas adequados, os professores eram mal pagos e exerciam o trabalho docente como atividade secundária (em geral, eram sacristãos, cantores de igreja, sapateiros, alfaiates), a distribuição de escolas no território era muito irregular e o ensino se pautava pela memorização e pela violência pedagógica.

das ciências depende a felicidade das Monarquias", como consta no início do Alvará Régio de 28 de junho de 1759, que extinguiu as escolas reguladas pelos métodos dos Jesuítas,[7] sendo que o de 1768 criou a Real Mesa Censória, com fins fiscalizadores e de reforço da intervenção estatal. Já o alvará de 6 de novembro de 1772 deu instruções para a nomeação de mestres e o funcionamento das escolas elementares, e o de 10 de novembro de 1772, para o financiamento das escolas com a criação do Subsídio Literário (Fernandes, 1994). Além desses alvarás, o da reforma universitária, registrada nos novos Estatutos da Universidade de Coimbra de 28 de agosto de 1772, introduziu uma modernização nos estudos científicos ao abolir a filosofia escolástica.[8]

Os argumentos dos monarcas portugueses para a implantação de escolas estatais foram muito parecidos com os dos monarcas absolutistas da Prússia, bem como com os argumentos de exclusão. No alvará de 6 de novembro de 1772,[9] D. José I expressou seu entendimento sobre o alcance dos estudos para seus súditos, afirmando que, apesar de desejável, pela "unidade da causa de interesse público", era impraticável estabelecer um plano "de igual comodidade para todos os povos" e que os menos favorecidos deveriam ceder ao "Bem Comum e Universal".

---

7 O Alvará Régio de 1759 é bem sumário: decretou a expulsão dos jesuítas de Portugal e das colônias e instituiu a estatização da escola com a criação do cargo de Diretor dos Estudos, responsável pela fiscalização de tudo que se referia a instrução. Também prescreveu a abertura de cadeiras de latim gratuitas, provimento de professores por exames (cujo pagamento seria pelas "Provisões Reais") e funcionamento de cadeiras de grego e de retórica em Portugal. A maior ênfase do Alvará é na crítica ao método de ensino dos jesuítas, proibição de seus livros e contraindicação do *Novo método da gramática latina*, reduzido a compêndio. Para mais estudos, ver Fernandes (1994) e Magalhães (2010).

8 Diferentes autores discutem o pioneirismo da reforma da Universidade de Coimbra, entre eles Carlota Boto (2010). Observo aqui que, no caso da Prússia, a reforma universitária se deu somente em 1810, com a criação da Universidade de Berlim por Alexander von Humboldt (1769-1859).

9 www.ige.min-edu.pt/upload/docs/lei 6-11-1772

Sendo igualmente certo, que nem todos os Indivíduos destes Reinos, e seus Domínios se hão de educar com o destino dos Estudos Maiores, porque deles *se devem deduzir os que são necessariamente empregados nos serviços rústicos, e nas Artes Fabris, que ministram o sustento aos Povos, e constituem os braços, e mãos do Corpo Político; bastariam as pessoas destes grêmios, as Instruções dos Párocos.* Sendo também indubitável, que ainda as outras pessoas hábeis para os Estudos têm os diversos destinos, que fazem uma grande desigualdade nas suas respectivas aplicações; *bastará a uns, que se contenham nos exercícios de ler, escrever e contar; a outros, que se reduzam a precisa instrução da língua Latina*; de sorte que somente se fará habilitar-se em Filologia o menor número dos outros Mancebos. (Portugal, 1772, p.1-2, grifos nossos)

Na Espanha, as reformas educacionais aconteceram no governo de Carlos III (1759-1788): em 1763, foram criadas e reproduzidas nas colônias associações promovedoras da instrução, como Las Sociedades Económicas de Amigos del País; em 1767, a ordem dos jesuítas foi extinta; em 1781, foi instituído um decreto sobre a escolarização popular de meninos e meninas. Contudo, tal como em outros estados, ilustres espanhóis da categoria de Pedro Rodríguez Campomanes (1723-1802) – ele mesmo um dos impulsionadores das sociedades econômicas – e Gaspar Melchor de Jovellanos (1744-1811) entendiam que a educação deveria ser diferenciada de acordo com as classes sociais. Aos pobres destinar-se-ia um modelo de educação moral e religiosa com alfabetização e aritmética básica, além de rudimentos de desenho para a prática de ofícios. Em 1809, Jovellanos encaminhou à junta central o projeto Bases para a Formação de um Plano de Instrução Pública, no qual sugeria educação física, literária e moral gratuitas, e uniformes estatais, além da implantação de uma estrutura vertical de ensino, constituída de escolas de primeiras letras, estudos gerais, institutos de ensino prático e universidade. Jovellanos propôs, ainda, a cooperação na área educacional entre iniciativa privada, associações, juntas de caridade e o Estado, entendimento que Campomanes manteve (Weinberg, 1981).

A obra de Campomanes, *Discurso sobre la educación popular de los artesanos y su fomento*, é de 1775 e apresentava como objetivo principal contribuir com o aperfeiçoamento técnico dos trabalhadores de modo a incrementar a economia, além de recomendar a educação das mulheres. Sintonizado com o pensamento da época, sua proposição foi pautada na racionalidade instrumental e na ciência. Além de destacar a necessidade de método para ensinar e aprender, ele prescreveu "[...] conhecimentos cristãos, morais, e úteis" (Campomanes, 1775), além do aprendizado de rudimentos de leitura, escrita e aritmética. Quanto à educação das mulheres, o autor defendeu a educação comum e sua incorporação ao mundo do trabalho, como exemplo familiar de contribuição na produtividade. Na educação dos costumes, Campomanes fez várias prescrições, algumas de cunho racial, por exemplo, condenou o uso de "capas" pelos alunos e propôs vestimentas locais, pois, segundo ele, "a capa em questão é um alquicel, *tirado dos árabes*, e ainda mais embaraçosa, dependendo do estado a que foi reduzido na Espanha, em comparação com a usada pelos mouros berberianos" (ibidem, p.44).

Ao trazermos aqui, ainda que de modo extremamente sucinto, o debate pedagógico engendrado nas metrópoles, o objetivo é problematizar algo no mínimo inquietante: nas diversas obras e legislações sobre reformas educacionais propostas pelos governos absolutistas, podemos identificar quatro propriedades básicas que, posteriormente, nas democracias, se tornaram os pilares das pedagogias nacionais – ciência utilitária, trabalho, educação das mulheres e uniformidade escolar. Quero ressaltar que os argumentos do acesso desigual dos próprios súditos à instrução, desenvolvidos pelos governos absolutistas, foram mantidos pelos governos constitucionais que se estabeleceram posteriormente. Curiosamente, os modos de exclusão nesses governos se tornaram cada vez mais refinados, entre outros motivos, devido às novas justificativas científicas.

Assim, no processo de estabelecimento da igualdade perante a lei, consequência do fim do absolutismo na Europa e dos movimentos independentistas nas colônias, se propalou, de modo enfático, na Europa e nas Américas, a necessidade de criação de uma escola pública e obrigatória para toda a população, como parte da organização das nações e como fator de controle das igualdades jurídicas. Destaca-se que, num primeiro momento, se coincidiram as opiniões quanto à estatização da escola; o mesmo não ocorreu quanto aos quesitos da gratuidade, laicidade e obrigatoriedade, gerando intensos debates e resultando no estabelecimento desses critérios em tempos diferenciados, de acordo com os contextos locais e nem sempre atendendo às quatro dimensões.

No caso da França, cujo modelo de reforma foi copiado em outros países, a proposição da obrigatoriedade e gratuidade sofreu mudanças ao longo do século XIX, se consolidando apenas nas reformas de Jules Ferry em 1881 e 1882, com o acréscimo da laicidade (Veiga, 2007). As intenções, entretanto, já haviam sido anunciadas, por exemplo, a Constituição francesa de 1791 estabeleceu o seguinte: "Será criada e organizada uma instrução pública, comum a todos os cidadãos, gratuita no que diz respeito aos conhecimentos necessários para todos os homens [...]" (apud Condorcet, 1943, p.VI). Na proposta apresentada, os saberes elementares se definiram de acordo com o que se julgava necessário para homogeneizar culturalmente os diferentes grupos sociais e estabelecer uma "racionalidade única". Segundo o constituinte francês Condorcet (1743-1794):

> Ensinar-se-á nestas escolas a ler e a escrever, o que implica necessariamente algumas noções gramaticais. *Agregar-se-ão a este estudo as regras da aritmética e os métodos simples para medir um terreno e um edifício*; uma descrição elementar dos produtos do país e dos *rudimentos da agricultura e das artes* [ofícios mecânicos]; o desenvolvimento das primeiras ideias morais e das regras de conduta que delas derivam; finalmente, os *princípios de ordem social*

que possam colocar-se ao alcance da inteligência infantil. (ibidem, p.12, grifos nossos)

Do mesmo modo que os monarcas absolutistas, os políticos debatedores das constituições do final do século XVIII e início do século XIX tiveram uma questão central comum, inerente à organização da sociedade de mercado; qual seja, devido às condições de vida muito diferenciadas, como estabelecer uma necessidade comum a todos? Ou, nas palavras de Condorcet, "é impossível submeter, a uma educação rigorosamente igual, homens cuja destinação é tão diferente" (Condorcet, 2008, p.43). No projeto entregue por ele para ser discutido na Assembleia Constituinte de 1891, reafirmou o argumento para a diferenciação na oferta escolar. Por exemplo, sobre a duração de 4 anos da escola primária, justificava que esse tempo

[...] corresponde também, com bastante exatidão, ao espaço de tempo que, para as *crianças de famílias mais pobres*, transcorre entre a época em que começam a ser capazes de aprender e aquela em que *podem ser empregadas num trabalho útil*, submetidas a uma aprendizagem regular. (idem, 1943, p.12, grifos nossos)

Portanto, tal qual nos governos absolutistas, também nos governos constitucionais a proposição de uma instrução geral não teve o mesmo significado para todos, fato evidenciado tanto pela definição desigual da duração do tempo escolar como pela adoção da concepção de sucesso por mérito e aptidão. Segundo Condorcet, era preciso estabelecer diferentes percursos de instrução, não somente devido à condição social do aluno, mas também segundo sua dedicação, talento e "facilidade para aprender" (idem, 2008, p.35). Como sabemos, no século seguinte, os estudos científicos da biologia e da psicologia se dedicaram a produzir instrumentos para medir talentos, favorecendo a divulgação de uma moral política, ao atribuir às crianças "malsucedidas" na escola novas identidades, tais como atrasadas e preguiçosas.

Na América Latina, embora a implantação das escolas/aulas públicas de instrução elementar já se fizesse sob iniciativa das metrópoles, foi no século XIX, tal qual nos Estados Unidos e na Europa, que elas se estabeleceram como fator de organização social, ainda que não efetivada a sua disseminação de modo amplo, para todas as crianças. Várias questões se apresentaram nesse contexto de uma história da educação global, devido, especialmente, à nova conjuntura de igualdade jurídica, de desenvolvimento das relações capitalistas de produção e das novas relações de interdependência entre as nações.

O leque de questões era extenso: quem paga a instrução das classes populares? Como combinar escolarização obrigatória com o trabalho infantil e a pobreza das famílias? É viável uma escola sem instrução religiosa? A escola no campo tem a mesma importância das escolas urbanas? A escola pública seria a mesma para todos os grupamentos sociais? Quanto de escola/saber oferecer para as classes populares? Como articular escola homogeneizadora com hierarquia racial? Quais são os conhecimentos básicos para integrar as populações às dinâmicas do trabalho capitalista? Essas questões, evidentemente, envolveram outras relativas à administração e fiscalização do ensino, à organização de novos funcionários públicos e à formação de professores.

É certo que, ao final do século XIX, a situação geral da escolarização da América Latina era muito precária. Em geral, as necessidades de mercado ainda não estavam totalmente sincronizadas com a demanda por escolarização. O mesmo ocorria em algumas nações europeias, por exemplo, a Revolução Industrial do século XIX se fez sem trabalhadores escolarizados (ENGELS, 1985). Ao que tudo indica, num primeiro momento, o apelo à educação moral e à disciplina parecia ser mais necessário que as letras.

De qualquer maneira, constata-se que, no mesmo contexto em que a escola foi defendida como fator de progresso e de desenvolvimento social, além de a alfabetização ter sido um dos quesitos para o direito ao voto (exceto no Brasil, onde até 1881 era permitido o voto dos não alfabetizados), a escolarização indígena foi tratada como questão à parte, e a inferiorização das pessoas negras se consolidou, entre outros motivos, pelos problemas enfrentados por elas para frequentar a escola. A condição de pobreza vivida por amplos setores da população se tornou uma situação comum, interferindo na escolarização. No Quadro 3, apresentamos o número de habitantes e a porcentagem de analfabetismo para a população acima de 15 anos. Nele, verificam-se altos índices de analfabetismo, pelo menos até o final do século XIX.

Quadro 3 – População (milhões) e analfabetismo (décadas 1870-1920)[10]

Ano País	Década de 1870		Década de 1890		Década de 1900		Década de 1920	
	Pop.	Analf.	Pop.	Analf.	Pop.	Analf.	Pop.	Analf.
Argentina	1,819	76,5	3,595	57,9	4,693	48,7	8,972	31,8
Bolívia	–	–	–	–	1,633	81,5	1,988	79,8
Brasil	9,80	84,0	14,33	75,3	17,980	65,3	27,261	64,9
Chile	2,076	–	2,696	63,1	3,249	56,5	3,754	36,6
Colômbia	2,70	–	–	–	4,27	66,0	5,912	56,2
Equador	0,830	–	–	–	1,400	66,9	1,869	57,7
Paraguai	0,276	–	0,491	75,5	0,915	68,6	–	54,9
Peru	2,65	–	–	78,3	3,791	75,7	4,947	66,8
Uruguai	0,420	–	0,826	–	1,189	40,6	1,448	29,5
Venezuela	1,784	–	2,290	–	2,471	72,2	2,818	68,2

Fontes: Hunt (2009, p.34, 44); Brignoli (2010, p.16-8).

Nessa nova conjuntura de apelo à escolarização de todos, em diferentes países políticos e educadores produziram obras que se tornaram referências para o estudo das proposições de institucionalização da instrução popular; no caso da América Latina, a temática racial esteve fortemente presente. Por exemplo, o argentino Domingo Sarmiento, na obra clássica de 1849, *Educación popular*,

---

10 A opção de nomear as colunas com décadas teve como intenção abranger um maior número de dados, pois os autores consultados não fazem o mesmo recorte temporal, bem como há um pouco de discrepância entre eles. O objetivo é possibilitar o acesso a dados estimados.

exaltou a importância da educação para o progresso das nações, no intuito de desenvolver a "capacidade industrial, moral e intelectual" de suas populações. Ele lembrou que, nos países colonizados, exceto nos Estados Unidos, "cuja população não se miscigenou", a necessidade da instrução era ainda mais severa, pois se corria o risco de perpetuar as culturas dos selvagens.

> Que futuro aguarda o México, o Peru, a Bolívia e os outros estados sul-americanos que ainda têm vivas em suas entranhas, como alimento não digerido, as raças selvagens ou bárbaras indígenas que a colonização absorveu e que *conservam teimosamente suas tradições das florestas, seu ódio à civilização, suas línguas primitivas e seus hábitos de indolência e desdenhoso desgosto contra vestimentas, asseio, confortos e costumes da vida civilizada*? Quantos anos, senão séculos, para elevar esses espíritos degradados à altura de homens cultos e dotados do sentimento de sua própria dignidade? (Sarmiento, 2011, p.50, grifo nosso)

Portanto, as elites latino-americanas tiveram bastante clareza quanto aos argumentos para difundir a escola de modo a instituir a língua nacional, mudar hábitos, impor os seus valores e apagar os vestígios das raças africanas e indígenas. Contudo, foram muitas as dúvidas sobre o modo de executar esse plano, fazendo surgir iniciativas para fomentar o debate, como no caso do Chile. Em 1853, o governo chileno, em parceria com o Conselho da Universidade do Chile, lançou um concurso, adiado para março de 1855, aberto a chilenos e estrangeiros, para premiar os melhores trabalhos que discorressem sobre as seguintes temáticas: 1) influência da instrução primária nos costumes, na moral pública, na indústria e no desenvolvimento geral da propriedade nacional; 2) organização que convém dar-lhe, atendidas as circunstâncias do país; e 3) sistema que convém adotar para o financiamento da instrução.

O vencedor do concurso foi o chileno Miguel Luis Amunátegui (1828-1888), cuja obra *De la instrucción primaria en Chile: lo que es*, *lo que debería ser* foi publicada em 1856. No prefácio, a comissão incumbida do concurso fez um breve relato do processo, informando, sem citar as outras autorias, terem sido apresentado sete trabalhos e publicados os quatro primeiros. Segundo Weinberg (1981), Sarmiento também concorreu e ficou em segundo lugar, com o texto "Memoria sobre educación común".

A organização do livro de Amunátegui atende à sequência das questões propostas: importância da instrução primária, organização e financiamento. Após uma longa exposição, a finalização do texto é emblemática: de acordo com o autor, o acesso ao conhecimento nos humanos ocorre do mesmo modo como se sucede na "geração" animal: "Os filhos dos brancos são brancos; Os filhos de negros são negros; Aqueles dos instruídos, instruídos; Os dos ignorantes, ignorantes" (Amunátegui, 1856, p.391).

Na primeira parte, o discurso do autor transcorre a partir de um questionamento clássico: prosperidade ou decadência; civilização ou barbárie? Por meio de exemplos dos "países mais ricos" (Estados Unidos, Inglaterra, França e Alemanha), ele tentou demonstrar, embora sem apresentar dados, que a fonte da prosperidade desses países estava na difusão da instrução primária e no entendimento da ciência como virtude. Assim, defendeu a instrução primária, se possível para todos os chilenos, visando ao aprendizado básico – ler, escrever e contar –, pois tal ensinamento moralizava e propiciava mais chances de uma pessoa ser um trabalhador honrado e cumpridor de seus deveres: "As crianças, em geral, adquirem na escola hábitos de ordem, submissão, trabalho contínuo e incessante, que depois não conseguem esquecer" (ibidem, p.20).

Além da função moral, Amunátegui (1856) acrescentou que a instrução elementar favorecia o melhor desempenho no trabalho; contudo, esclareceu, a educação primária deveria ser dada com discernimento, pois não se tratava de alterar a posição social originária do trabalhador, mas sim o tornar um bom cidadão, que soubesse desempenhar bem suas tarefas. No texto, o viés racista não esteve ausente, por exemplo, ao associar vestimentas com escolarização:

Acreditar que a ignorância é uma condição essencial de todo artesão ou de todo agricultor é tão importante quanto acreditar *que todo artesão tem que usar um chapéu de palha e se cobrir com um poncho, ou que todo fazendeiro tem que usar chinelos e usar bombachas*. Parece-nos que nada impede um trabalhador de ficar asseado e vestido decentemente; que nada impede quem tenha um pouco de lucidez e cultura de espírito. Vamos ainda mais longe. Acreditamos que não apenas artesãos e agricultores devem ter permissão para *melhorarem suas vestes* e educarem sua inteligência como um luxo inocente, mas devem se trabalhar para o conseguirem como uma exigência da civilização [...]. Devemos ser perdoados se temos a extravagância de acreditar que *o chinelo, a chupaya, o poncho e a ignorância não são condições essenciais de um bom trabalhador*. (ibidem, p.61-2, grifos nossos)

Além dos conteúdos elementares, instruiu que, na medida do possível, fossem ensinadas outras matérias, como catecismo, geografia, história e desenho linear. O autor reafirmou Alberdi ao indicar a necessidade pedagógica da imigração europeia, sustentando que, para o chileno aproveitar sua civilidade, a instrução primária deveria anteceder o fomento à imigração europeia.

Na segunda parte, sobre a organização da instrução, Amunátegui discutiu a aplicação prática das propriedades comuns do processo de escolarização do século XIX: escola estatal, gratuidade, obrigatoriedade e laicidade. Ele não contestou o direito à educação, estabelecendo uma comparação ardilosa com os movimentos de rua dos trabalhadores europeus, que em 1848 exigiram o direito ao trabalho, afirmando que "afortunadamente" esse tipo de reivindicação não tinha sentido no "novo mundo", ao passo que o direito à escola já era uma realidade: "O direito ao trabalho ainda não foi reconhecido em nenhuma constituição política; o direito à instrução sim" (ibidem, p.88).

O autor defendeu a liberdade de ensino, mas submetida ao Estado, e a instrução primária obrigatória e gratuita, pois, no seu entendimento, era importante que todos os cidadãos fossem úteis. Entretanto, relativizou a obrigatoriedade da educação, dizendo que a lei deveria ser ajustável de acordo com as circunstâncias, repetindo, desse modo, os argumentos dos europeus, ao vincular a desobrigação de frequência à escola a casos de pobreza das famílias, trabalho das crianças e ausência de escolas, além de comentar sobre o problema do "desinteresse dos pais em enviar os filhos à escola". Para conciliar escola e trabalho, sugeriu flexibilidade no calendário escolar anual e horários diários de funcionamento das aulas.

Também como propagado na Europa, propôs oferta escolar desigual, com escola primária e colégio, levando em consideração os parcos recursos financeiros do país e os alunos pobres, que não podiam dispender muito tempo na escola: "O que queres que façam os indivíduos dessa classe se não organizares para eles a instrução primária que lhes corresponde?" (ibidem, p.132). Ele afirmou que os colégios eram para as crianças de inteligência elevada, das famílias abastadas que compreendiam a fundo o valor da ciência, e prosseguiu, demonstrando o quanto a escola é partícipe da subalternização das pessoas:

> Vamos dar-lhes uma instrução que lhes convenha, que aprimore sua inteligência sem fazer com que percam inutilmente muitos anos da vida. Vamos proporcionar-lhes os meios para se tornarem cidadãos trabalhadores, capazes de ganhar o seu sustento e não médicos ou advogados iletrados que não terão clientela, literatos medíocres que não terão leitores, químicos ou agrimensores não qualificados que não terão ocupação, semissábios que serão inúteis, ou que servirão para pior do que isso, pois o farão errado. *Esses indivíduos são a traça da sociedade*; entre eles, o despotismo recruta seus instrumentos e a demagogia seus atiradores de revoltas. (ibidem, p.133)

Atendendo a esses princípios, propôs duas escolas primárias: a escola elementar (barata, onde se ensinaria o estritamente necessário para as crianças comuns) e a escola superior (um pouco mais elevada, que ensinasse algo mais útil para quem tem condição financeira de dedicar um pouco mais de tempo aos estudos, porém sem riqueza suficiente para ingressar num colégio ou no liceu) (ibidem, p.134). Além desses dois níveis de escola, previa escolas separadas para meninos e meninas, "escolas permanentes" para cidades e vilas populosas, "escolas temporais" para crianças que trabalhavam e podiam frequentar as aulas apenas poucos meses no ano e "escolas ambulantes" para localidades com populações dispersas (ibidem, p.147).

Ainda nesse tópico, Amunátegui discorreu sobre vários outros assuntos: edificação e reparo de escolas (com que os pais dos alunos deveriam colaborar), escola para adultos, formação de professores e escola normal, fornecimento de materiais escolares e livros, organização de biblioteca popular e criação de um ministério da instrução, de um órgão de inspeção e de periódicos. Ele era favorável à escola laica, desde que algum tipo de educação religiosa fosse ministrado, sem enfocar nenhum dogma em particular.

Na última parte de seu texto, o autor respondeu à questão sobre financiamento; utilizando-se de dados estatísticos e relatórios sobre a situação da instrução pública no Chile naquele contexto, afirmou que nem um terço das crianças que frequentavam a escola adquiriam os conhecimentos necessários, por "motivos óbvios", ou seja, parcos recursos e falta de organização e de idoneidade dos professores; ele então perguntou: "preferem a ignorância a um desembolso?" (ibidem, p.277). Ainda nesse tópico, apresentou um rol de motivos, com base em exemplos de países europeus e dos EUA, para convencer o leitor da necessidade de financiar a educação por meio da criação de um fundo especial, a partir de contribuições fiscais, ressaltando as vantagens inquestionáveis da difusão da instrução pública para a "população ignorante", pois por meio da educação seria possível o aumento tanto da produção como do consumo.

Amunátegui também defendeu a criação de um fundo escolar estatal, porque, de acordo com ele, as famílias das classes abastadas não contribuiriam diretamente para a manutenção das escolas públicas, uma vez que as escolas públicas *são geralmente frequentadas pelos filhos das famílias pobres*. Usualmente *os ricos, as classes decentes*, aqueles que são chamados de cavalheiros não mandam seus filhos para esses estabelecimentos. *Eles temem que o encontro com os filhos dos pobres corrompa os costumes dos seus*, que a sujeira dos trapos deles manche os ternos dos últimos [...]. Que alunos abastados gostariam de frequentar essas escolas que são cercadas apenas por ranchos miseráveis? (ibidem, p.284, grifos nossos)

Enfim, para o vencedor do concurso, "a educação primária é a única forma de curar os males do passado, de diminuir os do presente, de tornar impossíveis os do futuro" (ibidem, p.347). Esse apelo sugere a supressão das tensões raciais por meio da produção de um futuro em que as populações afrodescendentes e originárias, suas culturas e linguagens estivessem apagadas. Na opinião dele, "o conhecimento geral das vinte e tantas letras que compõem o alfabeto seria suficiente para produzir uma mudança completa na moral do país" (ibidem).

Ressalta-se que a Igreja foi lembrada pelo autor para cooperar na divulgação das letras, por meio de sermões, doações de livros e/ou atividades junto aos indígenas. Amunátegui citou a memória do religioso Ramón García Flores sobre "meios de converter os araucanos", premiada pela faculdade de teologia, e suas propostas de arrecadação financeira para a conversão dos indígenas. Contudo, não concordava em gastar dinheiro com "os bárbaros da fronteira", mas sim com a civilização daqueles "que moram conosco" (ibidem, p.360), fazendo alusão aos serviçais domésticos, pois, segundo ele, não fazia sentido ir tão longe catequizar "quando tantas pessoas ignorantes moram em nossa própria casa que exigem o mesmo serviço" (ibidem).

E o argentino Sarmiento, como respondeu às perguntas do concurso chileno? Em "Memoria sobre educación común", uma obra bem mais sucinta que a de Amunátegui e escrita por um estrangeiro, o autor propôs que a instrução primária fosse tratada como *instrucción nacional*, entendida como uma etapa da educação direcionada à preparação do povo para uma vida civilizada. Ele alertou que usou a expressão *grado de educación* para deixar claro que estava tratando apenas de uma graduação ínfima, e não daquela mais completa, voltada às classes abastadas (Sarmiento, 1856, p.4), evitando, assim, mal-entendidos desnecessários. Para responder à primeira questão, ele se perguntou: afinal, quais são os costumes, a moral pública e a indústria do Chile? Apresentou, então, dados estatísticos sobre a população e o comparou com outros países, aliás, de modo muito extenso e repetitivo, para evidentemente demonstrar o caos chileno, especialmente no tocante ao acesso à instrução. Após levantamento de alguns dados sobre indústria e território, destacou ser o Chile um país essencialmente agrícola, onde era urgente a difusão da instrução.

Em se tratando do povo chileno, afirmou que a população trabalhadora não tinha o costume de fazer poupança, como ocorria nos países ricos. Nas palavras dele, "[...] há no Chile, contra as poupanças, uma orgia nacional que começa no sábado e não termina na segunda-feira, na qual salário, saúde e dívidas contraídas não dão conta de atender às necessidades ardentes daqueles dias" (ibidem, p.17), e ironizou, ao afirmar que, enquanto aumentavam as cadernetas de poupança na Inglaterra, no Chile crescia o consumo de bebidas alcoólicas. Outro costume popular criticado por ele criticado foi a prática do jogo; para depreciar tal hábito, Sarmiento disse que, em Havana e no Brasil, os escravizados preferiam perder o sono a perder dinheiro na loteria (ibidem, p.19). Assim, concluiu que, devido à ausência de instrução, não seria possível medir sua influência na moral do povo chileno; portanto, defendia a escola como única salvação para alterar os hábitos e introduzir "os bons costumes nas classes acomodadas [...]" (ibidem, p.21). Sugeriu também que os mesmos esforços da sociedade chilena voltados às atividades de caridade, campanhas religiosas e fundação de igrejas deveriam ser aplicados na causa da instrução pública. Segundo Sarmiento, as ações de caridade confortavam os espíritos individualmente, mas em nada resolviam a ignorância e a falta de indústria do povo.

O autor sustentou seus argumentos de defesa da educação popular levando em consideração as novas dinâmicas de trabalho, a economia exportadora e a difusão de ferramentas e maquinários modernos, que substituíam a força física; portanto, era uma questão de desenvolver "a razão do trabalhador" (ibidem, p.32). Para Sarmiento, a "era das lutas de raças" era coisa do passado, pois a América Latina estava ingressando na era da "luta de indústrias" (ibidem, p.42). Por conseguinte, era urgente a introdução de uma educação comum universal, que tornasse cada pessoa um objeto a serviço da indústria e cada trabalhador um colaborador da prosperidade, em substituição àquela situação de ignorância comum universal.

Em sua proposição, apresentou a hierarquia escolar comparada ao processo de produção têxtil: nesse caso, a escola primária corresponderia à etapa de cardar o algodão, seguida da escola secundária, etapa de transformação da matéria bruta pelo conhecimento das ciências, no esforço de formar "a raça nova de homens" (ibidem, p.45). No argumento de Sarmiento, "saíam" os povos afrodescendentes e indígenas e se iniciava uma nova era, em que todos deveriam ser tomados como operários do capitalismo.

Quanto à segunda questão, Sarmiento reproduziu a nivelação escolar proposta na França por Guizot – instrução elementar primária e instrução elementar superior –, demonstrando, inclusive, que essa foi a mesma lógica implementada em vários outros países capitalistas. O autor defendeu que esses graus deveriam ser reunidos e organizados num sistema nacional de ensino de acesso amplo, sendo os alunos submetidos a exames. Na terceira questão, sobre financiamento, repetiu as afirmações da situação precária da escola pública naquele contexto, comum em vários países, ou seja, a escola era gratuita, mas "os pais não davam valor", e a frequência era baixa, pois eles tiravam os filhos da escola quando bem entendiam. Ainda assim, reafirmou a necessidade de implantação da escola gratuita e obrigatória para as famílias pobres; na justificativa, recorreu à argumentação que criminalizava sua condição sociorracial:

O Estado se preocupa em dar educação a quem não a receberia sem sua ajuda, porque a Constituição nega os direitos do cidadão chileno a quem, nascido em seu território, não souber ler a partir de 1840 [...] porque é nessa classe que *as prisões, presídios, penitenciárias, galés, casas correcionais femininas, hospícios, casas de enjeitados recrutam o contingente de seus moradores*, impondo ao país enormes ônus às despesas que as prisões e asilos demandam [...] *porque essas massas ignorantes de mulheres e de homens que aumentam os números do censo são inúteis para a produção* [...]. (ibidem, p.69-70, grifos nossos)

Enfim, Sarmiento conclamou toda a sociedade a participar da difusão da instrução elementar – os padres fariam sermão na igreja sobre a importância da escola, os quartéis cederiam espaços para cursos básicos de jardinagem e agricultura, as pessoas que contribuíssem para a educação teriam seus nomes destacados em ambientes públicos e o próprio espaço urbano deveria ser alterado. A respeito dos apelos visuais presentes nos "países civilizados", onde as ruas eram inundadas de cartazes escritos, ele comentou que isso constrangia as populações que não sabiam ler, afirmando que o Chile poderia fazer o mesmo. Sugeriu, ainda, que os empregados do Estado tivessem duas horas por dia para estudar, e que as senhoras abastadas fundassem escolas para "[...] serviçais de mão e cozinheiras, que com duas horas de estudo por dia mais tarde se encontrariam capazes de ler e escrever" (ibidem, p.77).

Ressalta-se que, ao longo desse período histórico, foi muito comum, em todas as nações latino-americanas, o emprego, pelas famílias abastadas, da população afrodescendente e indígena em trabalhos domésticos, como amas, cozinheiras e mucamas (ibidem). Em seu texto, Sarmiento questionou o alto custo de se contratar imigrantes europeus para esse tipo de trabalho, ao passo que as patroas, se alfabetizassem suas próprias empregadas, economizariam o tempo perdido lendo receitas para elas e evitariam o desperdício de materiais, a quebra de objetos e até roubos.

O último tema ao qual Sarmiento se dedicou no texto é aos livros, pois, na visão dele, somente "povos selvagens" se utilizavam das falas dos ancestrais para comunicar seus costumes e preocupações. De acordo com o autor, instrução significava livros e bibliotecas, e, nesse aspecto, enalteceu a importância da fundação de bibliotecas e editoras, além da promoção de intercâmbios de livros, escolares ou não, entre países de língua espanhola. Ele encerrou seu texto reafirmando a necessidade de união de esforços para a implementação de um "sistema de educação comum" (ibidem, p.96), voltado às novas demandas de mercado e da indústria.

Em 1858, Sarmiento lançou na Argentina *Anales de la educación común*,[11] destinado a propagar sua campanha em prol da "educação pública, comum, universal e ilimitada". No editorial do volume 1, de novembro de 1858, alertou que a imposição da escola não estava sendo produtiva em nenhum lugar; portanto, seria preciso convencer e organizar associações de "amigos da educação", de modo a sensibilizar todos sobre a importância da escola e das consequências da ignorância do povo camponês para o futuro da economia. Como outros intelectuais e políticos, exaltou a dimensão pedagógica da chegada de imigrantes europeus: "[...] daqui a vinte anos teremos um milhão de habitantes, mais enérgicos, mais empreendedores e mais inquietos *que aqueles que deixou a colonização e se exterminaram entre si, por falta de terem dado pela educação um direcionamento útil à atividade das paixões humanas*" (*Anales*, 2009, p.5, grifo nosso).

Esse princípio político-pedagógico de extinção da identidade das pessoas pela educação estatal, ou de educação das raças pela escola, esteve presente em quase todos os projetos educacionais das elites intelectuais e políticas da América Latina, fundamentados,

---

11 Em maio de 2009, foi publicada uma edição histórica comemorativa dos 150 anos da obra: *Anales de la educación común*, 2009. Disponível em: http://servicios.abc.gov.ar/lainstitucion/revistacomponents/revista/default.cfm?page=sumario&IdP=37. Acesso em: 10 jun. 2021.

principalmente, nas teorias raciais e pedagógicas eurocêntricas. No Uruguai, José Pedro Varela (1845-1879) publicou, em 1874, *La educación del pueblo*, prelúdio da reforma pedagógica de 1876 no país. Em artigo que abria o primeiro número da *Revista Literária*, fundada por ele em 1865, já anunciava sua concepção de reforma:

> *Não precisamos de populações em excesso; o que precisamos é de populações ilustradas.* O dia que *nossos gauchos* souberem ler e escrever, souberem pensar, nossas convulsões políticas talvez desapareceriam. É através da educação do Povo que faremos chegar a paz, o progresso *e a extinção dos gauchos.*[12] (Varela, 1964a, p.IX, grifos nossos)

Como não poderia deixar de ser, seus argumentos a favor da escola se fizeram em meio a comparações com os Estados Unidos e a Europa, destacando inicialmente a necessidade de ações de filantropia, como sua própria participação na fundação da Sociedad de Amigos de la Educación Popular, em 1869. Seu ideário educacional manteve os argumentos dos colonizadores ao se fundamentar nas conhecidas dicotomias ignorância *versus* educação, superstição *versus* ciência, ilustradas com exemplos das práticas culturais dos povos originários e das populações afrodescendentes.

Decorre daí sua análise sobre o contraste entre "braços ignorantes e braços inteligentes e educados", no seu entender a principal fonte da desigualdade social. Assim, segundo o autor, a difusão da escola era fundamental para a propagação de opiniões esclarecidas e equilibradas relativas à sociedade civil, favorecendo a democracia. Segundo Varela (1964a), frente um governo despótico, a ignorância causa impotência, mas frente a governos democráticos é um perigo iminente, favorecedora de revoltas e motins, especificamente em

---

[12] É importante lembrar que o *gaucho* não era tido como um tipo racial, mas social, embora alguns autores comentem sobre sua linguagem peculiar, uma mistura de espanhol, português, guarani e dialetos africanos (Verdesio, 2015).

"nossas sociedades, onde a desigualdade das fortunas provoca a hostilidade das classes" (ibidem, p.75).

A extensão do sufrágio a todos os cidadãos exige, como consequência forçada, a difusão da educação para todos [...]. Para estabelecer a república, o primeiro é formar os republicanos; para criar o governo do povo, a primeira coisa é despertar, chamar à vida ativa, ao próprio povo: para tornar a opinião pública soberana, o primeiro é formar a opinião pública; e todas as grandes necessidades da democracia, todas as demandas da república, têm apenas um meio possível de realização: educar, educar, educar sempre. (ibidem, p.71)

Similarmente aos outros, Varela foi favorável à implementação da educação pública, laica, gratuita, obrigatória e dirigida pelo Estado, pois o poder público estava acima das famílias, sendo a escolarização ampla uma questão de interesse social; enfim, os pais deveriam confiar seus filhos à escola estatal. Sua proposta de educação primária envolvia os conteúdos da leitura, escrita, ortografia, gramática, aritmética e geografia, mas poderia se estender, de acordo com o mérito e as habilidades dos alunos, para outros conteúdos, tais como "*lecciones sobre objetos*",[13] desenho, música, ginástica, higiene, história e moral, entre outros (ibidem, p.135).

Na Venezuela, Cecilio Acosta, autor de *Cosas sabidas y cosas por saberse*, igualmente apostava na difusão da escola e dizia: "Vamos, vamos finalmente ver se teremos homens de proveito em vez de homens baldios" (Acosta, 1856, p.16). Acosta, como os demais autores, fez tábula rasa do passado escravagista, da exploração do trabalho dos povos africanos e originários e da destruição de suas culturas, transformando-os todos em "homens baldios". Segundo o autor, possuir um pensamento era, antes de tudo, poder ler e es-

---

13 Varela tomou o método das "lições de coisas" como disciplina escolar (Varela, 1964a, p.138, 176).

crever (ibidem, p.8); portanto, o acesso à instrução elementar seria fundamental, pois "com ela nascem hábitos honestos, desperta-se o interesse, abrem-se os olhos da especulação, habilitam-se as mãos [...], suscita-se um espírito mais prático que se espalha, como o melhor sintoma do progresso [...]" (ibidem, p.18).

Já o político boliviano Felipe Segundo Guzmán escreveu, em 1910, *La educación del carácter nacional*, por sugestão de colegas educadores, ao assentirem a necessidade de a Bolívia ter uma pedagogia especial, devido ao fato de sua população "ser diferente" daquela da Europa e dos países hispano-americanos. Contudo, ele comentou que sua principal motivação para a escrita do ensaio em questão foi o fato de nenhum de seus colegas educadores justificar claramente o porquê da necessidade de uma pedagogia diferenciada. Assim, não foi fortuito o fato de Guzmán iniciar seu texto falando sobre os quéchuas e aimarás, problematizando a inexistência de estudos psicológicos sobre esses povos. No seu entendimento, sem esses estudos era difícil saber, cientificamente, sua capacidade de integrar a civilização.

O autor partiu da hipótese de que as populações indígenas possuíam plenas condições intelectuais de ascender à civilização, mas lhes faltavam as capacidades morais, ausência essa a ser preenchida pela escolarização; portanto: "Do exposto pode-se deduzir que as raças autóctones requerem um sistema de educação especial, sem dúvida diferente daquele que se aplica a brancos e mestiços" (Guzmán, 1910a, p.5). Nesse caso, a educação do caráter para os povos indígenas deveria ter objetivos bem pragmáticos: adquirir o hábito do trabalho e desejar o progresso. Assim, inspirado em Le Bon, reiterou que qualquer modelo de educação a ser copiado deveria levar em consideração as raças e suas qualidades hereditárias. Nas suas convicções, a educação era um dos fatores preponderantes para melhorar os males da hereditariedade, ainda que, em algumas nações, isso pudesse levar até mais de duas gerações, e lamentou a constituição psicológica defeituosa da América Latina.

Além da instrução, o autor defendia a dimensão pedagógica da imigração europeia, e, no caso específico da Bolívia, salientou as restrições de sua localização geográfica, que não favoreciam a vinda de imigrantes europeus e, portanto, os cruzamentos. No seu entendimento, as dificuldades de mestiçagem tornavam a situação da Bolívia um caso grave na América Latina, devido à origem indígena da maioria de sua população. Guzmán afirmou estar cientificamente provado que "[...] os cruzamentos eliminam as características psicológicas ancestrais nas novas raças, ou seja, ainda não submetidas à influência persistente de civilizações antigas. Esses cruzamentos os transformam em uma massa onde se pode modelar o caráter que se quiser" (ibidem, p.29).

Assim, em sua percepção, os povos indígenas tinham condições intelectuais de alcançar as raças superiores; restava modelar seu caráter, de modo a adquirir autocontrole, pois, costumeiramente, eles se comportavam levados pelos instintos e pelas emoções. Ou seja, sua educação deveria ser diferenciada: não bastavam conteúdos; ele argumentou exemplificando que, caso fossem escolarizados como um alemão, obteriam os mesmos diplomas, mas não as mesmas atitudes frente às adversidades da vida (ibidem, p.31).

Além da educação diferenciada devido à raça, noutro texto, também de 1910 (*Manifiesto al pueblo de La Paz*), escrito quando era candidato ao cargo de deputado, Guzmán corroborou o comentário do professor Dreims, da Sorbonne, de que os indígenas bolivianos eram manifestamente inferiores, e que, por isso, não seria justo que "[...] esta raça assim inculta esteja sujeita às mesmas leis penais que se aplicam aos brancos, precisamos nos preocupar em formar uma legislação especial para os índios, consultando seu estado social e muito particularmente sua psicologia" (Guzmán, 1910b, p.24). No mesmo documento, ele propôs a criação de escolas normais para formar mestres ambulantes, de modo a tornar os professores competentes na remodelação do caráter dos indígenas "até hoje rebeldes aos usos e costumes da vida civilizada"; na sua missão, esses professores poderiam, como arautos de sua redenção, "entrar nos casebres dos altiplanos e nas brenhas para ensinar para eles que existe *um Deus que é a Pátria, um Dever que é o Trabalho e uma Luz que é o Saber*" (ibidem, p.21, grifo nosso).

Também no Brasil do século XIX, os debates educacionais foram abundantes, como podemos verificar principalmente nos periódicos e revistas pedagógicas. Mas tomo aqui a posição de dois autores que tiveram repercussão nacional: Rui Barbosa (1849-1923) e José Veríssimo (1857-1916). O político brasileiro Rui Barbosa foi o relator da Comissão de Instrução Pública encarregado de apreciar o Decreto nº 7.247, de 19 de abril de 1879, de autoria do ministro Leôncio de Carvalho, sobre reformas educacionais. Entre 1881 e 1883, redigiu dois extensos pareceres, que se transformaram em obras de referência para a discussão das questões pedagógicas do período: "Reforma do ensino primário e várias instituições complementares da instrução pública" e "Reforma do ensino secundário e superior". Contudo, embora o autor tenha considerado os dados e as condições de escolarização em todo o país, os pareceres dizem respeito quase que exclusivamente às reformas a serem implantadas no Rio de Janeiro, então capital do Império.

Como na maioria dos países da América Latina, também no Brasil as escolas primárias se apresentavam de modo muito precário, devido a vários fatores. Embora alardeada como propulsora do progresso e regeneradora dos povos, é fato que na prática faltou vontade política para sua instalação efetiva, pairavam dúvidas quanto às condições de educabilidade das populações negras, indígenas e pobres e não houve esforço econômico efetivo para disseminar escolas, formar professores e fornecer material. A realidade era de muita pobreza, trabalho infantil e escravização de pessoas, portanto, como articular situações tão díspares com as letras?

Seguindo o costume da época, Barbosa (1946) buscou fundamentos em autores estrangeiros e em dados quantitativos sobre escolarização na Europa, nos Estados Unidos e inclusive na Argentina para contrastar com a condição brasileira, com o objetivo de convencer os parlamentares da importância da difusão da escola e da necessidade de uma reforma educacional radical. Os temas principais repetem os dos outros países: escola pública, gratuita, obrigatória e laica, bem como a previsão de aplicação de multa aos pais que não enviassem seus filhos à escola. Ressalta-se que esse tipo de punição já era prescrito na maioria das legislações provinciais; contudo, os próprios inspetores registraram em seus relatórios a incoerência, uma vez que o principal motivo da infrequência, além da falta de escolas, era o trabalho infantil, ou seja, a pobreza (Veiga, 2013). É possível verificar uma recorrência à criminalização da população pobre que não tinha como enviar seus filhos às escolas.

Mas não admira que as gerações nascentes esquivem o contato da escola, num país onde *se deixa à ignorância dos pais o direito de formá-las a sua feição e semelhança*, perpetuando, de idade em idade, como um patrimônio, esse deplorável estado mental, que nos assinala, pelo triste característico de um país que não sabe ler. (Barbosa, op. cit., p.21)

Por outro lado, Barbosa manteve a retórica de outros políticos quanto aos casos em que a obrigatoriedade estava suspensa, incluindo a falta de escola pública num raio de 2 quilômetros para os meninos e 1,5 para as meninas, indigência e falta de "vestuário indispensável à decência e higiene" (ibidem, p.350). A proposta de organização da escola primária seguiu a perspectiva da oferta desigual e apresentava quatro níveis escolas (primárias, elementares, médias e superiores), cada curso com duração de dois anos e com significativa diferença no conteúdo, de modo que as crianças que tivessem condição material para uma frequência mais longa teriam acesso a um conteúdo mais amplo. Em nenhum momento, ao falar do país de modo geral, há menção a escolas rurais.

Especificamente na obra aqui em análise, "Reforma do ensino primário e várias instituições complementares da instrução pública", Barbosa (1946) discorreu acentuadamente mais sobre europeus e americanos do que sobre o Brasil. As pessoas africanas escravizadas aparecem somente em alguns dados populacionais; por outro lado, a referência à população negra e indígena se fez presente em sugestões para conteúdo dos programas de ensino, ainda que não fortuitamente situadas como povos distantes. Por exemplo, em transcrição, quase que na íntegra, do programa de estudos da Liga de Ensino belga, ele sugere o seguinte conteúdo de ensino:

> Tocando a geografia, designará numa grande esfera os países habitados ou áridos, a Polinésia selvagem, a América onde há gente que emigra da Europa, *sucede ao gentio, que vai desaparecendo* [...] a China civilizada e solitária, a *África com seus negros*, os seus árabes, os seus desertos. (ibidem, p.206)

Outro autor de destaque foi o jornalista José Veríssimo, que publicou *A educação nacional* no Pará em 1890 e no Rio de Janeiro em 1906. Esta edição foi acrescida de um capítulo sobre a educação da mulher e de outra introdução, na qual, passados 17 anos da proclamação da república, o autor fez uma espécie de desabafo sobre a permanência do desastroso quadro da educação no Brasil, evidentemente estabelecendo comparações com a Europa, mas principalmente com os Estados Unidos. O objetivo do autor foi sobretudo denunciar a ausência de nacionalismo e patriotismo, ou melhor, de integração do espírito nacional, além da falta de escolas: "Não há museus, não há monumentos, não há festas nacionais" (Veríssimo, 1985, p.47).

De acordo com Veríssimo, na escola brasileira, o Brasil brilhava pela ausência; portanto, não havia como preparar os cidadãos para viver a sua pátria se os brasileiros não a conheciam. Ele denunciou o excesso de conteúdo estrangeiro nas disciplinas de Geografia e História, além do uso de livros de autores europeus nos cursos secundários e superiores. Além disso, citou, sobre a obra de Rui Barbosa aqui comentada, a ênfase dada pelo autor na necessidade de incitar no povo conhecimentos sobre a vida nacional, além de ressaltar as inúmeras referências a Sílvio Romero – em que concordava com ele sobre o caráter indolente e apático dos brasileiros (ibidem, p.65) – e a autores racistas como Agassiz e Galton. O livro de Veríssimo é todo uma contradição, pois o autor defendeu o nacionalismo ao mesmo tempo que questionou o caráter dos brasileiros; criticou as imitações estrangeiras e a ausência de conteúdo nacional nas escolas, mas se fundamentou em autores europeus e americanos (o que o fez repetir o conteúdo racial de suas análises).

Extinta a escravidão índia, o africano alegre, descuidoso, afetivo, meteu-se com a sua *moralidade primitiva de selvagem*, seus rancores de perseguido, suas *ideias e crenças fetichistas*, na família, na sociedade, no lar. Invadiu tudo e imiscuiu-se em tudo. Embalou-se a rede da sinhá, foi o pajem do sinhô-moço, o escudeiro do sinhô. (ibidem, p.69, grifos nossos)

Para Veríssimo, o problema central a ser atacado para a execução de uma legítima educação nacional seria a superação dos vícios do passado, ou seja, aqueles vinculados às relações escravistas e raciais; nesse caso, deu ênfase à educação das mulheres, que assumiriam um novo papel no lar: "[...] não precisa que ela se aprofunde e especialize em qualquer delas [ciências] e menos em todas elas, para o que a sua inteligência, que eu continuo a reputar inferior a todo homem, acaso a tornaria incapaz" (ibidem, p.123). Portanto, a verdadeira educação nacional passaria por uma mudança profunda nos costumes das famílias brasileiras, sem os vestígios das amas pretas.

3.2. As políticas das desigualdades na difusão da instrução elementar

> [...] se não nos preocupa a questão de *O que faremos com eles, os bárbaros;* esta outra: *O que eles farão conosco?* deve despertar nosso interesse; e o mundo inteiro está se perguntando hoje *o que eles farão conosco?!* Aqueles que não conhecem a sociedade em que vivem, nem as instituições, nem as leis morais que os regem para a sua conservação [...]. (*El Monitor*, jan. 1882, p.121-2, grifos nossos)

Essa afirmação, feita pelo ministro da província de Buenos Aires, Antonio Malaver (1835-1897), pode ser tomada como exemplar dos debates sobre a necessidade de expandir a instrução elementar. Embaladas por preocupações semelhantes, elites das diferentes nações latino-americanas discutiram o processo de implantação de escolas, seu financiamento e suas regras, usando de argumentos comuns e de comparações das condições da educação de seus países com as nações europeias e, evidentemente, com os Estados Unidos, onde buscaram inspiração para propagar narrativas sobre a urgência da difusão de um conhecimento homogêneo. As perguntas do ministro Malaver foram sintomáticas daquele contexto de instituição da igualdade jurídica e expansão do mercado capitalista: "O que faremos com eles, os bárbaros; O que eles farão conosco?" (ibidem). Ou seja, estavam em questão as preocupações relativas ao controle das consciências e das condições de vida de grande parte da população.

Como vimos, o século XIX foi o tempo de debates relativos às regulamentações sobre o funcionamento das escolas, a formação de professores e a organização burocrática da educação nacional, além de suas caraterísticas: pública? Obrigatória? Laica? Gratuita? A monopolização do ensino pelo Estado, ou seja, a administração quanto aos tipos de instituições educacionais, currículo mínimo, formação de professores e diplomação, entre outros assuntos, não foi muito controversa; já o financiamento e a laicidade renderam muitas discussões. Nesta seção, queremos chamar atenção para uma caraterística que perpassou todas as legislações de ensino analisadas, numa conjuntura marcada por pobreza e trabalho infantil: a oferta escolar desigual, aos moldes da experiência europeia.

Como veremos, na maioria das vezes a oferta desigual esteve associada com a pobreza das famílias e o trabalho das crianças, o que também provocou muitas tensões, tanto no cumprimento da obrigatoriedade escolar como na regulamentação do trabalho infantil. Isso sem contar com a presença de crianças escravizadas, como mostram as Figuras 32 e 33, que registram situação de trabalho doméstico, como babá, e de trabalho agrícola.

A questão central é que a regulamentação da escola primária ou de instrução elementar para todas as crianças deu visibilidade a condições e lugares sociais díspares de vivência da infância: crianças brancas, negras, mestiças, indígenas, pobres, abastadas, escravizadas. Foi essa diversidade de clientela que organizou a oferta desigual: escolas urbanas, escolas primárias rurais (sempre ofertadas com tempo e conteúdo escolar reduzidos) e instituições

Figura 32 – A babá - criança escravizada

Figura 33 – Crianças escravizadas

educativas especiais ou assistencialistas. A desigualdade pode ser identificada na estruturação em níveis e currículos diferentes, cujas justificativas poderiam ser o local de instalação da escola, o número de habitantes da região, o atendimento à "criança delinquente" ou abandonada ou mesmo apelos meritocráticos e noções abstratas de talento e aptidão, além da pobreza das famílias.

Investigar tais ofertas escolares em seu conjunto, nos diferentes contextos, nos possibilita compreender melhor a problemática da divisão racial da educação. Seguindo essa perspectiva, trago como hipótese o entendimento de que a maioria das crianças negras, indígenas e pobres, ao longo do século XIX e início do século XX, quase nunca teve sua escolarização feita em escolas primárias comuns, e aquelas que ingressaram numa delas tiveram frequência muito irregular, devido a pobreza e trabalho, como atesta a documentação. Era mais provável terem recebido escolarização em outros tipos de instituições, cujo diferencial foi a combinação de pouca instrução e muito trabalho, tais como as companhias de aprendizes nos arsenais de Guerra e da Marinha, os liceus de artes e ofícios, as colônias, patronatos e institutos agrícolas e os asilos. No caso das crianças indígenas, destacaram-se se as escolas de missões, mas com o mesmo perfil de associar trabalho e instrução. É importante destacar que, se o Estado monopolizou a gestão da escola pública regular, o mesmo não aconteceu com a chamada assistência à infância desvalida, em que concorriam instituições religiosas e filantrópicas e a iniciativa individual.

O que se pode verificar é que a difusão da escolarização, devido à oferta escolar muito desigual, contribuiu ainda mais para inferiorizar as populações indígenas, negras e pobres, que, por muito tempo, foram taxadas de ignorantes, porque não alfabetizadas, ou ainda de atrasadas, por não poderem frequentar a escola regularmente. Ademais, sua presença com mais regularidade em instituições educativas especiais ou assistencialistas contribuiu para reforçar a segmentação da infância de acordo com a origem étnico-racial das crianças.

Isso pode ser comprovado pelos periódicos latino-americanos do início do século XX, nos quais era comum registrar, em meio a várias páginas com fotos de famílias e crianças brancas abastadas, eventos assistencialistas em instituições; nesses registros, a cor das crianças atendidas tinha ampla visibilidade, mas somente para confirmar a filantropia das elites. É o que podemos verificar, por exemplo, na notícia de comemoração do Dia das Mães em uma instituição, provida pela Sociedade Protetora da Infância, que funcionava como asilo para órfãos e como creche maternal para os filhos de "empregadas e operárias". Sob o título "Es la madre el amor universal", o autor do artigo, publicado na revista peruana *Mundial*, homenageou as "amas voluntárias" ou "mães de caridade", na verdade, as damas da alta sociedade peruana. O destaque dado às fotos das crianças assistidas nas páginas da revista é impressionante, especialmente no que diz respeito às crianças negras; de acordo com o autor, o objetivo era "celebrar a democracia". Estranho jeito de comemorar a democracia, pois em várias páginas da revista havia imagens de crianças brancas, fotografadas com suas roupas e brinquedos em lares opulentos, e, de outro, eram mostradas crianças negras e mestiças em creches de mães operárias, o que denota a profunda divisão racial da escola que tanto marcou a história da educação latino-americana.

Figura 34

Figura 35 – Filantropia das elites: crianças negras e mestiças em creche no Peru

Figura 36 – Celebrar a democracia?

Mais especificamente em relação às crianças afrodescendentes, sua visibilidade também foi notória nas histórias e ilustrações dos livros didáticos e revistas infantis, em que figuraram como objeto de ridicularização e chacota. Exemplifico com duas histórias publicadas na revista *O Tico-Tico*. Em uma, a professora pergunta ao menino Azeitona o que era um substantivo abstrato; vendo que o "negrinho" ficou atrapalhado, ela tenta o ajudar com o exemplo de que abstrato é "aquilo que não podemos pegar". Imediatamente o menino responde "um leão", pois ninguém se arrisca em pegá-lo! (*O Tico-Tico*, 18/07/1934, n. 1502).

Figura 37 – O menino Azeitona

Noutra história, a menina Lamparina foi encaminhada à escola, aparentemente por seu "dono" ou patrão, como corretivo de suas travessuras. A professora prometeu "regenerar a negrinha". Quando perguntaram à menina que conhecimentos ela tinha, ela começou a fazer acrobacias como um macaco. Assustada, a professora encerrou a aula, dizendo ao "dono" de Lamparina, que estava diante de um caso perdido (*O Tico-Tico*, 28/10/1931, n. 1360).

SUBALTERNIDADE E OPRESSÃO SOCIORRACIAL   283

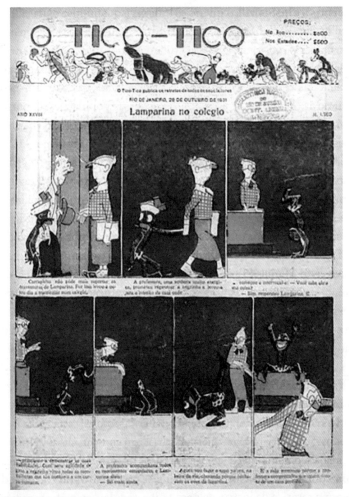

Figura 38 – A menina Lamparina

No contexto de difusão da escolarização como fator de inserção social, as crianças indígenas, de um modo geral, continuaram obtendo algum tipo de instrução por meio de missões religiosas; essa instrução era composta de doutrinação cristã e trabalho. Por sua vez, as crianças pobres engrossaram as fileiras do trabalho infantil e/ou da mendicância nas ruas, ou ainda foram enviadas para instituições. De acordo com Mariano Nagy, na política oficial "[...] visualizava-se o aborígene como o 'outro', que junto com os mestiços, os negros e os *gauchos* constituíam grupos que se afastavam do ideal cidadão esperado [...]" (Nagy, 2013, p.192). Essa perspectiva racista das elites governamentais, associada aos questionamentos quanto às condições de educabilidade dessas populações, explica a precariedade do funcionamento das escolas públicas e das instituições assistencialistas.

Desse modo, acertar em políticas educacionais que favorecessem a combinação entre ensino mínimo e controle dos lugares sociais das pessoas se tornou a principal meta das elites governantes ao longo do século XIX e início do século XX. Esse movimento pode ser plenamente observado na publicação de livros, periódicos especializados e artigos na imprensa, na mudança das legislações e na realização de congressos. Exemplificando, nos meses de abril e maio de 1882 um evento internacional convocado por Sarmiento e realizado em Buenos Aires reuniu 250 delegados de nações latino-americanas: tratava-se do Congreso Pedagójico, parte da Exposição Continental da Indústria (*El Monitor*, dez. 1881b, p.82). De acordo com Weinberg (1981), os debates demonstraram o entendimento da necessidade de difusão de uma educação primária ou popular, com função civilizadora e voltada para a formação de mão de obra, de um ensino secundário propedêutico e de um ensino superior para as elites.

Como um dos exemplos de desdobramento desse evento, temos, na própria Argentina, a sanção da Lei nº 1.420 de *la Educación Común*, de 1884, lei que não difere muito de outras: apesar de seguir a retórica da instrução para todos, regulamenta oferta escolar desigual. É o que podemos detectar nas seguintes prescrições:

> Artigo 5º – A obrigação escolar *supõe a existência* da *escola pública gratuita* ao alcance das crianças em idade escolar. [...]
> Artigo 7º – Nas escolas públicas, serão ensinadas todas as disciplinas que compreendem *o mínimo* de instrução obrigatória, *desenvolvendo-as apropriadamente de acordo com as necessidades do país e a capacidade dos edifícios*. [...]

Artigo 9º – O ensino primário será dividido em seis ou mais grupos graduais e será ministrado sem alteração de graus em escolas *Infantis, Elementares e Superiores,* dentro do mesmo estabelecimento ou separadamente. [...]
Artigo 11 – Além das escolas comuns mencionadas, as seguintes escolas especiais de ensino primário serão estabelecidas: [...] *Escolas ambulantes,* nos locais onde, por estar a população muito dispersa, não for possível estabelecer com vantagem escolas fixas".

(Argentina, 1884)

A necessidade de diferenciação escolar é bastante evidente na legislação, pois quanto mais se demandava escolarização, mais se evidenciava o "problema do outro". É o que podemos identificar na seguinte fala de Sarmiento:

[...] tem no nosso país, mais do que em qualquer outro, impedimentos dirimentes, como as distâncias de uma habitação a outra, e impedimentos impeditivos como a diferença de raças, na antiga colonização. Nenhum país moderno e civilizado se estabeleceu nessa base, que é a falta de bases [...]. A ignorância filha do deserto e o deserto, fração inalterável em grande área do território, ou o deserto povoado por índios ou seus descendentes nos campos, e em distâncias intangíveis para as ideias – tal é a questão da educação entre nós. (*El Monitor,* set. 1881a, p.7-8)

Essa afirmação se encontra no comentário do relatório do governador Plácido Bustamante sobre a situação das escolas na província de Jujuy, região localizada no noroeste argentino que faz fronteira com a Bolívia e o Chile. Matilde Moritán e Maria Beatriz Cruz (2011), ao investigar os povos originários (nove grupos étnicos) dessa região, demonstraram a continuidade da prática de doutrinação católica, iniciada na colonização pelos jesuítas, mesmo após sua expulsão e a independência. Entre 1856 e 1890, foram estabelecidas várias missões que serviram não somente à doutrinação, mas também à intermediação de empresários com indígenas para fins de recrutamento de força de trabalho. Além disso, devido ao desenvolvimento do capitalismo, ampliaram-se os conflitos envolvendo a ocupação de suas terras. De acordo com as autoras, "na Argentina, no final do século XIX, quando o país transformava seu caráter criollo-mestiço com a incorporação massiva de imigrantes de origem europeia, os aborígenes eram a imagem da barbárie e representavam um problema para a conformação do estado-nação" (ibidem, p.8).

Além da população originária, a região de Jujuy era habitada por chilenos, bolivianos, espanhóis, italianos, turcos, sírios, libaneses e franceses; em censos do final do século XVIII, há ainda registros de afrodescendentes moradores de San Salvador, capital da província. A supracitada fala de Sarmiento se deu no mesmo contexto da segunda *Campaña del Desierto* (1879-1884), voltada para efetivar a ocupação das regiões centro e sul, onde ocorreu extermínio físico das populações indígenas. A palavra "deserto", como já comentado, era aplicada como uma metáfora, devido ao fato de essas regiões serem habitadas de modo esparso e por populações indígenas. Assim, no entendimento de Sarmiento, não compensava pagar professores para aquelas localidades. Em relatório sobre a educação na região, Sarmiento registra:

> [...] aqui [Buenos Aires] transbordando população europeia, cultura rica, ali [Jujuy] nas entranhas desse mundo americano, chegando apenas fracos e escassos os caudais da civilização. Jujuy não fica apenas a quatrocentas léguas da costa atlântica, no interior, e separada do Pacífico pela cordilheira, mas *a massa da população se conserva mais cruelmente indígena do que a maioria das outras províncias*. (*El Monitor*, 1881a, p.5, grifo nosso)

Também no Chile a legislação acenou para uma oferta escolar desigual, como podemos verificar em duas leis básicas de ensino primário, decretadas nos anos de 1860 e 1920 (Harriet, 1960, p.564-5). A de 24 de novembro de 1860,[14] entre outras prescrições, instituiu a

---

14 https://www.archivonacional.gob.cl/616/w3-article-28319.html?_noredirect=1

criação de "duas classes" de escolas de instrução primária: elementares e superiores (artigo 3º). Ela prescreveu o currículo de ambas, com diferenciação significativa na oferta de conteúdos de estudo: nas escolas elementares deveriam ser ensinados leitura, escrita no idioma pátrio, doutrina moral e cristã, aritmética prática e sistema oficial de pesos e medidas; a escola primária superior, por sua vez, contava com seis matérias adicionais. A lei estipulou meramente uma escola elementar para cada dois mil habitantes, sendo que nas aldeias, com população esparsa, as escolas funcionariam apenas durante cinco meses do ano. Não há menção quanto à obrigatoriedade da frequência escolar, apenas liberdade de ensino para famílias e particulares.

Como em outras nações, no Chile crianças foram amplamente utilizadas como mão de obra. Sarmiento, no texto escrito para o concurso chileno, ao reforçar a obrigatoriedade escolar, deixou evidente o uso do trabalho infantil, mas não fez restrições ou críticas a isso, sugerindo apenas que os patrões deveriam dar a essas crianças a instrução primária.

> Qualquer proprietário de oficina que tenha morando em sua loja aprendizes menores de dez e [...] anos, e qualquer chefe de família que tenha criados desta idade, homens ou mulheres, que não saibam ler e escrever, serão obrigados a dar-lhes o ensino primário, sob pena de multa que será fixada pela municipalidade em cada cidade, e os menores de dez e [...] anos de idade serão admitidos nas escolas públicas, ou nos cursos noturnos que vierem a ser criados para este propósito [...]. (Sarmiento, 1856, p.73)

Anos mais tarde, em artigo publicado no periódico *La Ilustración*, de 1903, Sarmiento comemorava com orgulho a criação, na Argentina, da Sociedad de Vendedores y Repartidores de Periódicos, com o objetivo de melhorar a condição de seus associados por meio da oferta de alguma instrução ou aprendizagem de ofício e de proteção mútua. O autor também registrou sua manifestação entusiasmada de realizar o sonho de ver todas as crianças uniformizadas e com os jornais em uma grande bolsa de couro, de modo a atrair compradores.

Figura 39 – Grupo de jornaleiros

Figura 40 – Trabalho infantil: jornaleiros

Também o educador chileno Darío Salas (1881-1941)[15] não teve como escapar da temática do trabalho infantil. No início do século XX, ele se tornara uma referência nos debates relativos às reformas educacionais. Em conferência de 29 de julho de 1910 na Universidade do Chile intitulada "La educación primaria obligatoria", Salas apresentou os seguintes dados populacionais do Chile, obtidos no Censo de 1908: no total, 40% da população sabia ler, sendo que, no campo, onde vivia 57% da população, 29% sabia ler; em relação à população escolar, de 6 a 14 anos, 62,8% eram analfabetos (Salas, 1910, p.13). O autor, como muitos outros, moralizava o uso do trabalho infantil como responsabilidade e escolha das famílias, apesar da pobreza. Como solução, propôs a instituição de políticas de proteção à infância, mas alertou que não estava sugerindo medidas socialistas, embora entendesse que mais valia um socialista educado que um ignorante (ibidem, p.25).

Fundamentado em autores americanos, entre eles Dewey, Salas afirmava a importância da obrigatoriedade escolar, embora não negasse a realidade do uso do trabalho infantil; ao mesmo tempo, num contexto em que aumentava a delinquência infantil, ainda que tenha sido instituída a obrigatoriedade escolar, Salas negava esse crescimento. A explicação foi pedagógica: esse "aumento" se devia ao fato de a população estar mais educada e com melhor condição de identificar atos imorais e ilegais. Contudo, constatou que eram exíguos as escolas públicas e os professores, que havia pouco interesse das autoridades no ensino público e que os pais, por "ignorância", sacrificavam "o futuro de seus filhos em troca de uma pequena ajuda imediata que eles podem fornecer por meio de seu trabalho" (ibidem, p.12-3).

Já a Lei nº 3.654, de 26 de agosto de 1920,[16] introduziu a frequência obrigatória à escola primária e contemplou a situação do trabalho infantil. De acordo com essa lei, os responsáveis que não enviassem as crianças à escola seriam penalizados com admoestação, multa e prisão. A indigência não dispensava a obrigatoriedade,

---

15 http://www.memoriachilena.gob.cl/602/w3-article-94704.html
16 https://www.bcn.cl/leychile/navegar?idNorma=24146

e foi proibido o emprego de menores de 16 anos caso não tivessem frequentado alguma escola. Por outro lado, a lei manteve a oferta desigual: três níveis de ensino primário geral e um quarto nível de ensino vocacional, sendo que, conforme o artigo 16, "as ciências naturais e físicas serão ministradas de acordo com as necessidades econômicas da região ou dos estabelecimentos que nela atuam, de forma que o aluno possa verificar na prática as aulas do professor e se servir delas". O artigo 30 determinou a criação da "escola suplementar", correspondente a dois níveis da escola primária, com possibilidade de aprendizagem de um ofício manual, de acordo com as necessidades econômicas do país. No campo, haveria "escolas temporais", com frequência organizada em quatro temporadas, num contexto em que o Chile tinha a maioria de sua população localizada no meio rural.

Em relação aos povos indígenas, em geral, sua educação continuou como investimento de ordens religiosas; na região de Araucanía, houve inclusive iniciativas de criação de internatos como estratégia para integrar o povo mapuche. Esse foi o caso da fundação de um internato, na capital Temuco, pelas Hermanas de la Divina Providencia, com fomento do Estado. A Lei de 30 de agosto de 1900, aprovada pelo Congresso Nacional, estipulou o auxílio nos seguintes termos: "Artigo único. Concede-se ao Asilo de Indígenas das Monjas da Providência de Temuco um auxílio extraordinário de trinta mil pesos para terminar a construção do edifício que possui na referida cidade" (Anguita, 1912, p.501).

De acordo com os estudos de Juan Mansilla Sepúlveda et al., em 1901 essa instituição contava com 244 indígenas na casa, sendo 82 meninos de 6 a 12 anos e 162 meninas de 6 a 15 anos (Sepúlveda et al., 2016, p.216). Além de se ocuparem com as aulas de ler e escrever em castelhano, de geografia e história do Chile e de doutrina católica, as crianças deveriam aprender ofícios mecânicos, trabalhos manuais e trabalho em horta. Em documento de 1901, citado pelos autores, as religiosas relatam ao Protetor de Indígenas que, inicialmente, as famílias resistiram em deixar seus filhos no internato, então elas iam nas aldeias buscá-los, mas, após verem os resultados, os pais passaram a trazer seus filhos voluntariamente, fato bastante questionável. É o que se verifica num trecho do mesmo documento, que relata que as crianças eram retiradas do internato pelos pais antes do tempo previsto, bem como que os tais resultados pedagógicos positivos satisfaziam apenas as elites governantes e as classes abastadas, pelo fato de a instituição, entre outras tarefas, possibilitar a organização das famílias indígenas aos moldes nacionais e principalmente preparar as crianças indígenas para trabalhos domésticos em casa de famílias brancas opulentas.

> [...] Muitas das crianças que chegaram nos primeiros tempos *já pertencem a uma família arranjada de acordo com as leis e religião do país*, outras são sustentados pelo trabalho de suas mãos e *algumas foram servir em casas respeitáveis*; o que não se consegue totalmente com os índios é que eles deixem seus filhos mais de um ou dois anos na escola, pois *os tiram antes de terminarem seus estudos*. (apud ibidem, p.216)

No Uruguai, entre os vários projetos de lei educacional, destaco aqui o de Joaquín Requena, de 3 de abril de 1838, o primeiro na sistematização da educação pública desse país, e peculiar em alguns artigos, ao estipular explicitamente a criação de escola pública com segregação racial. O artigo 5 ordenava que haveria escolas em localidades onde houvesse "40 meninas de cor livres ou libertas" (apud Segarra; Palomeque, 2009, p.79); o artigo 14 prescrevia: "Nas escolas livres ou libertas serão ensinados a ler e escrever, doutrina, costura, engomar e todos os tipos de agricultura doméstica" (ibidem). Ressalta-se que, provavelmente, essa prescrição estava relacionada à Lei do Ventre Livre, conforme a Constituição de 1830, levando-se em consideração também o tipo de aprendizagem proposto, visivelmente orientado para o trabalho como empregadas domésticas: passar roupa, costurar, roçar. Já nas escolas das meninas que "não eram de cor", o conteúdo era diferenciado, conforme registra o artigo 13: ler, escrever, gramática castelhana, doutrina, as quatro primeiras regras de aritmética, cortar e costurar roupas.

Contudo, a reforma educacional uruguaia tida como a mais completa nesse contexto foi a encetada por José Pedro Varela, a Ley General de Educación Común, de 28 de junho de 1876. Na sua argumentação inicial, Varela explicitou claramente que os problemas econômicos e sociais não tinham origem em maus governos, sendo de fundo racial, e comparou, de um lado, a instabilidade política e econômica de França, Espanha e América do Sul e, de outro, os progressos de Inglaterra, Estados Unidos e Alemanha. No seu entendimento, somente a escola, a aprendizagem da leitura e o acesso à informação poderiam educar os infortúnios das raças, como pode ser observado nesses últimos países, que foram salvos de suas crises políticas e financeiras pela instrução do povo (Varela, 1964b, p.165). Ressalta-se que o autor teceu críticas à população uruguaia de modo generalizado: no caso das classes médias e abastadas, o problema delas era a herança dos vícios educacionais; já no caso dos pobres, a total ignorância.

Para se referir à população nativa, Varela usou a palavra *paisano*, que é "[...] não apenas o pobre habitante de nossos campos, mas também o filho do campo que é um peão nas cidades" (ibidem, p.80), e desqualificou reiteradamente seus costumes e hábitos de trabalho, pois, de acordo com ele, o *paisano* não produz e não consome, trabalha pouco, e suas necessidades se reduzem a "[...] comida, o poncho, o recado, os vícios" (ibidem, p.72-3). Segundo o autor, esses hábitos eram frutos da ignorância, que, por sua vez, levava à falta de moralidade. Portanto, para aumentar a capacidade produtora e consumidora do país e superar a crise política, dever-se-ia difundir a instrução, ou seja, "[...] para destruir *a ignorância dos campos* e o extravio das classes ilustradas, o meio mais eficaz, ainda que não único, será a escola pública, a escola comum, ao alcance de todos a qual todos frequentem" (ibidem, p.167, grifo nosso).

Como a maioria dos políticos reformadores, propunha escola para todos, sem distinção de classe, gênero ou raça, pois "o grande nivelador de nosso tempo não são as declarações dos direitos humanos, nem as divagações socialistas, nem a barbárie civilizada da comuna: é a instrução" (ibidem, p.173). Não obstante, também sugeriu o acesso diferenciado ao conhecimento, uma vez que somente a escola primária de primeiro grau seria para todos; afirmou que os outros níveis da educação contariam com acesso seletivo (a escola de gramática e a escola primária superior), além de ressaltar que o ensino secundário jamais seria popular: "[...] será chamado sempre de ensino secundário aquela instrução que nem todos possuam" (ibidem, p.216).

Por sua vez, no Paraguai, após a independência, de acordo com Martín Almada (2012), houve um franco desenvolvimento na educação até o acontecimento da Guerra do Paraguai (1864-1870); nesse contexto, quase toda a população, incluindo a indígena, era alfabetizada e bilíngue (espanhol e guarani), devido às reformas empreendidas no governo de José Gaspar Rodríguez de Francia (1814-1840). Outro autor, Ignacio Telesca (2015), observou que, no governo seguinte, de Carlos Antonio López (1844-1862), alguns aldeamentos foram suprimidos, e os indígenas se transformaram em cidadãos, sendo sujeitados a compor o exército. Nesse período, apesar da continuidade da escravização de pessoas (a abolição aconteceu em 1870), também houve investimentos na educação com participação da Igreja, como atesta o relato do periodista irlandês Michael Mulhall, de 1863, sobre a localidade de Villa Oliva:

> [...] o local é uma simples aldeia, a população do distrito não passava de 8.000 almas. Tinha, no entanto, uma igreja chamada de Rosário, e escolas públicas, porque a *religião e a instrução são melhor atendidas aqui do que na maioria dos países*, e é quase impossível encontrar um paraguaio que não saiba ler e escrever e explicar a Doutrina Cristã. (apud ibidem, p.331)

Com a destruição do país na guerra, a reorganização da educação se fez sob total submissão à Argentina, que inclusive proibiu o guarani nas escolas; todos os planos de ensino foram adaptados ou copiados dos programas argentinos (Almada, 2012). Ainda assim, de acordo com relatos registrados na Revista Escolar, órgão do Conselho Nacional de Educação, no início do século faltavam escolas, e as que existiam eram de total precariedade e improviso. A demanda pela oferta escolar desigual evidentemente esteve presente; assim se pronunciou um conselheiro: "Precisamos estabelecer, como em outras nações previsoras, escolas de Artes e Ofícios, escolas de Ofícios para criadas – tão necessárias entre nós – e acrescentar a cada escola uma pequena oficina para que as crianças possam desenvolver habilidades e adquirir hábitos de trabalho" (*Revista Escolar*, 1901, n.4, p.196).

Em relação às reformas educacionais no Peru, foi criado, sob o governo do presidente Ramón Castilla, o Reglamento General de Instrucción Pública de 14 de junho de 1850, tido como o primeiro código educacional nacional. Daniel Luján (2012) discutiu as principais disposições desse regulamento, que incluíam escola pública e gratuita, exigência de aprovação em exames para ingresso no serviço público, organização do ensino em três graus (escolas; colégios menores; universidades e colégios maiores) e obrigatoriedade do ensino de educação moral e religiosa. As escolas foram organizadas em dois níveis – escola primária de segunda e de primeira ordem – e em ambas se ensinava a ler e escrever, mas nas escolas nomeadas como de primeira ordem se ensinavam conteúdos mais aprofundados (Luján, 2012, p.283).

De acordo com Luján, em 1855 outro regulamento, vigente até 1876, manteve a hierarquia escolar, embora com novas nomenclaturas; ressalto o primeiro nível, denominado instrução popular, que agrupava escola normal, escola de primeiras letras, escolas de artes e ofícios e escolas de infância para crianças pobres de 3 a 6 anos. Esse regulamento instituiu a gratuidade para os pobres e a obrigatoriedade escolar a ser cumprida pelas famílias, mas também pelos tutores e patrões, para seus empregados menores de 14 anos (ibidem, p.286). De acordo com G. Antonio Espinoza (2011), entre 1850 e 1876 o governo central proporcionou subsídios regulares aos municípios, mas a verba era administrada pelos políticos locais, favorecendo as redes clientelísticas de poder. Espinoza destacou, por exemplo, que os conselhos municipais poderiam, inclusive, suspender o acesso gratuito de todas as crianças às escolas, instituindo algumas bolsas de estudos com vagas limitadas a critério dos políticos. Em sua pesquisa documental, o autor demonstrou como os poderes locais foram usados para excluir alunos do "benefício" das bolsas de estudos, devido ao preconceito racial, e reportou o seguinte fato:

> No final de 1860, a primeira escola municipal de mulheres recusou-se a admitir as órfãs María e Manuela Romero. O administrador municipal Valentín Moreyra reclamou em nome delas, cujos pais aparentemente conhecia. Moreyra argumentou que *as irmãs não foram admitidas na escola porque eram "mulatinhas" e, portanto, não eram consideradas decentes*. O administrador afirmou que embora a mãe dos Romero tivesse *sangue africano*, o pai tinha sido um "cavalheiro de classe". Moreyra acrescentou que a exclusão das Romero infringia o princípio democrático da igualdade legal. Apesar da intervenção de Moreyra, o prefeito concedeu uma das duas bolsas em disputa a outra menor, apoiada por outro regedor municipal diferente. (ibidem, p.98-9, grifos nossos)

Outra característica da educação no Peru nesse contexto foi que a variedade das normas de financiamento da escola, associada à descentralização administrativa, promoveu uma escolarização totalmente irregular no país, com escolas precárias, professores sem receber pagamentos e fechamento de escolas (nesse caso, como na maioria dos outros países). Para conter esse processo, o código de instrução primária de 1874, do governo de Manuel Pardo (1872-1876), estabeleceu cobrança de imposto para manutenção das escolas, chamado de "contribuição escolar", gerando conflitos com as populações locais (ibidem, p.103). Além disso, a crise gerada com a Guerra do Pacífico (1879-1883) intensificou cada vez mais a descentralização financeira e administrativa da instrução.

Além dessas políticas, Manuel Pardo, durante seu governo, propôs um projeto civilizador para os indígenas com o objetivo de os transformar em trabalhadores da nação, eliminando as heranças que os ligavam a sua ancestralidade. Brooke Larson afirmou que Pardo abriu uma escola de ofícios para os indígenas na cidade de Ayacucho, para a formação de carpinteiros, ferreiros e pedreiros, além de estabelecer políticas de erradicação das línguas e costumes das comunidades quéchuas e aimarás. Contudo, seu plano não se manteve, e de acordo com Larson o único feito efetivo foi a edição de mil cópias de um dicionário castelhano-quéchua a ser distribuído entre os indígenas (Larson, 2002, p.112).

No início do século XX, no primeiro governo de José Simón Pardo y Barreda (1904-1908), outra reforma, a Lei 162, de 30 de novembro de 1905,[17] instituiu no Peru a centralização administrativa e financeira da educação pública pelo poder executivo (artigo 3º). A lei reafirmou a instrução pública e gratuita para meninos e meninas, com fornecimento de materiais escolares e livros, obrigatoriedade escolar e multa para quem não a cumprisse, além de oferta escolar desigual. Por exemplo, o artigo 4º previa ao menos uma escola elementar mista nas aldeias, fazendas e minas, em locais com mais de 200 habitantes. Já nos lugares de maior população, seria estabelecido um centro escolar para duzentas crianças, com um professor/diretor da escola e os preceptores auxiliares necessários. O artigo 19 indicava a criação de escolas indígenas, sendo que no inciso 3º estava prescrito que o regente de uma escola indígena deveria "possuir a língua quíchua ou aimará [...] dependendo do caso".

Ainda em relação ao Peru, é fundamental destacar os debates difundidos por José Carlos Mariátegui na década de 1920. Entre suas significativas contribuições constam a introdução da problematização dos conflitos raciais nas pautas das revoluções sociais, a necessidade da escuta das demandas dos povos indígenas, e as denúncias do eurocentrismo na organização da educação peruana. Essas temáticas foram publicadas na revista *Amauta*, periódico fundado por ele. O artigo "El proceso de la instrucción pública en el Perú" se inicia com uma denúncia da presença dos estrangeirismos:

---

17 https://leyes.congreso.gob.pe/Documentos/Leyes/00162.pdf

A educação nacional, portanto, não tem o espírito nacional: *em vez disso tem um espírito colonial e colonizador*. Quando em seus programas de instrução pública um Estado se refere aos índios, não se refere a eles como peruanos iguais a todos os outros. *Os considera uma raça inferior*. A República não se diferencia nesta área do Vice-Reino. (*Amauta*, n.14, 1928, p.6, grifos nossos)

Na continuidade do artigo, publicada na edição seguinte da revista, Mariátegui ampliou as críticas quanto à importação de modelos franceses e americanos, além de denunciar o caráter hierárquico e elitista das reformas educacionais, especificamente a de 1920. O autor alertou que essa era mais uma reforma que tornava desiguais as trajetórias escolares, desde a escola primária, com prejuízos para os filhos das classes pobres e trabalhadoras, como temos mostrado aqui. Além do mais, ele criticava o limite da gratuidade escolar apenas à escola comum.

No caso da Bolívia, a organização da instrução pública foi pensada inicialmente pelo presidente Simón Bolívar (apesar de ter permanecido pouco tempo no governo, de 12 de agosto a 29 de dezembro de 1825), juntamente com seu mestre, Simón Rodríguez (que assumiu o recém-criado cargo de Diretor Geral de Instrução Pública) e teve como principal objetivo fazer da escola uma instituição republicana. Rodríguez elaborou um plano de ensino, com instruções para a criação de escolas de primeiras letras, colégios e escolas de artes e ofícios; contudo, o projeto não vingou, devido a várias questões, entre elas a saída de Rodríguez do país (Panozo, 2014).

É importante destacar que, após a independência, a Bolívia se envolveu em várias guerras por disputas territoriais com Peru e Argentina, incluindo a grande derrota na Guerra do Pacífico, além de apresentar intensa instabilidade política e sucessivas crises econômicas. Algumas reformas educacionais se fizeram, porém muito precariamente. Ao final do século XIX, contavam-se poucas escolas e havia escassez de professores e de livros; no ano de 1900, em toda a república havia 84 escolas de primeiras letras e 7 colégios secundários (ibidem, p.41-4), sendo que apenas 17% da população total era alfabetizada (Contreras, 2001).

Um decreto de 15 de janeiro de 1874[18] estabeleceu a organização da instrução pública em três graus, como consta no artigo 1, sendo que a "instrução popular" se dividia em três níveis, infantil (*asilos*); elementar (*escuelas*) e superior, com distinção na distribuição dos conteúdos. De acordo com a Constituição de 15 de fevereiro de 1878, artigo 126, inciso 3, era atribuição municipal "criar estabelecimentos de ensino primário e dirigi-los, administrar seus fundos, emitir seus regulamentos, nomear preceptores e fixar seus salários. Nos estabelecimentos do estado terão direito apenas à fiscalização e vigilância" (Bolívia, 1878). Isso significou dispersão e desigualdade na criação de escolas de acordo com a arrecadação. Ainda assim, a legislação educacional de 1882 reafirmou a responsabilidade dos municípios na criação e manutenção de escolas primárias. Segundo Mauricio Pol Panozo (2014):

> Daí que a população que poderia ser formada nessas escolas era um pequeno grupo de pessoas provenientes de poucas famílias. É necessário destacar que o acesso das populações indígenas a essas escolas era restrito. *Basicamente, apenas as frequentavam as famílias do segmento* criollo *e um ainda limitado segmento de mestiços. Essas esferas escolares eram praticamente inatingíveis para a população indígena.* Se isso acontecia no ensino primário, a restrição era ainda maior para o ensino secundário. Apenas os filhos de famílias criollas abastadas tinham acesso à educação secundária. No que diz respeito à formação universitária, os mais ricos iam estudar na Europa e os restantes estudavam em Sucre. (Panozo, 2014, p.44-5)

Confirmando a divisão racial do ensino, em 1896 a *Revista de Instrucción Pública de Bolivia*, em extenso artigo, recomendou o ensino agrícola aos indígenas associado à doutrina religiosa, em

---

18 https://www.derechoteca.com/gacetabolivia/decreto-supremo-15-01-1874-del-15-enero-1874/

escolas paroquiais. De acordo com o autor, o editor Julio Reyes, somente a luz do cristianismo e a pregação do sacerdote, por meio da palavra divina, poderiam dobrar a ignorância do rude aimará e do doce *quíchua* (ano 1, n.7, tomo II, 1896, p.1-2). Uma nova catequese se apresentava no contexto, a catequese religiosa-patriótica:

> Estabelecer Escolas Paroquiais; dedicar *o sermão de domingo e a conversa do confessionário para dissipar as prevenções que o índio abriga contra o progresso*; ensiná-lo a praticar tanto o útil quanto o agradável e substituir o estreito egoísmo da terrinha *pelo sagrado sentimento de amor à Pátria* e as superstições de sua fé religiosa ascendida pelas puras doutrinas evangélicas – é a obra de patriotismo e religião, de caridade cristã e amor humanitário que *vai exaltar os missionários modernos* que, assim, cumpram sua sagrada vocação, que sejam doces mensagens de paz e harmonia e que se tornem apóstolos da fé e do progresso. (ibidem, p.2-3, grifos nossos)

Ao defender a implantação de Institutos Agrícolas de Indígenas, Reyes descreveu o modelo adotado na Guatemala em seus mínimos detalhes e retomou a associação entre doutrina católica e ensino agrícola.

> Falta para o nosso índio a base da escola rural, da escola rudimentar, da escola da cartilha, do silabário, do catecismo; em uma palavra, a Escola Paroquial. Padres bolivianos nobres e patrióticos: erguê-la junto ao templo, com o amor de Cristo pelas crianças e os ignorantes. (ibidem, p.7)

A criação de escolas indígenas na Bolívia também esteve presente no governo liberal de José Manuel Pando (1899-1904), quando a lei de 6 de fevereiro de 1900 decretou, no artigo 1º, que seriam criadas escolas provinciais indígenas, obrigatórias e gratuitas nos povoados de Umala, Caquiaviri, Inquisivi, Achacachi e Huiacho, do departamento de La Paz. Essas escolas teriam o formato de internato, com lições de castelhano, leitura, escrita e as quatro operações, para meninos de 8 a 12 anos; também implantou no Colégio salesiano Don Bosco o colégio superior de indígenas de artes e ofícios. Já Misael Saracho, ministro da instrução entre 1904 e 1908, empreendeu uma série de mudanças educacionais na Bolívia; em viagem aos Estados Unidos, tomou conhecimento do tipo de ensino para indígenas praticado nesse país e criou as escolas ambulantes. Mauricio Panozo (2014) explicou que, nesse tipo de escola, o professor deveria se revezar entre duas comunidades, distantes de 5 a 6 km, alternando a assistência a cada 15 dias, ensinando a ler e escrever em espanhol, as quatro operações aritméticas e a doutrina cristã.

Outras medidas consolidaram a desigualdade escolar na Bolívia. Em relatório de 6 de agosto de 1905, o ministro Saracho, além de comentar sobre o funcionamento das aulas ambulantes, informava sobre o decreto de 11 de fevereiro de 1905, que implementou a instrução primária de modo diferenciado: escolas completas em todas as capitais de departamentos, escolas elementares nas capitais de província e escolas rurais no campo (apud Bolívia, 2015, p.96).

Entre as nações aqui estudadas, a Colômbia se diferenciou, no que concerne às reformas educacionais implementadas, principalmente por alianças com a Igreja Católica. Tal prática esteve presente, por exemplo, no Decreto Adicional al Plan de Estudios del 13 de junho de 1830, que reincorporou a Igreja à execução do plano de ensino (Cárdenas-Herrera, 2019, p.86), e na dissolução da Grã-Colômbia (separação da Colômbia da Venezuela e do Equador); outras normativas mantiveram a mesma prática política. Essa situação foi interrompida no governo liberal de Tomás Cipriano de Mosquera (1861-1864), com a promulgação do Decreto Orgánico de Instrucción Pública de 1870. Entre as principais mudanças introduzidas pelo político, destacamos a centralidade federal na administração da escola primária, porém com reponsabilidade financeira dos distritos, e principalmente a introdução da educação laica. Mas, como não poderia deixar de ser, também se repetia a oferta desigual: a escola primária foi hierarquizada em elementar e superior, além da separação por gênero, com diferenças consideráveis no conteúdo. De acordo com o artigo 38,

> o ensino nas escolas primárias elementares abrange as seguintes disciplinas: leitura, escrita, aritmética, o sistema legal de pesos e medidas, elementos da língua castelhana, exercícios de composição e declamação e noções gerais de higiene e de geografia e história pátria. Além disso, haverá aula de canto em cada escola. (Colômbia, 1870)

O artigo 257 previa escola rural, desde que houvesse no local mais de 20 crianças aptas a frequentarem-na, com as seguintes condições/limitações:

> Essas escolas serão permanentes, periódicas ou ambulantes, conforme exigido pelas necessidades da população, *os recursos dos Estados*, ou as circunstâncias locais. O ensino nessas escolas *abordará apenas os pontos mais importantes do programa das escolas primárias elementares.* (ibidem)

O decreto também prescreveu horário escolar flexibilizado para crianças que trabalhavam, de acordo com o artigo 90: "[...] as crianças de famílias notoriamente pobres disponham, diária ou semanalmente, de um certo número de horas para o trabalho doméstico, agrícola ou industrial" (ibidem). Como nas legislações de outros países, havia uma nítida naturalização do trabalho infantil. Ademais, conforme o artigo 102, seriam isentas de frequentar a escola aquelas crianças que residiam a mais de 3 quilômetros; já "[...] as crianças [que] não têm as roupas necessárias para ir à escola" (ibidem), chamadas de crianças indigentes, poderiam receber doações de pessoas voluntárias.

As diretrizes gerais do ensino, de cunho liberal, introduzidas por Mosquera foram modificadas no governo conservador e ultramontano de Rafael Núñez (1884-1894), por meio da edição da Lei nº 89, de 13 de dezembro de 1892, e do Decreto 349, de 31 de dezembro de 1892. O governo de Núñez se fez sustentado na nova Constituição de 1886,[19] que se pautou pelo autoritarismo e retomada da aliança com a Igreja Católica, concedendo aos eclesiásticos total controle da educação pública (Arévalo; Diaz, 2012). A Constituição de 1886 instituiu a religião católica apostólica romana como religião da nação (artigo 38) e penalidades para aqueles que exercessem cultos contrários à moral cristã (artigo 40). Além disso, conforme disposto no artigo 41, "a educação pública será organizada e dirigida de acordo com a Religião Católica. A instrução primária paga com fundos públicos será gratuita e não obrigatória". Uma concordata celebrada com o Papa Leãn XIII de 31 de dezembro de 1887 ratificou os poderes da Igreja Católica, instituindo amplos privilégios aos seus membros. Segundo Roberto Pineda Camacho (2016), por meio da concordata de 1887 e convênios com missões religiosas estabelecidos nos anos de 1903 e 1928, organizou-se na Colômbia uma rede de missões, de longa duração, administradas por diferentes ordens religiosas.

O Decreto nº 349 (de 31 de dezembro de 1892) desenvolveu de modo mais detalhado as diretrizes da Lei nº 89 (de 13 de dezembro de 1892), que normatizou a instrução pública. A seção 1ª, artigo 2º, descreveu a instrução primária como aquela oferecida nas escolas públicas dos distritos e nas escolas rurais, sob responsabilidade administrativa e financeira dos departamentos, sem mais detalhes. O artigo 80, capítulo XIV, tratou das escolas de artes e ofícios, especificamente do Instituto de Artesãos, para dar "[...] os ensinamentos que até hoje têm sido dados aos jovens filhos de artesãos que queiram frequentar em algumas horas do dia" (*Revista de la Instrucción Pública de Colombia*, 1893a, p.7-8, 80).

O Decreto nº 429, de 3 de julho de 1893, regulamentou a organização das escolas primárias, com oferta em três "seções, classes ou cursos", conforme o artigo 1º – seção elementar (alunos de 6 a 9 anos), seção média (alunos de 9 a 12 anos) e seção superior (alunos de 12 a 15 anos) –, com duração média de três anos cada, a depender

---

[19] https://www.funcionpublica.gov.co/eva/gestornormativo/norma.php?i=7153

das condições físicas e sociais de cada localidade. Essa divisão por idade nos leva a inferir que, no caso de famílias pobres, que não tinham como dispor do tempo de trabalho de seus filhos, as crianças frequentavam apenas os cursos elementares. Não havia nenhum dispositivo no decreto quanto à obrigatoriedade da frequência escolar; ele apenas orientou para a importância da frequência regular, necessária ao bom proveito das aulas (*Revista de la Instruccion Publica de Colombia*, tomo II, 1893, p.3).

Apesar da significativa presença de negros na Colômbia, não encontramos menção a sua existência nos periódicos e/ou relatórios educacionais. Também o livro didático a que tive acesso, *Historia de Colombia para enseñanza secundaria*,[20] de Jesús María Henao e Gerardo Arrubla, de 1910, não traz notícia alguma sobre africanos e/ou economia escravocrata. Contudo, identificamos no periódico infantil *Pinocho*, editado entre 1925 e 1931, ilustrações e histórias com representação caricaturizada do personagem negro Currinche. Embora a revista tenha sido editada em Barcelona, é possível ter acesso à coleção completa no acervo do Centro Virtual de Memoria en Educación y Pedagogía, da Colômbia. Inferimos que esse seja um sinal de que a revista circulou pelo país latino-americano. Na história, Currinche foi confundido com um macaco.

Figura 41 – O menino Currinche

---

20 http://www.idep.edu.co/wp_centrovirtual/

Na Venezuela, a trajetória de instalação de escolas no pós-independência fez parte das reformas bolivarianas, como na Colômbia e no Equador. Com a dissolução da Grã-Colômbia, foi editado, em 1843, o primeiro Código de Instrucción Pública;[21] nele, das 14 leis, 10 versam sobre as universidades, e, em relação às escolas primárias, ele trazia apenas o registro da sua finalidade para o ensino das primeiras letras, sob a responsabilidade das províncias. De acordo com Luis Bonilla-Molina (2004), Yanixa Hidalgo (2011) e Karin Acosta (2018), a situação das escolas primárias venezuelanas, como nas outras nações, era de total precariedade, e as políticas educacionais se dirigiram mais para o ensino secundário e para a universidade. A estrutura desse código se manteve até 1897, quando se editou o segundo Código de Instrucción Pública.

Entre um código e outro, o presidente liberal Guzmán Blanco (1870-1877;1879-1884; 1886-1887) ditou o decreto de 27 de junho de 1870,[22] o qual determinava que a educação ficava sob a responsabilidade da União e previa dois tipos de escola primária: a obrigatória e o ensino livre. A primeira era gratuita e garantia o ensino primário elementar, ou seja, conforme o artigo 2º, "por ora, inclui os princípios gerais da moral, a leitura e a escrita do idioma pátrio, a aritmética prática, o sistema métrico e o compêndio da Constituição Federal" (Venezuela, 1870). O decreto também previu duas modalidades de funcionamento, conforme o artigo 20: "As escolas primárias para meninos ou meninas serão *fixas ou ambulantes*: as primeiras serão estabelecidas nas cidades, vilas ou povoados, e as segundas nos casarios e nos campos" (ibidem). O segundo nível, de ensino livre, não tinha garantia de gratuidade, nos termos do artigo 3º: "[...] abrange todos os demais conhecimentos que os venezuelanos desejem adquirir nos diversos ramos do saber humano. Esse tipo de instrução será oferecido gratuitamente pelo poder público *na medida do possível*" (ibidem).

---

21 http://acienpol.msinfo.info/bases/biblo/texto/LEYESYDECRETOS/2/1841_1850_173-207.pdf
22 http://www.efemeridesvenezolanas.com

No final do século XIX, destacaram-se dois acontecimentos importantes na Venezuela: a realização, em 1895, do Primer Congreso Pedagógico Venezolano e a edição do segundo Código de Instrucción Pública, em 1897. Iniciado em 28 de outubro de 1895, sob a direção do reitor da Universidad Central, Rafael Villavicencio, o congresso se estendeu por mais de setenta dias (Labrador, 1997, p.162), com debates acirrados, inclusive sobre a questão do ensino laico, com forte oposição do grupo católico. Desse congresso surgiu o projeto do novo Código de Instrução.

Promulgado em 3 de junho de 1897, o código estabeleceu a educação pública e privada, sendo a primeira destinada a todos os níveis de ensino e sustentada por rendas da nação, estado e/ou municípios. Especificamente sobre as escolas primárias, determinou a organização em três níveis – infantil, escola primária de primeiro grau (mínimo de 20 alunos) e escola primária de segundo grau (mínimo de 35 alunos) –, com diferenciações significativas de conteúdo. Observa-se que o ensino religioso não era obrigatório. O artigo 23 prescreveu a escola de primeiro grau também para quartéis e prisões, e o artigo 25, para o meio rural, na modalidade fixa ou ambulante, de acordo com os meios disponíveis. De acordo com essa lei, a obrigatoriedade era relativizada, sendo dispensada caso não houvesse escolas a menos de um quilômetro da residência. O título IV, artigo 55, discorreu sobre a Escola de Indígenas, a ser criada na capital, sob regime de internato, para 50 alunos, onde se ensinariam as mesmas matérias da instrução primária da escola regular; entretanto, após terminar o curso, os alunos deveriam cumprir os trabalhos que lhes fossem atribuídos pelo poder executivo (artigo 63).

Já no governo seguinte, do presidente Cipriano Castro, foi sancionado o Código de 18 de abril de 1904, com diferenças básicas: ele não fazia referência à Escola de Indígenas, ampliou o leque de ofertas de ensino profissionalizante e sistematizou melhor a origem do financiamento, podendo haver escolas federais, estaduais, municipais e privadas. Embora tenha concedido autonomia para organização administrativa, determinou que a definição de textos, métodos e sistemas de ensino seria da alçada do governo federal; o ensino religioso continuou não sendo obrigatório.

A oferta escolar desigual esteve explícita em vários artigos. As escolas primárias ou *escuelas de ler* se dividiam em 1º e 2º graus; a escola de primeiro grau compreendia somente o aprendizado de leitura, escrita, as quatro operações aritméticas, história pátria, princípios morais e Constituição nacional; já a escola primária de segundo grau oferecia vários outros conteúdos, tais como: sistema métrico, geografia local e universal, gramática castelhana, higiene, urbanidade e ginástica. Como no Código de 1897 e conforme o artigo 22, as escolas de primeiro grau poderiam ser fixas ou ambulantes e deveriam ser instaladas em povoados ou no campo, de acordo com os meios disponíveis. Quanto à obrigatoriedade de frequentar a escola, a regra era a mesma: morar a uma distância de até um quilômetro da escola. O número de alunos necessários para o funcionamento das escolas mudou significativamente: no caso das escolas de primeiro grau, o mínimo era de 10 alunos, e, para as de segundo grau, 25 (artigo 28).

Havia ainda a oferta de escolas de artes e ofícios, de comércio, agronomia etc. Para ingresso nas escolas de artes e ofícios, foi exigido o término da escola primária de primeiro grau. Os cursos durariam três anos e, entre estudos teóricos e práticos, deveriam preparar para os seguintes ofícios: pedreiro, ferreiro, carpinteiro, alfaiate e sapateiro (artigo 195). É importante observar que, de acordo com o artigo 202, durante a aprendizagem prática os alunos eram obrigados a executar serviços para o governo ou para particulares, neste caso com autorização da escola, o que naturalizava e legalizava a exploração do trabalho infantil. Já para o ingresso nas Escolas de Comércio, a exigência seria maior, sendo necessário fazer um curso preparatório nos Colégios Nacionais (artigo 208).

Entre os cursos profissionalizantes, o mais desigual, do ponto de vista social, foi o de agronomia, característica também presente em outros países, pois esse curso se vinculava diretamente às tradições agrícolas. Sua oferta era claramente diferenciada, de acordo com a origem sociorracial dos alunos: o curso superior, voltado para as elites, era ministrado no Instituto Agronômico, e nos cursos primários ou Escolas de Agricultura Prática, segundo o artigo 211 "[...] a instrução tem como base o exercício dos alunos nos trabalhos campestres e nas indústrias rurais, e um curso conveniente de aulas teórico-práticas, que terá a duração de quatro anos" (Venezuela, 1904). Também aqui o uso do trabalho infantil foi rotineiro.

No Equador, seguindo os estudos de Rosemarie Terán Najas (2015), é possível identificar três momentos políticos distintos na implantação das reformas educacionais: o primeiro, até meados do século XIX, com antagonismos do governo conservador de José Flores (1830-1834; 1839-1845) e dos governos liberais de Vicente Rocafuerte (1834-1839) e José María Urbina y Viteri (1851-1856); o segundo, no governo de Gabriel García Moreno (1860-1865; 1869-1875), que fez aliança com a Igreja Católica; e o terceiro, que se organizou após a revolução liberal de 1895, com destaque para o governo de Eloy Alfaro (1895-1901; 1906-1911), em que se implantou o laicismo.

No início do período republicano, a primeira legislação da área de educação, o decreto orgânico do ensino público de 20 de fevereiro de 1836, criou a Direção Geral de Instrução Pública, que, no entanto, tratou basicamente do ensino superior e da Universidade de Quito. Já o decreto de 9 de agosto de 1838[23] regulamentou a instrução primária, estabelecendo (no artigo 94) como diretriz básica formar nos alunos hábitos que deveriam torná-los "[...] bons cristãos e cidadãos úteis para seu país" (Equador, 1838). A desigualdade na oferta se deu nos seguintes termos

> Art. 66. A instrução necessária para todos os cidadãos será ministrada nas escolas primárias; e aquela que, *sem ser necessária para todos*, é útil para a sociedade e para quem a possuir, será oferecida nas escolas secundárias. Haverá também escolas especiais para aqueles que adotarem as várias profissões públicas. (ibidem)

---

23 http://repositorio.casadelacultura.gob.ec/

A escola primária pública compreendia a instrução elementar e o aprendizado de educação religiosa e moral, leitura, escrita, língua castelhana, aritmética e sistema de pesos e medidas (artigo 67). O artigo 77 instruía quanto ao local de instalação das escolas, à questão da moradia e pagamento dos professores, à compra de móveis e objetos e à contribuição financeira dos moradores, que deveria ser deliberada junto ao Conselho Municipal. Já o artigo 81 ordenou que, na ausência de escolas, os professores particulares deveriam receber as crianças pobres.

Entre o decreto de 1838 e o fim da década de 1850, não houve mudanças muito significativas na organização da instrução do Equador, mas durante os governos de García Moreno (1860-1865; 1869-1875) se instalou um projeto educacional conservador e católico. Já em 1861, o governo firmou contrato com religiosas europeias para instruir gratuitamente meninos e meninas do povo, seguido de convênios com os Irmãos das escolas cristãs para educação de meninos e com os jesuítas para colégios e missões indígenas (Vargas, 1965, p.369-70).[24] Um de seus primeiros atos, como faria a Colômbia pouco tempo depois, foi celebrar a concordata com o Vaticano em 26 de novembro de 1862. Nela, instituiu-se que a direção do ensino, em todos os graus, ficaria sob responsabilidade da Igreja Católica, cujos membros, inclusive, foram incumbidos de selecionar os textos de estudo, proibir a circulação de livros contrários à doutrina cristã e aos bons costumes e supervisionar as escolas; além do mais, o acordo determinou que somente poderia ser professor aquele que comprovasse ser católico (Uzcategui, 1976).

No caso da educação dos indígenas, de acordo com o estudo de Jaime Moreno Tejada (2012), em 1860 foi firmado o contrato com os jesuítas, com o objetivo de iniciar a ocupação do oriente (Amazônia) por meio da instalação de missões. Segundo Tejada, a ação primordial dos missioneiros foi a escolarização das crianças indígenas, e para isso criaram-se internatos onde não somente elas receberiam

---

24 http://www.cervantesvirtual.com/obra/historia-de-la-cultura-ecuatoriana--0/

instrução, como também os meninos deveriam trabalhar para os padres em hortas, por exemplo.

> O currículo das crianças incluía aulas de quíchua e castelhano, gramática espanhola, aritmética, história religiosa e caligrafia. Além disso, os meninos aprendiam carpintaria, enquanto as meninas, de acordo com o costume do século XIX, eram instruídas em corte e costura. Para a educação feminina, os jesuítas contavam com a ajuda de várias Mães do Bom Pastor, vindas de Quito. Por algum tempo, pelo menos, meninos e meninas usaram uniformes. Os escolares tinham canetas, tinta e quadro negro à disposição [...]. (ibidem, p.182-3)

Em registros do governo, é possível verificar a existência de muitas tensões entre os jesuítas, indígenas e comerciantes dos povoados, como podemos verificar no relato a seguir, da época do governo de Antonio Flores Jijón (1888-1892):

> Os Jesuítas tiveram algumas contradições na Missão de Ñapo porque *o interesse individual não quer renunciar ao uso da força e da fixação para com os infelizes selvagens com cuja ignorância e vícios especula*; mas o Governo conteve esses excessos o mais rápido possível, e a Missão Ñapo continua seu curso regular e progressivo. (Equador, 1892, p.18, grifo nosso)

Quanto ao ensino regular, no período de Moreno ocorreram duas reformas educacionais: a da Instrução Pública, de 1869, e a lei de 3 de novembro de 1871, que substituiu a primeira, mantendo a maioria das prescrições mas estabelecendo a escola primária gratuita e obrigatória, com fixação de multa aos responsáveis (artigos 1º e 2º), e o direito de a população solicitar abertura de escola nas localidades com mais de 50 crianças em condições de a frequentar (artigo 5º). José María Vargas afirmou que, em 1º de março de 1872, García Moreno inaugurou o Protetorado ou Escola de Artes e Ofícios (destinado à classe popular e dirigido por um norte-americano vinculado aos protetorados católicos), contratou beneditinos para estabelecer escola agrícolas e formou uma Escola Normal para indígenas, que teve até doze alunos (Vargas, 1965, p.373-4).

Os governos equatorianos seguintes reiteraram as mesmas propostas de reformas educacionais com oferta desigual de escola e emprego de religiosos para educar povos indígenas. A população afrodescendente nem sequer fora mencionada nessas reformas educacionais, mas, apesar de tentar isolá-la ou mesmo invisibilizá-la, ela estava lá. Na *Revista Ecuatoriana* de 30 de junho de 1889, no artigo "La pronunciación del castellano en el Ecuador", o autor, Francisco Javier Salazar Arboleda, comentou que, apesar dos progressos da língua escrita no Equador, o mesmo não ocorria com a língua falada, pois:

> acostumados, por isso, nossos oradores, desde a infância, *a pronunciar o espanhol como ouviam de suas amas de leite*, nem sempre conseguem corrigir os vícios de sua pronúncia [...]. Isso, junto com *os provincianismos e barbarismos, tão abundantes em nossa linguagem*, assim como as irregularidades que o uso do vulgo introduziu na conjugação dos verbos, produzirá com o tempo no Equador vários dialetos do castelhano mais ou menos bárbaros [...]. A evitar tamanho mal deveriam se dedicar em suas importantes tarefas os institutos de primeiras letras e os professores de educação secundária, junto com os pais de família [...]. Desta forma conseguir-se-á que depois de alguns poucos anos a bela língua castelhana recupere os seus privilégios entre nós, como exigido pela boa criação, o bom gosto, as justas exigências da sociedade e até mesmo o decoro nacional. (*Revista Ecuatoriana*, 1889, p.209-10, grifos nossos)

Na continuidade do artigo, Arboleda propõe que os professores, entre outras ações, deveriam ser renitentes na educação da fala dos alunos, corrigindo "[...] com esmero os barbarismos, solecismos, o sotaque impróprio e demais vícios de linguagem até conseguir que aos filhos *lhes cause repugnância falar como as pessoas incultas* com quem eles tiverem que lidar" (ibidem, p.216).

Igualmente no Brasil esteve presente a preocupação com os "barbarismos da língua", resultantes do contato cotidiano das famílias brancas com a população afrodescendente, especialmente amas de leite e criadas. Por exemplo, no periódico *O Mentor das Brasileiras* de 22 de outubro de 1830, o autor do artigo "Educação da mocidade" assim problematizava a questão:

> Um dos grandes inconvenientes da nossa educação primária é a escravatura. Em verdade *os meninos do Brasil são criados no meio de negras e negros, que lhes não podem inspirar senão maus costumes, má linguagem e maneiras indecentes*, próprias de escravos e esses boçais. Dali vem o uso de palavras e frases africanas, e outros mil barbarismos, que dificultosamente largam. A nossa primeira mestra é ordinariamente uma preta muito bruta, que nos dá de mamar, nos pensa [sic] e trata. O que pode uma mulher destas ensinar a um menino, senão prejuízos de agouros, de lobisomem, d'almas de outro mundo, e infinitos despropósitos? (*O Mentor das Brasileiras*, 1830, p.374, grifos nossos)

Nesse contexto de pós-independência, a educação primária oficial no Brasil foi institucionalizada pela Constituição de 1824, cujo artigo 179 (inciso 32) prescreveu, entre as garantias da "[...] inviolabilidade dos direitos civis e políticos dos cidadãos brasileiros", que "[a] instrução primária é gratuita a todos os cidadãos" (Brasil, 1824, inciso 32). Em consonância com os quesitos legais, definidores das condições de ser cidadão brasileiro, a lei não atendia nem os povos indígenas nem as pessoas escravizadas.[25] Enquanto os indígenas

---

25 O artigo 6º determinou que eram cidadãos brasileiros: os nascidos no Brasil, quer sejam ingênuos ou libertos, os filhos de pais brasileiros e os ilegítimos de mãe brasileira nascidos no estrangeiro mas com domicílio fixo no Brasil, os filhos de pai brasileiro nascidos em outro país e sem domicílio no Brasil, todos os nascidos em Portugal e em seus domínios moradores do Brasil na época da independência e com interesse em permanecer no país e os estrangeiros naturalizados.

foram objeto de leis educacionais específicas, a possível instrução das pessoas escravizadas (no caso, com mestres particulares) esteve submetida aos interesses de seus proprietários. Ainda assim, foi possível identificar crianças escravizadas frequentando escolas públicas, como atestado por Diana Vidal na província de São Paulo (Vidal, 2008).

Já a Constituição republicana de 1891, devido ao regime federalista, não instruiu sobre a escola primária, que ficou a cargo das Assembleias Estaduais. Ressalta-se que, tanto no período imperial como no republicano, até 1930, quando foi criado o Ministério da Educação, as políticas educacionais referentes à escola primária regular e aos outros tipos de instituições educativas se fizeram no âmbito provincial ou estadual, ainda que algumas diretrizes tenham sido implementadas aos moldes do que foi prescrito para a capital (Rio de Janeiro). As políticas indígenas também acabaram sendo objeto das Assembleias Provinciais, embora em maior sintonia com as legislações de âmbito federal.

A desigualdade na oferta escolar seguiu a pauta de outras nações e atendeu ao pressuposto da divisão sociorracial da escolarização, confirmando o grande desafio da implantação da homogeneização cultural em uma nação portadora de tanta diversidade. Portanto, enquanto nas escolas primárias – urbanas ou rurais –, também hierarquizadas em níveis distintos, se ensinavam os saberes elementares, outras instituições educativas (asilos, instituições de regeneração, patronatos ou colônias agrícolas, companhias militares de aprendizes, institutos de aprendizes artífices etc.), como já indicado, combinavam muito trabalho e pouca instrução, marcando indelevelmente a subjetividade das crianças que por elas passaram. As escolas de missões, caracterizadas pela opressão religiosa, também não fugiram à regra quanto ao uso do trabalho das crianças indígenas.

Essa oferta desigual da instrução elementar se fez concomitantemente à regulamentação do funcionamento de colégios privados e da prática do ensino doméstico, efetivado por familiares ou preceptores contratados, atendendo às famílias abastadas. No período republicano, foi introduzido, ainda, o grupo escolar, escola primária graduada em quatro anos com clientela variada, mas em geral frequentada mais regularmente por crianças brancas, com condições financeiras para se dedicarem ao tempo da escola e adquirir vestimenta e objetos escolares. Portanto, embora tomadas pela ideia de homogeneidade cultural, as elites constituíram propostas variadas para sua implementação, que na verdade reforçaram a hierarquia sociorracial, como estratégia de controle político e social de grande parte da população. Nas Figuras 42 e 43 observa-se o contraste entre o grupo escolar da capital de Minas Gerais, Belo Horizonte, e o de uma escola rural localizada em Catalão, Goiás.

Especificamente em relação às propostas de educação dos povos indígenas, houve continuidade das orientações pedagógicas coloniais: submetê-los à rotina do trabalho e ao sedentarismo, de modo a favorecer o desligamento de seus hábitos, e, principalmente, empreendimentos para a posse de seus territórios. Após a criação do Diretório dos Índios, em 1757 (portanto ainda no período colonial), outras regulamentações dos períodos imperial e republicano fixaram

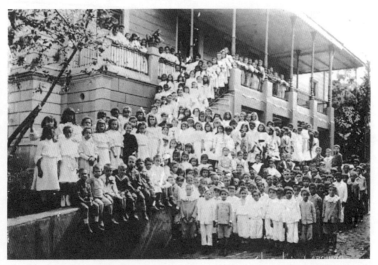

1911 – Grupo Escolar Afonso Pena – a primeira escola de Belo Horizonte

Figura 42 – Crianças no Grupo Escolar

Escola Rural entre as vinte e oito criadas pelo Prefeito
Figura 43 – Crianças na Escola Rural

diretrizes educacionais, como podemos detectar no Decreto nº 428, de 24 de julho de 1845, e no Decreto nº 8.072, de 20 de junho de 1910, ambos implementados em todo o país.

O decreto de 1845, "Contém o regulamento acerca das Missões de catequese e civilização dos índios", normatizou uma prática colonial já conhecida: contratar missionários de ordens religiosas para "pregar a Religião de Jesus Cristo e as vantagens da vida social" (Brasil, 1845, parágrafo 7º) e promover a catequese e a civilização. O decreto previa, ainda, o ensino da leitura e escrita em português e a aprendizagem de ofícios, como indicado em dois parágrafos do artigo 1º:

> § 18. Propor à Assembleia Provincial a criação de Escolas de primeiras Letras para os lugares, onde não baste o Missionário para este ensino. [...]
> § 26. Promover o estabelecimento de oficinas de Artes mecânicas, com preferência das que se prestam às primeiras necessidades da vida; e que sejam nelas admitidos os Índios, segundo as propensões, que mostrarem. (ibidem)

O artigo seguinte, parágrafo 13, previu o alistamento e aprendizagem em serviço militar e até a criação de uma Companhia Militar específica. Já o parágrafo 15 ordenou "esmerar-se em que as festas tanto civis como religiosas se façam com a maior pompa, e aparato, que ser possa; procurando introduzir nas Aldeias o gosto da música instrumental" (ibidem). Além dessa prescrição federal, Manuela Carneiro da Cunha destacou que já a partir do Ato Adicional de 1834 ocorreram políticas provinciais locais de "catequese e civilização", por exemplo, com a criação de internatos para crianças indígenas (Cunha, 1992, p.140). A autora comentou também a legislação da província do Amazonas de 1852, que "[...] restaura a livre negociação de índios com chefes de 'nações selvagens'. Os índios assim adquiridos seriam 'educados' durante dez anos" pelos seus adquirentes para depois serem restituídos às suas aldeias (ibidem, p.150). Já a implantação de escolas de primeiras letras em aldeamentos foi uma atividade presente em várias províncias.

Marcilene da Silva investigou a instalação de "escolas para índios" na província de Minas Gerais e apresentou dados de seu efetivo funcionamento, como exposto em um relatório de 1877:

> Há no aldeamento do Rio Doce 255 índios, pertencentes às tribos Aranam, Chik-chik, Bonito, Chony, Figueira, Major, Batum, Tronqueira, Jeporoca, Mallaly, sendo 136 homens e mulheres 119. [...] *A escola de primeiras letras funciona regularmente,* e é frequentada por 35 alunos, que mostram bastante adiantamento. Espera-se que no correr deste ano seja maior a frequência, incluindo-se na matrícula os índios maiores das quatro aldeias da Figueira. (apud Silva, 2003, p.141, grifo nosso)

Outro relatório, de 1884, trouxe notícias sobre as escolas do aldeamento de Itambacuri, na região do Vale do Mucuri, fundado em 1873 por frades capuchinos. Nele, encontramos o registro da presença de dois professores indígenas, um professor e uma professora; de acordo com os padres, "as escolas de primeiras letras regidas pelos indígenas Domingos Ramos Pacó e Romualda Orphão de

Meira são frequentadas por 63 alunos e 50 alunas" (apud ibidem, p.142). Noutro relato, de 1915, Frei Ângelo, um dos fundadores desse aldeamento, confirmava a possibilidade de formar professor indígena e afirmava:

> Conseguimos trazer de todos os pontos das matas do Mucuri diversas tribos para o nosso aldeamento central. A todas ministrávamos, mais especialmente a infância, *o ensino do catecismo e também o ensino primário*. Nas duas escolas – do sexo feminino e masculino – foi tanto o progresso *que conseguimos formar professores dos mesmos índios*. O dia de sábado era destinado ao ensino e a explicação do catecismo, o que era dado por Frei Serafim, que também se esmerava em ensinar aos alunos das escolas cânticos religiosos e populares, para que cantassem na Igreja. (apud ibidem, p.148)

No contexto republicano, o Decreto nº 8.072, de 20 de junho de 1910, relativo ao Serviço de Proteção aos Índios, recomendava aos dirigentes promover o ensino de artes e ofícios agrícolas ou industriais, de acordo com aptidões (artigo 11) e ministrar instrução primária em caráter não obrigatório (artigo 16). Mas no capítulo V, referente aos povoados, a prescrição foi mais precisa:

> Art. 15. Cada um dos antigos aldeamentos, reconstituídos de acordo com as prescrições do presente regulamento, passará a denominar-se "Povoação Indígena", *onde serão estabelecidas escolas para o ensino primário, aulas de música, oficinas, máquinas e utensílios agrícolas, destinados a beneficiar os produtos das culturas, e campos apropriados à aprendizagem agrícola*. Parágrafo único. Não será permitido, sob pretexto algum, coagir os índios e seus filhos a qualquer ensino ou aprendizagem, devendo limitar-se a ação do inspetor e de seus auxiliares a procurar convencê-los, por meios brandos, dessa necessidade. (Brasil, 1910, grifo nosso)

Quanto à implantação das escolas comuns de instrução elementar, a única lei geral do período imperial foi a de 15 de outubro de

1827, na qual se fixaram as orientações básicas da institucionalização da instrução elementar no Brasil, com a ordem de criar escolas, além de determinar as diretrizes da administração, do provimento de salário dos professores etc. De acordo com a lei geral, nessas escolas:

> Art. 6º. Os Professores ensinarão a ler, escrever as quatro operações de aritmética, prática de quebrados, decimais e proporções, as noções mais gerais de geometria prática, a gramática da língua nacional, e os princípios de moral cristã e da doutrina da religião católica e apostólica romana, proporcionando a compreensão dos meninos; preferindo para as leituras a Constituição do Império e a História do Brasil. (Brasil, 1827)

O artigo 12, entretanto, excluiu, para as escolas de meninas, as noções de geometria, e limitou o conteúdo da aritmética às quatro operações, além de acrescentar "prendas que servem à economia doméstica" (ibidem). Após essa lei geral, a partir do Ato Adicional de 1834, a normatização da instrução elementar ficou a cargo das províncias. Desse modo, a fragmentação na regulamentação da instrução primária no Brasil revelou descompassos e ausência de uniformidade no processo de institucionalização da escola pública, organização das disciplinas escolares, contratação de professores etc.; contudo, ainda que constituída em temporalidades diferentes, a escola pública, gratuita e obrigatória foi instaurada em todo o Brasil no século XIX (Veiga, 2007; Gondra; Schueler, 2008; Vidal et al., 2013).

Apesar da implantação fragmentada, podemos identificar prescrições muito similares adotadas nas províncias e mesmo nos anos iniciais da República, entre elas a oferta da escola primária em níveis diferenciados, expressando hierarquia sociorracial, ainda que com denominações diferentes, tal como ocorreu nas outras nações aqui estudadas. No caso da província de Minas Gerais, a Lei 13, de 1835, fixou a instrução primária em dois graus: a escola de primeiro grau – para o ensino da leitura, da escrita e das quatro operações aritméticas, a ser criada onde houvesse no mínimo 24 alunos em condições de frequentá-la – e a escola de 2º grau – com mais oferta de disciplinas, a ser instalada nas vilas e cidades (Veiga, 2013).

As escolas públicas de instrução elementar foram destinadas às crianças de todas as cores, em sua grande maioria bem pobres, porém com frequência muito irregular. A presença de crianças mestiças e negras fortalecia os argumentos das elites de educar as cores pela escola, como é possível identificar em discursos, relatórios e em publicações da época. Por exemplo, em artigo de 1878 publicado na revista *A Escola*, o autor afirma:

> Quando a sociedade compreender melhor o fim da educação, a observará sob a tríplice ponto de vista em que a deve colocar. Aperfeiçoamento moral, desenvolvimento intelectual, higiene pública: melhoramento dos indivíduos, *melhoramento da raça*, tudo dá no mesmo, tudo designa as faculdades, tornando-se instrumentos mais perfeitos para corresponder ao destino do homem sobre a terra, tudo depende do assunto real do ensino popular [...]. É tão importante a questão de *instruir-se os filhos dos pobres*, como o é a questão industrial; como o é a questão política [...]. Instrui os *filhos do povo* a começar da sua tenra idade, e todos os elementos que podem concorrer para o *engrandecimento de uma nação*, espontaneamente aparecerão. (*A Escola*, 1878, p.314, grifos nossos)

Entretanto, apesar da profusão de apelos político-higienistas de escolarização das crianças pobres, negras, mestiças e indígenas, para supostamente melhorar a raça, e das várias legislações educacionais elaboradas no período, as províncias e os estados não foram dotados de escolas bem aparelhadas, professores formados adequadamente e condições mínimas para as crianças frequentarem as aulas. Como nas outras nações latino-americanas, ao que tudo indica, do ponto de vista econômico, a importância da escolarização e/ou aprendizagem de ofício não foi tão predominante e nem homogênea de início, apresentando muita variação de acordo com as necessidades locais.

De qualquer modo, foram muitas as tensões presentes nesse contexto, possibilitando ainda mais a inferiorização e discriminação das populações afrodescendentes e indígenas. Como afirmou José Ricardo Pires de Almeida, em tese de 1889:

> As crianças das classes razoavelmente abastadas *não vão à escola pública porque seus pais têm, mais ou menos, o preconceito de cor* ou porque temem e, com razão, pela moralidade de seus filhos, em contato com essa multidão de garotos cujos pais os enviam à escola apenas para se verem longe deles algumas horas. Deste modo, estas crianças aprendem melhor e mais depressa do que aqueles que frequentam a escola pública. (Almeida, 1989, p.90, grifo nossos)

Investigando nos arquivos (Veiga, 2016), é possível encontrar documentação que confirma a afirmação de Almeida; por exemplo, em 9 de julho de 1894, Elydio José Gomes, morador de Santa Rita (Minas Gerais), encaminhou a seguinte correspondência ao inspetor escolar Joaquim Bonifácio:

> Cumprimento a V. Sa. e à Exma. família. Conforme vossa estimada carta data de 26 de junho, que me falas em mandar meus filhos para a escola que a professora D. Antônia Ferreira dos Santos rege. *Eu não posso mandá-los porque meus filhos são da cor inferior aos filhos da professora; e ela que não ensina meninos da cor morena, também não tenho obrigação de mandá-los para a escola, para sustentar com seus nomes pessoas que não prezam os lugares que lhes são confiados.* Há muito tempo que eu entendi de não mandá-los para a escola, porque *a professora com o título de branca não os quer ensinar*, e eu não posso consentir, na qualidade de amigo do governo, e sempre favorável nas eleitorais, deixar de levar ao vosso conhecimento tão pavoroso *escândalo, da parte daquela que devia prodigalizar todos os meios favoráveis ao ensino.* Para que não continuem esses abusos trago-lhe esta que será apresentada a V. S., e pronto para sustentá-la em qualquer lugar. (Minas Gerais, códice SI 797, grifos nossos)

O inspetor, então, comunicou o fato ao secretário do Interior para providências.

> Tenho a honra de participar a V. Excia, que tendo recebido diversas denúncias firmadas por pais de famílias aqui residentes contra a professora D. Antônia Ferreira dos Santos, que rege a escola mista deste arraial, procurei certificar-me da veracidade dos factos articulados nas mencionadas denúncias que já vêm de longa data e as quais a princípio repugnava-me dar créditos [...]. Tenho ouvido muitos pais que retiram seus filhos da escola, porque, depois de longo tempo de frequência, eles nada aproveitaram, ao passo que ultimamente confiados aos cuidados de mestres particulares têm alcançado palpáveis progressos. Outro motivo que alegam esses cidadãos e para o qual peso vênia para solicitar a atenção de V. Excia é que *seus filhos são distratados pela professora que prodigaliza o desprezo aos que não vestem pele branca e que não dissimula o desprazer que experimenta em tratar com meninos da cor e de cabelo ruim*! Tão insólito procedimento da parte de quem em uma povoação deve ser um foco de luz, um exemplo vivo do quanto pode a educação de mãos dadas com a instrução tem suscitado no espírito de todos os homens sensatos deste lugar a mais viva animosidade contra a professora [...]. Ofereço a V. Excia os documentos juntos firmados por pessoas conceituadas aqui para confirmar o que acima referi. Saúde e Fraternidade. (ibidem, grifo nosso)

Embora nesta troca de correspondências não tenha sido possível encontrar a defesa da professora, há de se destacar o modo como Elydio, o pai das crianças, ao que tudo indica uma pessoa negra, se situou no problema: ele se identificou como cidadão que pagava impostos para a manutenção da escola e argumentou sua denúncia de discriminação racial no fato de a professora ser uma funcionária pública.

Noutra correspondência, de 11 de março de 1897, o problema relatado dizia respeito a conflitos raciais entre as crianças, gerando inquietações nos pais sobre a permanência dos filhos na escola, pois a professora, apesar de "boa senhora", não mantinha ordem na aula. O secretário do Interior fez a comunicação de pais que estavam retirando seus filhos dessa escola:

> Em tendo os pais de família implicando-se com o regime da escola, retiraram seus filhos da mesma, e declararam que a professora era muito boa senhora, mas que estando sempre pelo interior da casa criando filhos, *não via os abusos praticados pelos seus filhos homens, na escola, como fossem gracinhas as meninas* [sic], *epítetos de negras e outras*, etc., e que tendo chegado ao conhecimento dos pais dos alunos tais fatos, estes retiraram os mesmos da escola, tornando-se inúteis todos os esforços empregados pelas autoridades literárias no sentido de ser a escola frequentada. (idem, códice 749, grifo nosso)

Ressalta-se ainda que as tensões raciais ocorreram também entre os inspetores escolares e os professores, como no relato de Domiciano Vieira, de 1899, sobre a escola frequentada por filhos de operários da fábrica do Pau Grosso. Registra o inspetor que

> [o] dia oito sendo 5ª feira a nove de junho examinei a escola rural e mista da Fábrica de São Vicente. A fábrica de tecidos tem duzentos e tantos operários. *A professora é uma preta boçal, supinamente ignorante, quase sem inteligência*, casada honesta. Para o cúmulo desta desgraçada instrução primária, a mestra é normalista titulada pela Escola normal de Ouro Preto. Nunca encontrei uma professora tão sem inteligência! *Admiro pasmo como é que esta preta conseguiu titular-se pela Escola Normal da Capital* (capital na época em que *a negra* se formou). (idem, códice 3958, grifos nossos)

O inspetor reportou, ainda, que muitas crianças se retiraram da escola porque os pais preferiram pagar um mestre particular; por isso,

> *a negra professora só ficou com os meninos pobres para seus alunos* [...]. Encontrei seis alunos noturnos e diurnos atrasados, lendo mal, escrevendo mal e aprendendo as quatro operações sem atinar com sua utilidade [...]. O diretor e regente da Fábrica, assim como o inspetor do distrito, reconheceu a inércia da professora; aquele desejaria que ela fosse demitida, mas disseram que a toleraram por não quererem ser denunciantes pois o marido é bom operário da fábrica e protegido, não querem desagradá-lo, tendo isto ouvido em conversa íntima e reservada e reservadamente informo ao meu governo [...]. (ibidem, grifo nosso)

Há de se destacar também a possibilidade de crianças libertas no ventre terem frequentado uma escola pública comum, como demonstram Gizele de Souza e Juarez dos Anjos, ao identificarem, na província do Paraná, a lei de 3 de dezembro de 1883, que estendeu a frequência escolar obrigatória aos "ingênuos da lei de 28 de setembro de 1871" (Souza; Anjos, 2013, p.198); em estudo mais detalhado, Anjos (2013) identificou o registro dessas crianças nos mapas de frequência tanto de aulas públicas como de particulares.

Num outro contexto, após a abolição geral de 1888, a questão da escolarização de ex-escravizados também se apresentou como problema a ser sanado pela escola. Em editorial da *Revista Escolar* de 1889, o autor observou que

> [...] ninguém procura combater, é impossível, o derramamento das luzes e da instrução. E se dessa forma procedem os homens que nasceram livres, *o que se deve esperar dos libertos, eivados de todos os vícios das senzalas e que estão constituindo família?* Já demonstramos em artigos anteriores que o aperfeiçoamento da sociedade e o bem-estar do povo dependem principalmente da difusão do ensino por todas as classes. Assim sendo, não há como duvidar que a perversão dos costumes, os vícios e os crimes aumentarão espantosamente daqui por diante, *se não cuidarmos solicitamente da educação da infância da qual uma boa parte já se compõe dos libertos.* (*Revista Escolar*, n.5, 1889, p.1, grifos nossos)

Além de as escolas públicas serem destinadas às crianças negras e mestiças, sua condição social como crianças de famílias pobres foi parte da caracterização da institucionalização da escola primária no Brasil. Conforme constatado em vasta documentação, esse fator interferiu decisivamente para a infrequência escolar e, portanto, para sua crescente identificação como pessoas inferiores devido às dificuldades com a escolarização, em contraste com as crianças pertencentes a outros extratos sociais (Veiga, 2017). De acordo com o noticiado na revista *A Escola*,

> como regra, *as escolas públicas no Brasil são frequentadas unicamente pelos filhos das classes mais pobres*; os das classes médias e superior recebem a instrução nas academias ou em suas casas, mas é obrigatória nas cidades a instrução primária, qualquer que seja o lugar em que ela é dada. São gratuitas as escolas primárias, por isso que as sustenta o governo, o qual liga tão grande importância à educação, que fornece aos meninos pobres todos os livros necessários e até roupa. (*A Escola*, 1877, n.1-2, p.38, grifo nosso)

A questão da pobreza e da infrequência dos alunos era queixa recorrente dos gestores do ensino e esteve quase sempre associada ao trabalho infantil. Entre vários documentos, trazemos aqui o registro do presidente da província de Minas Gerais, em relato de 1868:

> A notável falta de frequência que se tem dado nas escolas de instrução primária, o digno diretor entende, que *é consequência da pobreza, porque os pais empregando seus filhos nos serviços a que se consagram para poderem alimentar-se e as suas famílias*, não lhe sobrando recursos para sustentá-los e vesti-los nas povoações, deixam de mandá-los à escola. (Minas Gerais, 1868, p.21, grifo nosso)

Além da falta de vestimenta para ir à escola, havia dificuldades com a aquisição dos materiais escolares e com alimentação; apesar da previsão legal de doação de materiais escolares pelo Estado, era raro o seu cumprimento, o que ocasionou a criação de órgãos denominados de caixas escolares, destinados ao auxílio do provimento material das escolas. É o que se pode constatar pelo Regulamento nº 84 da Lei nº 2.476 de 1879, de Minas Gerais, que normatizou o seu funcionamento para "[...] socorrer os meninos indigentes, proporcionando-lhes meios de aprender e outrossim, para adquirir a mobília necessária à escola e fornecer livros e utensílios aos alunos pobres" (Minas Gerais, 1879, p.17). A caixa escolar seria mantida a partir de multas, donativos e subscrições e gerida pelos membros dos conselhos paroquiais. Observa-se que, de acordo com essa lei, sob o pretexto de socorrer alunos pobres, a verba das caixas escolares deveria inclusive suprir o mobiliário escolar. Esse órgão esteve presente nas escolas de todo o Brasil, adentrando a era da República.

Quero chamar atenção aqui para o fato de que a necessidade da existência da caixa escolar não somente expunha o descaso do Estado na gestão da instrução pública, mas principalmente expunha as crianças, nomeadas pobres, favorecendo a ocorrência de tensões entre as crianças contempladas pela caixa escolar e aquelas que não necessitavam dela. Em geral, as doações eram feitas em público, com festividades, além da exposição diária na cantina para receber a merenda. Um documento de 1914, ao registrar a sessão festiva da Caixa Escolar do Grupo Escolar da cidade de Mateus Leme (Minas Gerais), indicava o objetivo principal – "socorrer alunos pobres" (Minas Gerais, códice 3567) – e reportava que o evento teve ampla cobertura da imprensa local, favorecendo, portanto, a visibilidade da condição de inferioridade das crianças beneficiadas. O inspetor assim relatou: "[...] comparecendo, além de muitos sócios, 'muitas outras pessoas gradas', foram distribuídos vestuário aos alunos minimamente pobres e prêmios ao que mais se distinguissem pela frequência às aulas e bom comportamento" (ibidem). Noutro relato do mesmo ano, agora da cidade de Divino, o inspetor discorreu sobre o que, no seu entendimento, marcou o ápice do acontecimento: "Finalizou a festinha, a alegoria – uma simbolizando a Caixa Escolar, tendo numa das mãos uma lâmpada elétrica e na outra, um livro, que parecia entregar *a uma criança, de joelhos, simbolizando a infância desvalida*" (ibidem).

O jornal *O Paiz*, do Rio de Janeiro, também noticiou sobre os "efeitos positivos" das caixas escolares, tomando inclusive Minas Gerais como exemplo. Em matéria de 18 de maio de 1915, o autor afirma que,

> organizada desse modo a assistência à população escolar sem recursos, afastando o óbice à frequência aos colégios, poder-se-ia pensar então seriamente no ensino obrigatório, desde que *o Estado não pode por si* vestir e alimentar uma multidão de crianças e muito menos forçá-las a frequentar as suas escolas, *humilhadas na penúria das suas vestes e alquebradas pelo jejum compulsório*. (*O Paiz*, 1915, p.1)

Ao longo do processo de institucionalização da escolarização nas sociedades do século XIX, percebe-se claramente que, de um modo geral, as elites não se ocuparam de providenciar o estabelecimento das condições mínimas de frequência à escola. Isso contribuiu para reforçar as circunstâncias limitadas em que vivia grande parte da população, expondo ainda mais as crianças negras, mestiças e pobres a situações de humilhação, inferioridade e opressão. Essa questão ganha ainda mais relevância quando nos deparamos com a naturalização da necessidade das famílias pobres de recorrer ao trabalho de seus filhos, situação muitas vezes interpretada como opção deliberada dos pais. Paradoxalmente, desde a difusão e implementação institucional da "igualdade de instrução", aprofundaram-se os mecanismos produtores de desigualdades sociorraciais.

A questão da escolarização obrigatória e do trabalho infantil foi uma temática de escala global, como evidencia a realização da Conferência Internacional de Berlim, entre 15 e 29 de março de 1890 (Veiga, 2016). Esse foi o primeiro evento internacional que reuniu industriais e políticos de países europeus para debater a normatização do trabalho infantil frente ao movimento de escolarização obrigatória.[26]

As discussões realizadas revelaram um profundo desequilíbrio entre o cumprimento da escolaridade obrigatória e o uso do trabalho de crianças, sendo que o protocolo final, embora indicasse algumas restrições, privilegiou o trabalho em detrimento da escola.[27] Nos debates, é possível identificar que as estratégias desenvolvidas para a acomodação do trabalho infantil e da escolarização ao mercado não mediram escrúpulos. Por exemplo, a defesa de que deveria haver diferenciação na idade limite de trabalho para os "países mediterrâneos" (Itália, Espanha e Portugal) teve como argumentação principal o fato de que o clima quente, característico desses países, favorecia o amadurecimento físico das crianças. Evidentemente, essa não era a causa, mas sim o baixo nível de industrialização desses países frente aos outros, cujo custo de produção ficaria mais bem equilibrado, o que levou à diminuição do limite de idade das

---

26 O evento ocorreu na cidade de Berlim, com a participação de 13 delegações – Alemanha, Áustria-Hungria, Bélgica, Dinamarca, Espanha, França, Grã-Bretanha, Itália, Luxemburgo, Países Baixos, Portugal, Reinos Unidos da Suécia e Noruega e Suíça –, e teve como relator do documento final o político francês Jules Simon (1814-1896).

27 O protocolo final, firmado em 29 de março de 1890, afirma o seguinte:
"III – Regulamento do trabalho infantil. *É desejável*:
"1º Que as crianças de ambos os sexos, não tendo atingido certa idade, sejam excluídas de trabalho em estabelecimentos industriais;
"*2º Que a idade limite seja fixada em 12 anos, com exceção dos países mediterrâneos, cujo limite é de 10 anos;*
"3º Que estes limites sejam os mesmos para qualquer estabelecimento industrial, sem nenhuma diferença;
"4º Que as crianças já tenham concluído o requisito da instrução primária;
"5º Que as crianças abaixo de 14 anos não trabalhem nem à noite e nem aos domingos;
"6º Que o trabalho real não exceda 6 horas, com pausa de meia hora de descanso pelo menos;
"7º Que as crianças sejam excluídas de ocupações insalubres e perigosas ou então sejam admitidas sob certas condições de proteção" (Conferénce Internationale de Berlin, 1890, p.127, grifos nossos).

crianças. As tensões entre trabalho infantil e escolarização na Europa continuaram até após a Segunda Guerra Mundial, como é possível acompanhar nas reuniões da Organização Internacional do Trabalho; o mesmo se deu nos países latino-americanos.

No Brasil, foram muitas as tensões nas discussões sobre escolarização obrigatória e trabalho infantil. Em meio aos debates internacionais e tensões nacionais, no ano seguinte ao da Conferência de Berlim, com preocupações semelhantes, foi sancionado o Decreto nº 1.313, de 17 de janeiro de 1891,[28] direcionado aos "menores empregados nas fábricas da Capital Federal" (Brasil, 1891a). Esse decreto, apesar de não ter sido aplicado, pode ser considerado como a primeira intenção de regulamentar, de modo mais sistemático, a jornada de trabalho e o limite de idade para o trabalho infantil.[29] Nele estão prescritas, em linhas gerais, normas para crianças empregadas nas fábricas do Rio de Janeiro: limite de idade de 12 anos (exceto no caso de aprendizes), jornada de 7 horas com pausa, proibição de trabalho noturno e aos domingos, proibição de trabalho que expusesse a criança a risco de vida e fiscalização sanitária nos estabelecimentos (ibidem). Nada consta sobre escolarização, mas é importante destacar que a obrigatoriedade escolar no Rio de Janeiro

---

28 Ressalta-se que, após a proclamação da República, em 1889, o Brasil adotou o regime federalista de governo; portanto, as leis, como as da educação e do trabalho, eram estadualizadas, não havendo, até a criação do Ministério da Educação e Saúde Pública, em 14 de novembro de 1930, e do Ministério do Trabalho, Indústria e Comércio, em 26 de novembro de 1930, um órgão nacional que centralizasse as discussões.

29 Contudo, há antecedentes de regulamentações, embora dispersas: as Ordenações Filipinas de 1603, com impacto até o início do século XX, continham prescrições sobre o trabalho de crianças órfãs; os regulamentos de instituições como a Companhia de Aprendizes-Marinheiros e a Companhia de Aprendizes Militares do século XIX regulamentaram as atividades das crianças; asilos para crianças abandonadas e instituições de aprendizes artífices dos séculos XIX e XX possuíam regulamentações próprias; a Lei do Ventre Livre, de 1871, estipulava que os proprietários de escravas que não recebessem indenização do Estado até os filhos dessas mulheres completarem 8 anos poderiam usufruir dos serviços dessas crianças até elas completarem 21 anos; algumas fábricas também possuíam seus regulamentos internos.

do início da República foi fixada meses depois, pela Constituição Estadual de 29 de junho de 1891.

Esmeralda Moura (1995, 2009), em seus estudos sobre a infância operária na cidade de São Paulo, apresentou dados importantes sobre as condições de trabalho dessas crianças. Desde 1870, elas aparecem executando tarefas nas indústrias têxteis, em geral na condição de aprendizes, sem remuneração certa; em 1919, representavam 40% da mão de obra do setor. De acordo com Moura (1995), a regulamentação do trabalho dos menores em São Paulo esteve diluída nos códigos sanitários do estado. Como pode ser observado nos dados colhidos pelo Departamento Estadual do Trabalho, era bastante alta a incidência de acidentes de trabalho, ocasionando mortes e perda de membros. Tais fatos foram amplamente divulgados nos jornais e na imprensa operária. Como noticiou a edição de 27 de junho de 1925 de *A Classe Operária*,

> constantemente se dão na capital os acidentes mais dolorosos. Ainda agora há o caso do menino Andre Pellin – uma pobre criança de 13 anos de idade, que, na fábrica de chocolate M. Munõz & Cia foi apanhado pela correia de uma máquina e ficou sem um braço. Na fábrica os operários não têm a menor garantia. As crianças fazem trabalhos de homens. *(A Classe Operária, 1925, p.1)*

Vania Araújo (2011), por sua vez, comentou que, com a obrigatoriedade escolar já em vigor, o governo de São Paulo, por meio da Lei nº 1.184, de 3 de dezembro de 1909, teve a iniciativa de criar escolas noturnas para crianças operárias. Há de se destacar a intensa mobilização operária no Brasil entre os anos de 1917 e 1920, quando se intensificou o debate sobre a regulamentação do trabalho infantil, concomitantemente à publicação de denúncias de maus-tratos nos jornais operários. Por exemplo, o jornal anarquista *A Plebe* noticiou, em 9 de junho de 1917, a criação em São Paulo do Comitê Popular de Agitação contra a exploração dos menores operários.

No Rio de Janeiro, além do Decreto de 1891, não aplicado, e das esparsas regulamentações surgidas a partir de 1900, em 13 de outubro de 1917, em meio à mobilização operária, foi apresentado, pelo deputado Maurício Lacerda, o Projeto do Código de Trabalho, com proposta de ser aplicado nacionalmente. Entre as medidas para a regulamentação do trabalho infantil, o projeto propunha que a pessoa menor de 16 anos fosse considerada maior de idade para efeitos trabalhistas, proibição do trabalho de menores de 10 anos, exigência de apresentação de atestado médico e autorização dos responsáveis para contratação de crianças entre 10 e 15 anos, jornada de seis horas, proibição de trabalho noturno e comprovação de frequência na escola primária.

Contudo, essa proposta não saiu do papel, prevalecendo as regulamentações locais. Em 21 de outubro de 1917, o jornal *O Paiz* noticiou a tramitação de outro projeto para a cidade do Rio de Janeiro, encaminhado por Maximiano de Figueiredo, com o fim de regulamentar o trabalho de crianças de 10 a 15 anos, com destaques sobre a proibição de trabalho em locais insalubres e obrigação de frequência à escola. Votada, a lei teve repercussão imediata; contudo, de acordo com o noticiado no mesmo jornal, na edição de 3 de dezembro de 1917, a lei foi suspensa pelo Supremo Tribunal Federal, porque afetava apenas o município do Rio de Janeiro; essa delimitação colocava os industriais cariocas em situação de desvantagem em relação ao restante do país, onde não havia restrições e limites de idade fixados para o trabalho de crianças.

Assim, foi somente com o Decreto nº 17.943, de 12 de outubro de 1927, conhecido como Código de Menores, de autoria do juiz José Mello Mattos, que o trabalho infantil foi regulamentado em nível nacional, conforme o capítulo IX. De modo sintético, destaco as seguintes prescrições: proibição de trabalho de menores de 12 anos; exigência de atestado médico; jornada de seis horas; proibição de trabalho noturno; permissão com reservas de trabalho infantil como atores, figurantes e acrobatas; proibição de menores de 18 anos nos serviços gráficos de conteúdo imoral; e exigência de certificado de estudos primários.

A educadora Helena Antipoff, em uma palestra proferida em 1934 na Sociedade Pestalozzi de Belo Horizonte, discorreu sobre a importância e a atualidade desse código, especialmente no que se referia à proteção do menor operário, mas lastimou seu descumprimento, exemplificando com uma pesquisa realizada por ela junto aos vendedores de jornais. Os dados produzidos no inquérito "Assistência aos menores desamparados, trabalhadores de rua" revelaram que, dos 51 menores que realizaram essa atividade entre 1933 e 1934, 10 tinham menos de 12 anos e não tinham concluído a escola primária e 8 eram analfabetos, sendo que a maioria iniciara no ofício aos 7 anos de idade. Ela mencionou o caso de Joaquim Fernandes, 14 anos, analfabeto, que começou a vender jornais aos 7. Quanto ao nível de escolaridade, apenas 10 menores possuíam certificado de escola primária e 19 estavam fora da escola. Em relação ao artigo 112 do Código de Menores, que proibia o trabalho nas ruas, apenas 15 se incluíam nessa regra, além de a grande maioria exercer trabalho noturno e não ter local certo para dormir (Antipoff, 1934). Quanto à escolarização, afirmou a autora:

> Parece bem paradoxal, que os meninos que vendem jornal, sendo o jornal segundo definição das crianças: "papel para ler", sejam eles próprios incapazes de decifrar os sinais cabalísticos que são as letras para algum deles. Vê-se que, entre os vendedores de jornais, 50% infringem a lei escolar, fugindo à obrigatoriedade da instrução entre 7 e 14 anos, em plena Capital de Minas. (ibidem, p.5)

No século XX, é certo que, no Brasil, como em outros países, educadores, médicos, juristas e jornalistas denunciavam os trabalhos nocivos à infância; o próprio Código de Menores, especificamente nos capítulos IX e X, definia de modo claro os locais e as atividades proibidas para menores, com ênfase nas profissões de rua, bem como nas sanções a que estariam submetidos aqueles que os explorassem. Em contraposição, eram acentuadas nos discursos, de modo generalizado, as dimensões moral e regeneradora do trabalho.

Apesar dos dispositivos regulamentadores contidos no código de 1927, podemos identificar exceções e imprecisões denotadoras das contradições entre escola e trabalho, bem como possibilidades de exposição das crianças a situações de exploração. No artigo 102, constava que os menores de 14 anos sem instrução primária poderiam trabalhar desde que comprovassem absoluta necessidade da família; o artigo 103 proibia o trabalho de menores de 11 anos em usinas, estaleiros, manufaturas, minas, pedreiras e oficinas, com exceção dos locais em que fossem empregados somente os membros da família e de meninos com certificado de instrução primária; o parágrafo único do artigo 112 ordenava a proibição de trabalho nas ruas para os meninos menores de 14 anos e para as moças menores de 18, exceto com autorização especial.

Ademais, o código de menores tratou das crianças abandonadas, principalmente das crianças pobres que, no entendimento das elites, eram reticentes ao trabalho, descritas como vadias, delinquentes, pervertidas. Para elas, o código previu a fundação de instituições especiais (escolas de regeneração) onde seria possível a aprendizagem de um ofício, no cumprimento da retórica recorrente de "ser útil a si e à Pátria", associada a intenso trabalho no campo ou em oficinas. Isso não era novidade: em 1856, Sarmiento, com evidente criminalização da pobreza, recomendava o seguinte para a educação das crianças e dos jovens pobres do Chile:

> Uma casa de reforma ou de rendição, como é chamada na Alemanha, deve ser fundada para crianças e adolescentes ou delinquentes, ou vagabundos, ou simplesmente mal assistidos, vestidos e alimentados por seus pais. Essas casas custam pouquíssimo, *tendo disponível um terreno amplo a certa distância das cidades.* As crianças fazem os tijolos e os queimam, carregam os fechos; erguem as paredes; com uma oficina de carpintaria constroem portas; com uma bigorna e uma forja, forjam pregos; costuram suas vestes, confeccionam seus sapatos; lavram a terra e pagam em poucos anos o capital adiantado, deixando em vinte, três ou quatro mil homens aptos para muitas coisas e com costumes fazendo as [sic] e nobres

aspirações, de filhos perdidos que entraram e que *sem esta escola, eles seriam bêbados preguiçosos*, por falta de meios para viver. (Sarmiento, 1856, p.76, grifos nossos)

A aplicação do princípio regenerador do trabalho também foi muito comum na oferta de instituições rurais especiais, especificamente agrícolas, portanto distantes dos centros urbanos. No Brasil, como vimos, os debates sobre a fundação de instituições agrícolas, voltadas para a educação de crianças negras e pobres, se propagaram na época da vigência da Lei do Ventre Livre e foram tema de destaque durante a realização dos Congressos Agrícolas de 1878, ocorridos no Rio de Janeiro e em Recife. De acordo com um participante do evento no Rio de Janeiro, Cônego Joaquim Camilo de Brito,

> nessas fazendas escolas serão recebidos órfãos desvalidos, menores que dos pais não recebam educação e emprego útil, e os ingênuos [livres no ventre] cedidos gratuitamente pelos senhores de suas mães ou pelo Estado. *Não nos devemos levar pelo sentimento, o verdadeiro patriotismo deve constituir-se naquilo que é real e racional*: ao pai que for negligente *tire-lhe o menino para ser educado e torna-se bom e útil cidadão*. (Congresso Agrícola, 1988, p.153, grifos nossos)

Desde então, disseminaram-se várias instituições educativas desse tipo, combinando trabalho gratuito e instrução rudimentar, garantindo a manutenção das populações negras e pobres em seus lugares sociais de sempre. Na época da criação da Associação Protetora da Infância Desamparada (em 1883 no Rio de Janeiro) e de instituições filantrópicas destinadas a "crianças desvalidas", os proponentes afirmaram:

> Velar pela educação da geração que cresce e sobretudo a das crianças privadas do sustento de seus protetores naturais, como foi produzido pela Lei de 28 de setembro de 1871, é um objeto de importância incontestável. O número destes infelizes não é

pequeno, as medidas tomadas pelo governo a este respeito o provam [...]. *Dar-lhes hábitos de trabalho e gosto pela agricultura*, fonte primeira da riqueza do país, inculcando-lhes ao mesmo tempo os sólidos princípios da primeira educação, parece ser a tradução fiel do sentimento nacional. (apud Almeida, 1989, p.247, grifo nosso)

Nesse contexto, a ideia de validar a criança negra e pobre por meio da aprendizagem de um trabalho útil ao mercado adquiria cada vez mais sustentação política. No início do século XX, outras iniciativas do mesmo tipo ocorreram nos estados, sendo posteriormente unificadas para todo o Brasil. Destaco a fundação, em 1909, do Instituto João Pinheiro, em Belo Horizonte, que se tornou uma referência para o restante do país. Na época da realização de um evento na cidade, essa instituição foi assim apresentada: "[...] Além do ensino primário agrícola, de caráter prático que se ministra neste instituto, de par com a educação moral e intelectual; *ao menino apanhado no meio da rua, temos também o ensino prático agrícola* que é feito na fazenda da Gameleira propriamente" (Annaes, 1913, p.206).

Em 1919, o presidente interino Delfim Moreira determinou a fundação de Patronatos Agrícolas em todo o Brasil (Decreto nº 13.706, de 25 de julho de 1919), definidos (no artigo 2º) como

[...] um instituto de assistência, proteção e tutela moral aos menores [...] *recorrendo para esse efeito ao trabalho agrícola, sem outro intuito que não o de utilizar sua ação educativa e regeneradora*, com o fim de os dirigir e orientar, até incorporá-lo ao meio rural. (Brasil, 1919)

A instituição era para meninos entre 10 e 16 anos que não fossem portadores de nenhuma doença "que os inabilitasse para serviços agrícolas ou de indústria rural" (apud Nagle, 2009, p.202). Como se vê, as práticas escolares de instituições destinadas a "crianças desvalidas" se pautavam também pela intenção de educar corpos supostamente pervertidos por meio de trabalhos braçais que os levassem, inclusive, à exaustão física. Ressalta-se que uma outra característica desse tipo de oferta de aprendizado foi buscar manter essas populações na área rural, evitando, assim, a invasão das cidades. Essa concepção é evidente na legislação que reorganiza o Instituto João Pinheiro (Decreto nº 5.387, de 22 de julho de 1920). O artigo 1º estabelece que

> os fins do estabelecimento são recolher e cuidar de menores desprovidos de assistência, para tratá-los preventiva ou regenerativamente, dando-lhes educação moral, física e intelectual, e *sobre agricultura*, a prática necessária para que possam ser futuros colonos dos núcleos do Estado, ou seguir, de outra forma, sem dificuldades, a profissão de agricultor. (apud Mourão, 1962, p.328)

Ainda de acordo com a nova lei de 1920, estava previsto no regime de internato trabalho diário de 8 horas na agricultura; do lucro apurado com a venda da produção, somente 5% seria para o aluno. É curioso observar que o artigo 32 afirmava que o desenvolvimento físico da criança seria garantido "pelo trabalho diário na lavoura".

Em relato de 1928 sobre visita de autoridades a esse instituto, afirmava-se o seguinte:

> O estabelecimento foi localizado na *zona rural por motivos vários, avultando dentre eles o fato de ser doutrina pacífica que a feição dominante das casas de prevenção e regeneração da infância é a feição agrícola sob o regime familiar*. Agrícola porque é o contato direto e constante com a terra e a esperança de ter em breve, dadivosamente restituídas em frutos, as sementes atiradas à terra; a realização dessa esperança é [...] o *afeiçoar-se a criança ao hábito do trabalho do qual irá mais tarde viver*. (*Páginas da História*, 2004, p.180)

Além de institutos agrícolas, o Código de Menores de 1927 previu a fundação de três tipos de instituição: Abrigo de Menores, Escolas de Preservação e Escolas de Reforma, respectivamente para crianças abandonadas, pervertidas e delinquentes. Em todas elas, o trabalho agrícola e a localização na zona rural se apresentaram como fonte de regeneração. De acordo com o governo,

[...] nos países prósperos e cultos, devido ao avanço da sociologia criminal, a orientação é de diminuir gradativamente os castigos e penas, reprimir a vadiagem, restringir a fabricação e venda de bebidas alcoólicas, e, dentro do possível o uso de tóxicos; organizam-se sociedades cooperativas e *colônias agrícolas* [...] a instalação de escolas regenerativas que acolherão os menores desassistidos de tratamento educativo e como complemento, *determina que as escolas se localizem em zonas rurais*, onde maiores são os estímulos para o seu funcionamento regular. Acentuam todos quanto se entregam ao estudo do problema da assistência, que *a estrutura dominante das casas de prevenção e regeneração da infância é a de feição agrícola* [...]. Com efeito, não se pode negar, que o contato constante e direito com a terra, o amanho desta pelas mãos da criança [...] é de excelentes resultados como *escola de educação física e moral da infância, cujo espírito se afeiçoa ao hábito do trabalho.* (Brasil, 1927, p.551-2, grifos nossos)

Na Figura 44, vemos crianças no trabalho em escola de preservação localizada em Barbacena, Minas Gerais.

Figura 44 – Crianças na Escola de Preservação

Na mesma concepção educacional dos institutos agrícolas, de oferta combinada de aprendizagem e trabalho, foi instituído nacionalmente o ensino de ofícios mecânicos no governo de Nilo Peçanha (1909-1910) pelo Decreto de 23 de novembro de 1909, que previa a criação, em todas as capitais, de escolas de aprendizes e artífices para o ensino profissional primário. O argumento para a necessidade de fundação dessas escolas incidia sobre o crescimento da população proletária das cidades e a necessidade de formação de hábitos para o trabalho e de preparar cidadãos úteis para a nação. A escola foi destinada a meninos entre 10 e 13 anos, e nela deveriam ser oferecidos, com frequência obrigatória, curso primário para aqueles que não soubessem ler, escrever e contar e aulas de desenho, em turnos diurno e noturno. Cada escola deveria ter até cinco oficinas de trabalho manual ou mecânico, estabelecidas de acordo com as necessidades da indústria local, e os artefatos produzidos seriam expostos anualmente com distribuição de prêmios (Veiga, 2007). Os ofícios também podiam ser aprendidos nas oficinas criadas na Casa do Pequeno Jornaleiro, presentes em diferentes localidades.

Figura 45 – Crianças na Escola de Aprendizes Artífices

Figura 46 – Crianças na oficina de sapateiro - Casa do Pequeno Jornaleiro

A oferta escolar desigual, a exploração do trabalho de crianças em instituições educativas assistencialistas e a não frequência à escola foram fatores que contribuíram para o acirramento das desigualdades sociorraciais, fato que foi plenamente confirmado pela longa duração do uso do trabalho de crianças.

Enquadra-se nessa situação a soma formidável dos pequeninos operários, dos menores escravizados à exploração doméstica, das crianças sacrificadas às profissões ditas ligeiras, mas de perigosos efeitos futuros, profissões em que se pede de fato, um esforço físico superior à vitalidade infantil e se propina a essa gente que cresce o pior dos venenos, *que é o convencimento, pelo hábito de uma situação subalterna, de não poderem ser na vida nada mais acima da condição em que se encontram.* (*O Paiz*, 18/05/1915, p.1)

Nesse universo, não era desconhecida a cor das crianças, pois, em tais circunstâncias, elas tiveram enorme visibilidade. É o que podemos observar nas Figuras 47 e 48, que retratam o trabalho infantil indígena em uma manufatura e de crianças negras e mestiças nas ruas.

Figura 47 – Crianças na manufatura (Quito, Equador)

Figura 48 – Crianças na rua, trabalhando e brincando

Conclusão

"Qual desses cidadãos vocês preferem?"

(*Sucesos*, n.977, jun. 1921)

Retomamos a pergunta e a figura que abrem este livro. As imagens selecionadas para o anúncio sugerem a comparação de pessoas de "espécies" distintas: seriam elas representantes de duas humanidades? A foto do homem indígena, cuja identidade é claramente alocada, remete à total negação de "civilização" capturada pela estética da falta; ao lado, ocupando o dobro do espaço, está o trabalhador branco em uma fábrica, demonstrando familiaridade com o uso de equipamentos e maquinário. Pela argumentação sugerida no anúncio, são grandes as chances de a gráfica atrair clientes, pois a margem de dúvida entre escolher um indígena inferiorizado e desqualificado frente a um trabalhador civilizado é quase nula. Nota-se que não esteve em questão usar a imagem de um homem negro, especialmente num país que se autorrepresentava como homogeneamente branco.

A pergunta e as imagens selecionadas no anúncio são fatos gerados ao longo de muito tempo. Os povos indígenas escravizados e explorados com pagamento de tributos em regime de servidão tiveram grande parte de suas terras apropriada pelos colonizadores, e, mesmo após a independência, os patriotas independentistas continuaram avançando na ocupação. Os povos africanos escravizados se tornaram peças-chave na economia de mercado colonial, sendo invisibilizados após a abolição da escravidão em quase toda a América Latina. Um exemplo disso é que a escolha de uma pessoa negra, em substituição ao homem branco, para ilustrar o anúncio provavelmente o deixaria totalmente sem efeito. Já a opção pelo trabalhador branco para contrapor o "indígena selvagem" dá continuidade à história das políticas de branqueamento na América Latina, desencadeadas no século XIX.

A história desse anúncio é uma história global de subalternização de pessoas, fundamentada em um novo padrão mundial de poder, que teve como um dos eixos básicos a hierarquia racial. Sua matriz foi constituída nas dinâmicas do processo civilizador/colonizador, iniciado no final do século XV, e inaugurou uma perspectiva totalmente inovadora na divisão do trabalho ao estabelecer o vínculo estreito entre cor/raça e ocupação. De acordo com Quijano (2005), a escravização, pelos colonizadores, dos povos originários habitantes da América e dos povos africanos por conta da cor da pele foi um fato inédito na história. A associação entre cor da pele e trabalho escravo ou de servidão deu início a uma modernidade de longa duração, pois, mesmo após a abolição da escravidão e a suspensão de pagamento do tributo indígena, pessoas negras, mestiças e indígenas, em sua grande maioria, ocuparam trabalhos de qualificação e remuneração inferiores.

Durante o período colonial, a escravização de povos indígenas e africanos foi amplamente utilizada pelos colonizadores, possibilitando o desenvolvimento das novas relações de mercado e um enriquecimento sem precedentes das famílias nobres europeias, além da consolidação do poder absolutista. Nesse contexto, raça e cor da pele foram utilizados para legitimar a exploração do trabalho e para tomar as terras dos povos originários, dando início a uma história de muita violência, porém uma violência autorizada num contexto de desenvolvimento das etiquetas e civilidades de corte, no âmbito do processo civilizador. A estigmatização dessas populações pela inferiorização de sua humanidade foi a principal estratégia para a manutenção da dominação e da opressão, uma vez que os colonizadores dependiam de sua força de trabalho.

Por outro lado, a experiência colonial provocou o aparecimento de novas questões filosóficas, por meio de debates instigados pelo contato com a diversidade étnica, cultural e de hábitos e modos de vida de povos não europeus. De modo heterogêneo, avolumou-se a elaboração teórica dos pensadores da época, favorecida principalmente pela circulação dos relatos de viagem, dando origem a um conjunto de temáticas novas: propriedade privada, liberdade, igualdade/desigualdade, contrato social, barbárie, civilização, nação, raça, cidadania, escola pública etc. A partir do final do século XVIII, de posse de novas ideias e novos negócios, a burguesia mercantil rompeu com a nobreza e organizou governos de igualdade jurídica e trabalho livre, na medida de suas necessidades. No mesmo contexto, iniciaram-se os movimentos independentistas nas Américas.

No início do século XIX, após a independência política, as nações latino-americanas, embaladas pelas retóricas da liberdade e igualdade, se estruturavam com flagrantes contradições, uma vez que a promulgação de constituições se fez em meio à permanência da escravidão (abolida gradualmente) e da subalternização das populações indígenas. Nos debates sobre identidade nacional, a cor/etnia surgia como problema central na organização das nações, incluindo a própria discussão sobre a América Latina, uma vez que novas dinâmicas de subalternidade estavam em curso, o que possibilitou o recrudescimento de rotulações e estigmas das populações negras e indígenas, de modo a demarcar seus novos lugares sociais no âmbito da economia capitalista. O mesmo ocorreu com a definição de América Latina, submetida a uma outra ordem econômica.

Em toda a América Latina, os povos originários e afrodescendentes foram subestimados no processo de institucionalização das nações das mais variadas formas, levando-se em consideração os impedimentos para o acesso a condições de vida dignas e para a garantia de direitos constitucionais. O sistema de produção capitalista, o industrialismo e a crescente urbanização foram fatores que intensificaram a exploração de mão de obra, bem como a pilhagem das terras indígenas ainda não conquistadas. Essa conjuntura levou a uma situação geral de pobreza dessas populações, bem como à naturalização da relação entre trabalho de menor valia e povos indígenas e afrodescendentes. É na necessidade de legitimar a nova relação de trabalho capitalista – e principalmente de controlar a mobilidade social desses grupos sociais – que vemos surgir a cientificação das desigualdades sociais.

Desde o século XVIII, surgiram estudos com a intenção de classificar o gênero humano. De um lado, os chamados filósofos iluministas, por meio dos relatos de viajantes, desenvolveram suas teorias sobre a inferioridade dos povos indígenas e africanos; de outro, os biólogos deram nomes às raças, às subespécies etc. tomando a cor da pele como principal característica classificatória, seguida de outros traços fenotípicos. No século XIX, as técnicas de classificação social e hierarquização racial se sofisticaram, combinando a cor da pele com elementos como medida e peso de crânio e medida corporal geral, forjando uma ciência que defendia o determinismo biológico para a compreensão da estrutura das sociedades – mais especificamente, associando o seu atraso ou progresso à cor ou aos matizes de cor de sua população. Nesse contexto, surgiu a teoria da eugenia, com ações voltadas para o aprimoramento das raças, e o racismo se apresentou como a ideologia justificadora das desigualdades sociais, no entendimento de que a raça determina a cultura.

Na maioria dos estudos raciais, o povo da cor branca, chamado caucasiano, figurou como superior em todos os quesitos, portanto sua cultura e sociedade foram também tomadas como superiores, fato justificado por progressos na ciência e na indústria. Na outra ponta da hierarquia racial se encontram as pessoas negras, as quais, juntamente com os povos originários, foram praticamente invisibilizadas nas histórias nacionais, sendo que a história das pessoas negras se limitou, durante muito tempo, à história da escravidão, tomada como um mal necessário para o progresso das metrópoles. O enriquecimento dos brancos foi interpretado como produto dos feitos de pessoas de raça superior, independentemente da violência e das crueldades praticadas pelos colonizadores, ou mesmo da intensa exploração de recursos naturais empreendida por eles.

No período colonial, as tensões entre colonizadores e colonizados fizeram surgir um conjunto de estigmas visando à inferiorização dos povos indígenas e afrodescendentes, tomados como bárbaros e selvagens, como justificativa principal de sua escravização. Já no século XIX, após a independência, com o estabelecimento da igualdade jurídica e no processo de abolição do tributo indígena e do trabalho escravo, a estigmatização se ampliou, uma vez que o controle da mobilidade social desses grupos se tornou premissa da organização das sociedades capitalistas. O que vemos surgir é a difusão de estereótipos físicos atrelados a estigmatizações morais, ou seja, os "defeitos e vícios" passaram a ser entendidos como determinados pela cor das pessoas; nesse caso, o principal recurso para depreciar o corpo ou a vestimenta ou para desqualificar os hábitos, crenças, valores, danças e músicas foi lançar mão do discurso da estética da falta. Além disso, a condição de vulnerabilidade à qual ficaram expostos os povos indígenas, mestiços e afrodescendentes, principalmente nas cidades, contribuiu para a efetivação da criminalização da cor.

A ciência racista e a teoria da eugenia deram o impulso decisivo para políticos e intelectuais defenderem o branqueamento da América Latina, consolidando a ideologia da raça branca como superior e da inferioridade das pessoas de outras cores. Portanto, o debate sobre a mestiçagem – considerada positiva quando feito o "cruzamento" com brancos e negativa quando o cruzamento envolvia pessoas negras – ganhou um destaque fundamental no caso do racialismo latino-americano. As políticas de imigração europeia, efetivadas desde a segunda metade do século XIX, se sustentaram na tese de que o branqueamento melhoraria a humanidade da população latino-americana. Associada à difusão da escola, a imigração europeia se apresentou como um vetor pedagógico poderoso na educação do trabalhador nacional, que supostamente incorporaria os hábitos do trabalhador estrangeiro. Sabemos que o tiro saiu pela culatra, pois, já no final do século XIX, teve início a organização operária, com efetiva participação dos trabalhadores europeus.

Outra estratégia de branqueamento foi a institucionalização das escolas primárias para toda a população, um processo lento e contraditório que contribuiu ainda mais para a invisibilização de pessoas indígenas e afrodescendentes, bem como para a permanência – ou mesmo ampliação – das estigmatizações. Retomando a pergunta "Qual desses cidadãos vocês preferem?", o autor do anúncio afirmou que o negócio do industrial era melhorar a qualidade de seu produto, enquanto o negócio do governo seria melhorar a qualidade de seus cidadãos. Ele afirmou ainda que, se o produto fosse bom, deveria ser etiquetado devidamente. Ao retratar um indígena de olhar desconfiado e um trabalhador branco civilizado, já sabemos qual seria o produto a ser "etiquetado devidamente" ou com boas etiquetas. O trabalhador civilizado é apresentado como o produto do negócio do governo para "melhorar a qualidade do cidadão", pois o indígena parece nem contar como cidadão. De qualquer modo, transformar "selvagens" em trabalhadores morigerados foi uma das principais justificativas de ampliação da escolarização para as populações de afrodescendentes, indígenas e mestiços pobres.

As políticas de escolarização da população se pautaram na retórica de que o progresso dependia de ações que retirassem o povo da ignorância na qual estava imerso. Os argumentos foram os mais variados, por exemplo, o de que a aprendizagem da leitura e da escrita favoreceria a aquisição de melhores hábitos, a alteração dos costumes e a eliminação de vícios, o interesse por trabalhar, produzir e consumir, o amor à pátria etc.; por sua vez, a doutrina religiosa ratificaria a conformação de uma nação povoada por pessoas tementes a Deus. A escola teria o poder de homogeneizar culturalmente os povos, na perspectiva eurocêntrica do conhecimento.

As políticas de escolarização foram orientadas pela divisão racial da educação, por isso se caracterizaram por ofertas escolares desiguais e se estabeleceram de modo muito precário, contradizendo os discursos do impacto da escola no desenvolvimento das nações. No século XIX e no início do século XX, o que se observa é uma heterogeneidade muito grande na institucionalização de escolas, segundo as conveniências de mercado e os interesses da política local.

A desigualdade na oferta escolar impulsionou o uso de estereótipos para se referir às crianças afrodescendentes, indígenas, mestiças e pobres. As escolas primárias públicas, de acesso precário e com níveis diferenciados, contribuíram para a proliferação do estigma de população ignorante direcionado àquelas crianças que frequentavam menos a escola ou que não a frequentavam. Isso ocorreu principalmente devido ao trabalho infantil, muito usado na América Latina. Além das rotulações costumeiras, o emprego do epíteto desqualificador de analfabeto surgiu como uma nova estratégia de inferiorização de pessoas.

Por outro lado, a criação de instituições assistenciais especializadas para crianças abandonadas, órfãs, delinquentes, pervertidas, pobres, "delinquentes" etc. contribuiu para a rotulação/invenção da infância marginal. A ação educativa dessas instituições deu continuidade à divisão racial de trabalho, e nelas as crianças foram educadas por meio de muito trabalho (na roça ou em oficinas) e quase nenhuma instrução, com pouquíssimas chances de sair do lugar social de sua cor. Também as políticas de educação dos povos indígenas buscaram combinar trabalho e alguma instrução, associados com o aldeamento e o assédio da doutrinação religiosa.

"Qual desses cidadãos vocês preferem?". Diante das imagens oferecidas pelo autor, além de sentirmos uma profunda indignação, precisamos nos questionar como pode ter sido possível a elaboração de uma pergunta como essa. Vasculhar a história das resistências indígenas e dos povos afrodescendentes em busca de suas lutas contra a crueldade e a exploração a que estiveram expostos e trazer à tona o seu fundamental protagonismo no progresso e na ciência europeia podem nos oferecer muitas pistas. Do mesmo modo, faz-se necessário dar visibilidade aos processos históricos de estruturação da divisão racial da educação em sua função de controle da mobilidade social, ou seja, evidenciar na história da educação latino-americana as dinâmicas de opressão sociorracial e subalternização de pessoas como parte da história mundial, não somente devido às desigualdades sociais e raciais desencadeadas, mas principalmente como aprendizagem de que não se constrói democracia com racismo, com subalternização e humilhação de pessoas, com estigmatizações inferiorizadoras e com o apagamento de costumes, valores e sensibilidades.

Referências bibliográficas

ACOSTA, Karin. Ciencias y artes útiles, fuentes inagotables de riqueza. La educación ilustrada del proyecto nacional venezolano, 1830-1870. *Revista de História e Historiografia da Educação*, Brasil, v.2, n.4, p.24-48, 2018.

AGUILAR, Jesús A. Cosamalón. *El juego de las apariencias*: la alquimia de los mestizajes y las jerarquías sociales en Lima, siglo XIX. México: El Colegio de México, 2017.

AGUIRRE, Carlos. *Breve historia de la esclavitud en el Perú*: una herida que no deja de sangrar. Perú: Fondo Editorial del Congreso del Perú, 2005.

ALENCASTRO, Luiz Felipe. *O trato dos viventes*: formação do Brasil no Atlântico Sul. São Paulo: Companhia das Letras, 2000.

ALMADA, Martín. Paraguay: educación y dependencia. Asunción, 2012. Disponível em: http://www.memoria.fahce.unlp.edu.ar/libros/pm.355/pm.355.pdf. Acesso em: 17 jun. 2021.

ALMEIDA, Maria Regina Celestino de. Os índios na história do Brasil: da invisibilidade ao protagonismo. *Revista História Hoje*, v.1, n.2, p.21-39, 2012.

ANDERSON, Benedict. *Comunidades Imaginadas*: reflexões sobre a origem e a difusão do nacionalismo. São Paulo: Companhia das Letras, 2008.

ANDRADE, Mário de. *Macunaíma*: o herói sem nenhum caráter. Vitória: UFFS, 2019.

ANDREWS, George Reid. *Los afroargentinos de Buenos Aires*. Argentina: Ediciones de la Flor, 1989.

ANDREWS, George Reid. *América afro-latina (1800-2000)*. São Paulo: Edufscar, 2014.

ANJOS, Juarez José Tuchinski dos. "Não há salvamento fora da instrução": atitudes e comportamentos em torno da escolarização compulsória dos ingênuos no Paraná provincial (década de 1880). In: VIDAL, Diana et al. (Orgs.). *Obrigatoriedade escolar no Brasil*. Mato Grosso: EdUFMT, 2013. p.189-208.

ARATA, Nicolás; SOUTHWELL, Myriam (Comps.). *Ideas en la educación latinoamericana*: un balance historiográfico. Argentina: Gonnet; UNIPE – Editorial Universitaria, 2014.

ARAÚJO, Vania Carvalho de. A criança socialmente desvalida: entre o trabalho e a ameaça da lei. In: FARIA FILHO, Luciano Mendes; ARAÚJO, Vania Carvalho de (Orgs.). *História da educação e da assistência à infância no Brasil*. Vitória: Edufes, 2011. p.171-205.

ARDAO, Arturo. *Génesis de la idea y el nombre de América Latina*. Caracas: Centro de Estudios Latinoamericanos Rómulo Gallegos, 1980.

ARÉVALO, Melquin Enrique; DÍAZ, Jhon Wilmar Rodríguez. Educación y poder en Colombia durante el siglo XIX. *Paideia Surcolombiana*, n.17, p.51-64, 2012.

BALDWIN, Brooke. The cakewalk: a study in stereotype and reality. *Journal of Social History*, v.15, n.2, p.205-18, 1981. Disponível em: https://academic.oup.com/jsh/article-abstract/15/2/205/935304?redirectedFrom=fulltext. Acesso em: 17 jun. 2021.

BALLADARES, Amílcar Zambrana (Coord.). *El pueblo afroboliviano*: historia, cultura y economía. Bolivia: FUNPROEIB; CONAFRO, 2014.

BALLESTRIN, Luciana. América Latina e o giro decolonial. *Revista Brasileira de Ciência Política*, Brasília, n.11, p.89-117, maio-ago. 2013.

BANDECCHI, Brasil. Conceituação do escravo face às escrituras de compra e venda. *Revista do Instituto de Estudos Brasileiros*, n.8, p.133-40, 1970.

BANDECCHI, Brasil. Legislação básica sobre a escravidão africana no Brasil. *Revista de História*, São Paulo, 44 (89), p.207-13, jan./mar. 1972.

BARTOLOMÉ, Miguel Alberto. Los pobladores del "Desierto": genocidio, etnocidio y etnogénesis en la Argentina. *Cuadernos de Antropología Social*, n.17, p.169-89, 2003.

BEIRED, José Luis Bendicho. Hispanismo e latinismo no debate intelectual iberoamericano. *Varia História*, Belo Horizonte, v.30, n.54, p.631-54, set./dez. 2014.

BELLOTTO, Manoel Lelo; CORRÊA, Ana Maria Martinez. *A América Latina de colonização espanhola*: antologia de textos históricos. São Paulo: Hucitec/Edusp, 1979.

BETHELL, Leslie. O Brasil e a ideia de "América Latina" em perspectiva histórica. *Estudos Históricos*, Rio de Janeiro, v.22, n.44, p.289-321, jul.-dez. 2009.

BHABHA, Homi K. *O local da cultura*. Belo Horizonte: Editora da UFMG, 1998.

BONILLA-MOLINA, Luis. *Historia breve de la educación de Venezuela*. Venezuela: Gato Negro Ediciones, 2004.

BOTO, Carlota. *A dimensão iluminista da reforma pombalina dos estudos*: das primeiras letras à universidade. *Revista Brasileira de Educação*, 15, p.282-299, 2010.

BRIGNOLI, Héctor Pérez. América Latina en la transición demográfica, 1800-1980. *Población y Salud en Mesoamérica*. San José: Centro Centroamericano de Población, Universidad de Costa Rica, v.7, n.2, archivo 1, ene.-jun. 2010. Disponível em: http://ccp.ucr.ac.cr. Acesso em: 17 jun. 2021.

CABALLERO, Blanca Álvarez. El gaucho rioplatense del siglo XIX y las primeras décadas del XX: una tipología desde la historia y la literatura. *Diálogos Latinoamericanos*, n.24, p.55-73, 2015.

CAMACHO, Roberto Pineda. Estado y pueblos indígenas en el siglo XIX. *Revista Credencial*, 2016. Disponível em: https://www.revistacredencial.com/historia/temas/estado-y-pueblos-indigenas-en-el-siglo-xix. Acesso em: 17 jun. 2021.

CAMPOS, Julieta Kabalin. Cosas de negros de Vicente Rossi: ¿un discurso heterodoxo? *Revista del Centro de Letras Hispanoamericanas*, Mar del Plata, año 27, n.35, p.79-94, 2018.

CAMPOS, Luis Eugenio. Los negros no cuentan: acerca de las demandas de reconocimiento de los afrodescendientes en Chile y la exclusión pigmentocrática. *Revista Antropologías del Sur*, año 4, n.8, p.15-31, 2017.

CÁRDENAS-HERRERA, John Jairo. *Educación, república y ciudadanía*: las Escuelas de Primeras Letras en la Provincia de Bogotá: 1819-1832. 2019. 361f. Tesis (Doctorado) – Universidad Nacional de Colombia, Centro de Estudios Sociales, 2019.

CARVALHO, José Murilo de. Os três povos da república. *Revista USP*, São Paulo, n.59, p.96-115, 2003.

CARVALHO-NETO, Paulo de. *Estudios Afros: Brasil-Paraguay-Uruguay-Ecuador*. Instituto de Antropología e Historia, Universidad Central de Venezuela, 1971.

CASANUEVA, Fernando. Indios males en tierras buenas: visión y concepción del mapuche según las elites chilenas, siglo XIX. In: BOCCARA, Guillaume (Ed.). *Colonización, resistencia y mestizaje en las Américas (siglo XVI-XX)*. Perú: IFEA; Quito: Abya-Yala, 2002.

CÉSAIRE, Aimé. *Discurso sobre o colonialismo*. Lisboa: Livraria Sá da Costa Editora, 1978.

CHINEN, Nobu. *O negro nos quadrinhos do Brasil*. São Paulo: Peirópolis, 2019.

CIRIO, Norberto Pablo. *Tinta negra en el gris del ayer*: los afroporteños a través de sus periódicos entre 1873 y 1882. Buenos Aires, 2009.

COMÊNIO. *Didáctica Magna*. Lisboa: Fundação Calouste Gulbenkian, 1985.

CONTRERAS, Manuel E. La educación boliviana en la primera mitad del siglo XX, 2016. Disponível em: http://books.openedition.org/ifea/7284. Acesso em: 18 jun. 2021.

CORRÊA, Mariza. *As ilusões da liberdade*: a escola Nina Rodrigues e a antropologia no Brasil. São Paulo: Universidade São Francisco; FAPESP, 2001.

CUNHA, Manuela Carneiro da (Org.). *História dos índios no Brasil*. São Paulo: Companhia das Letras, 1992.

CUSSEN, Celia L. El paso de los negros por la historia de Chile. *Cuadernos de Historia*. Departamento de Ciencias Históricas, Universidad de Chile, p.45-59, mar. 2006.

DAVIS, David Brion. *O problema da escravidão na cultura ocidental*. Rio de Janeiro: Civilização Brasileira, 2001.

DEL ROIO, Marcos. Gramsci e a emancipação do subalterno. *Revista Sociologia Política*, Curitiba, p.63-78, nov. 2007.

DELVALLE, Yessica Carolina Acosta. Construcción de identidades, imaginarios y representaciones en el *Álbum grafico de la República del Paraguay*: la creación de una idea de nación. Foz do Iguaçu, 2019. Disponível em: https://dspace.unila.edu.br/handle/123456789/4333/browse?value=Acosta+Delvalle%2C+Yessica+Carolina&type=author. Acesso em: 17 jun. 2021.

DOLHNIKOFF, Mirian (org.); SILVA, José Bonifácio de Andrada e. *Projetos para o Brasil*. São Paulo: Companhia das Letras, 1998.

DONGHI, Halperin. *História da América Latina*. Rio de Janeiro: Paz e Terra, 1976.

DUSSEL, Enrique. Europa, modernidade e eurocentrismo. In: LANDER, Edgardo (Org.). *A colonialidade do saber*: eurocentrismo e ciências sociais. Perspectivas latino-americanas. Buenos Aires: Clacso, 2005. (Colección Sur-Sur).

EAGLETON, Terry. *A ideologia da estética*. Rio de Janeiro: Zahar, 1990.

ELIAS, Norbert. *Formação do Estado e civilização*. Rio de Janeiro: Zahar, 1993. (O Processo Civilizador, v.2).

ELIAS, Norbert. *Uma história dos costumes*. Rio de Janeiro: Zahar, 1994. (O Processo Civilizador, v.1).

ELIAS, Norbert. Estado, processo, opinião pública. Rio de Janeiro: Zahar, 2006. (Escritos & Ensaios, v.1).

ELIAS, Norbert; SCOTSON, John L. *Os estabelecidos e os outsiders*. Rio de Janeiro: Zahar, 2000.

ELTIS, David; RICHARDSON, David. Os mercados de escravos africanos recém-chegados às Américas. *Topoi*, Rio de Janeiro, p.9-46, mar. 2003.

ENGELS, Friedrich. *A situação da classe trabalhadora na Inglaterra*. São Paulo: Global, 1985.

ESPIELL, Héctor Gros. El constitucionalismo latinoamericano y la codificación en el siglo XIX. *Anuario Iberoamericano de Justicia Constitucional*, n.6, p.143-76, 2002. Disponível em: https://dialnet.unirioja.es/servlet/articulo?codigo=1975573. Acesso em: 18 jun. 2021.

ESPINOZA, G. Antonio. Estado, comunidades locales y escuelas primarias en el departamento de Lima, Perú (1821-1905). *Cuadernos de Historia*, Chile, n.34, p.83-108, 2011.

FERNANDES, Rogério. *Os caminhos do ABC*: sociedade portuguesa e ensino das primeiras letras. Porto: Porto Editora, 1994.

FIGUEROA, Eduardo Cavieres; TORRES, José Chaupis (Eds.). *La Guerra del Pacífico en perspectiva histórica*. Chile: Universidad de Tarapacá, 2015.

FONSECA, Marcus Vinícius. *A educação dos negros*: uma nova face do processo de abolição da escravidão no Brasil. Bragança Paulista: EDUSF, 2002.

FOUCAULT, Michel. *Genealogía del racismo*. Argentina: Altamira, 1993.

FRANCO, Afonso Arinos de Melo. *O índio brasileiro e a Revolução Francesa*: as origens brasileiras da teoria da bondade natural. Rio de Janeiro: Topbooks, 2000.

FRIGERIO, A. "Sin otro delito que el color de su piel". Imágenes del "negro" en la revista Caras y Caretas (1900-1910). In: GUZMÁN, F.; GELER, L. (Eds.). *Cartografías afrolatinoamericanas. Perspectivas situadas para análisis transfronterizos*. Buenos Aires: Biblos, 2013a, p.151-172.

GAHYVA, Helga da Cunha. "A epopeia da decadência": um estudo sobre o *Essai sur l'inégalité des races humaines* (1853-1855), de Arthur de Gobineau. *Mana*, 17, 3, p.501-18, 2011.

GALINDO, Alberto Flores. República sin ciudadanos. *Fronteras*, Colombia, Centro de Investigaciones de Historia Colonial, v.1, n.1, p.13-33, 1997.

GARAVAGLIA, Juan Carlos. El poncho: una historia multiétnica. In: BOCCARA, Guillaume (Ed.). Colonización, resistencia y mestizaje en las Américas, siglos XVI-XX. Perú: IFEA; Ecuador: Abya-Yale, p.185-200, 2002.

GARCÍA, Fernando Mayorga. *Historia de la Organización Electoral en Colombia (1888-2012)*: vicisitudes de la consolidación democrática en un país complejo. Bogotá: Editorial Universidad del Rosario, 2013.

GELLNER, Ernest. *Naciones y nacionalismo*. Buenos Aires: Alianza, 1994.

GILENO, Carlos Henrique. A legislação indígena: ambiguidades na formação do Estado-Nação no Brasil. *Cadernos CRH*, v.20, n.49, p.123-33, 2007.

GONDRA, José Gonçalves; SCHUELER, Alessandra. *Educação, poder e sociedade no Império brasileiro*. São Paulo: Cortez, 2008.

GONZÁLEZ, Otilia Margarita Rosas. *La población indígena en la Provincia de Venezuela*. 2015. Tesis (Doctorado) – Universidad de Salamanca, Instituto Universitario de Iberoamérica, 2015.

GONZÁLEZ P., José Antonio. Los pueblos originarios en el marco del desarrollo de sus derechos. *Estudios Atacameños*, n.30, p.79-90, 2005.

GOULD, Stephen Jay. *A falsa medida do homem*. São Paulo: Martins Fontes, 1991.

GUIMARÃES, Antônio Sergio. *Racismo e antirracismo no Brasil*. São Paulo: Editora 34, 1999.

HARRIET, Fernando Campos. *Desarrollo educacional, 1810-1960*. Chile: Editorial Andrés Belo, 1960.

HIDALGO, Yanixa Rafaela Rivero. La educación primaria en los Códigos de Instrucción Pública de Venezuela 1843-1897. *Procesos Históricos*, v.10, i.20, p.50-61, 2011.

HUME, David. Of National Characters. In: *Essays*: Moral, Political and Literary. London: Longmans, Green and Co., v.1, 1875. p.252. Disponível em: https://www.nacaomestica.org/HumeMFP.htm. Acesso em: 18 jun. 2021.

HUNT, Shane. América Latina en el siglo XX: ¿Se estrecharon las brechas o se ampliaron aún más? In: OLARTE, Efrain Gonzales; IGUIÑIZ, Javier (Eds.). *Desarrollo económico y bienestar*: homenaje a Máximo Vega-Centeno. Perú: Fondo Editorial – Pontificia Universidad Católica del Perú, p.22-53, 2009. Disponível em: http://files.pucp.edu.pe/departamento/economia/LDE-2009-02-02.pdf. Acesso em: 18 jun. 2021.

IANNI, Octavio. A questão nacional na América Latina. *Estudos Avançados*, v.2, n.1, jan./mar. 1988.

JENSEN, Niklas Tode; SIMONSEN, Gunvor. *Introduction: The historiography of slavery in the Danish-Norwegian West Indies, c. 1950-2016*. Disponível em: https://doi.org/10.1080/03468755.2016.1210880.

KANT, Immanuel. Observações sobre o sentimento do belo e do sublime. 1764. Disponível em: http://www.filosofia.com.br/figuras/livros_inteiros/170.txt. Acesso em: 18 jun. 2021.

KANT, Immanuel. Determinação do conceito de uma raça humana. Tradução de Alexandre Hahn. *Kant e-Prints*, Campinas, série 2, v.7, n.2, p.2845, jul.-dez. 2012.

KRENAK, Ailton. *Ideias para adiar o fim do mundo*. São Paulo: Companhia das Letras, 2019.

LABRADOR, Carmen. El primer Congreso Pedagógico Venezolano y el Código de Instrucción Popular (Caracas, 1895). *Revista de Educación*, n. extra, p.149-62, 1997.

LANDER, Edgardo. Ciências sociais: saberes coloniais e eurocêntricos. In: *A colonialidade do saber*: eurocentrismo e ciências sociais. Perspectivas latino-americanas. Buenos Aires: Clacso, 2005. (Colección Sur-Sur).

LARAIA, Roque de Barros. *Cultura*: um conceito antropológico. Rio de Janeiro: Zahar, 2001.

LARSON, Brooke. *Indígenas, élites y Estado en la formación de las repúblicas andinas (1850-1910)*. Perú: Pontificia Universidad Católica del Perú/Fondo Editorial, 2002.

LEONARDO, Richard. *El cuerpo mirado*: la narrativa afroperuana en el siglo XX. Lima: USIL, 2016.

LEPE-CARRIÓN, Patricio. *El contrato colonial de Chile*: ciencia, racismo y nación. Equador: Abya-Yala, 2017.

LESTER, Toby. *A quarta parte do mundo*: a corrida aos confins da Terra e a épica história do mapa que deu nome à América. Rio de Janeiro: Objetiva, 2012.

LOANGO, Anny Ocoró. La nación, la escuela y "los otros": reflexiones sobre la historia de la educación en Argentina y Colombia en el imaginario civilizatorio moderno. *Rollos Internacionales*, v.5, n.41, p.35-56, 2016.

LOCKE, John. *Segundo tratado sobre governo civil*. São Paulo: Edipro, 2014.

LUJÁN, Daniel Soria. La instrucción pública en la Constitución de Cádiz y el constitucionalismo peruano inicial. *Pensamiento Constitucional*, n.17, p.267-88, 2012.

MACONDE, Juan Angola (Comp.). *Registro de saberes, conocimientos, valores y lengua*: pueblo afroboliviano. Bolivia: Ministerio de Educación, 2010.

MAGALHÃES, Justino. *Da cadeira ao banco*. Escola e modernização (séculos XVIII-XX). Lisboa: Educa, 2010.

MANN, Horace. *A educação dos homens livres*. São Paulo: Ibrasa, 1963.

MATTOS, Hebe Maria. *Escravidão e cidadania no Brasil monárquico*. Rio de Janeiro: Jorge Zahar, 2004.

MATTOSO, Katia. *Ser escravo no Brasil*. São Paulo: Brasiliense, 1990.

MAZZ, José M. López. Sangre indígena em Uruguay: memoria y ciudadanías post nacionales. *Athenea Digital*: Revista de Pensamiento e Investigación Social, v.18, n.1, 2018. Disponível em: https://doi.org/10.5565/rev/athenea.2235. Acesso em: 18 jun. 2021.

MIGNOLO, Walter D. Desobediência epistêmica: a opção descolonial e o significado de identidade em política. Trad. Ângela Lopes Norte. *Cadernos de Letras da UFF – Dossiê: Literatura, língua e identidade*, n.34, p.287-324, 2008.

MIGNOLO, Walter. *La idea de América Latina*: la herida colonial y la opción decolonial. Barcelona: Gedisa Editorial, 2005.

MILL, Stuart. *A Liberdade/Utilitarismo*. São Paulo: Martins Fontes, 2000.

MONTESQUIEU. *O espírito das leis*. São Paulo: Martins Fontes, 1996.

MORITÁN, Matilde; CRUZ, María Beatriz. *Comunidades originarias y grupos étnicos de la Provincia de Jujuy*. Argentina: Ediciones del Subtrópico, 2011.

MOURA, Esmeralda. Infância operária e acidente de trabalho em São Paulo. In: DEL PRIORE, Mary (Org.). *História das crianças no Brasil*. São Paulo: Contexto, 1995. p.112-28.

MOURA, Esmeralda. Crianças operárias na recém-industrializada São Paulo. In: DEL PRIORE, Mary (Org.). *História das crianças no Brasil*. São Paulo: Contexto, 2009. p.259-88.

MOURÃO, Paulo Krüger. *O ensino em Minas Gerais no tempo da república*. Minas Gerais: Centro Regional de Pesquisas Educacionais de Minas Gerais, 1962.

MUNANGA, Kabengele. *Rediscutindo a mestiçagem no Brasil*. Rio de Janeiro: Vozes, 1999.

NAGLE, Jorge. *Educação e sociedade na Primeira República*. São Paulo: Edusp, 2009.

NAGY, Mariano. Una educación para el desierto argentino: los pueblos indígenas en los planes de estudio y en los textos escolares actuales. *Espacios en Blanco*: Revista de Educación, n.23, p.187-223, jun. 2013.

NAJAS, Rosemarie Terán. *La escolarización de la vida*: el esfuerzo de construcción de la modernidad educativa en el Ecuador (1821-1921). 2015. 279f. Tesis (Doctorado) – Universidad Nacional de Educación a Distancia (España), Facultad de Educación, Departamento de Historia de la Educación y Educación Comparada, 2015.

NETO, Lira. *Uma história do samba*: as origens. São Paulo: Companhia das Letras, 2017.

NOVAIS, Fernando. *Portugal e Brasil na Crise do Antigo Sistema Colonial (1777-1808)*. São Paulo: Hucitec, 1979.

OLIVAL, Fernanda. Rigor e interesses: os estatutos de limpeza de sangue em Portugal. *Cadernos de Estudos Sefarditas*, n.4, p.151-82, 2004.

PANOZO, Mauricio A. Pol. La problemática educativa en la historia boliviana. In: INSTITUTO DE INVESTIGACIONES PEDAGÓGICAS PLURINACIONAL (org.) *Hitos de la educación boliviana*. La Paz (Bolivia): Ministerio de Educación; Instituto de Investigaciones Pedagógicas Plurinacional; Colección Pedagógica Plurinacional; Serie Histórica, n.I, 2014.

PASTORE, Carlos. *La lucha por la tierra en el Paraguay*. Paraguay: Intercontinental, 2004.

PHELAN, John Leddy. El origen de la idea de Latinoamérica. In: ZEA, Leopoldo (Comp.). *Fuentes de la cultura latinoamericana*. Tomo I. México: Fondo de Cultura Económica, p.461-75, 1993.

POMER, Léon. *As independências na América Latina*. São Paulo: Brasiliense, 1981.

POUTIGNAT, Philippe; STREIFF-FENART, Jocelyne. *Teorias da etnicidade*. São Paulo: Editora Unesp, 1998.

PRADO, Maria Ligia Coelho. *A formação das nações latino-americanas*. São Paulo: Atual, 1987.

QUIJADA, Mónica. Latinos y anglosajones: el 98 en el fin de siglo sudamericano. *Hispania*, v.57, n.196, p.589-609, 1997.

QUIJANO, Aníbal. Colonialidade do poder, eurocentrismo e América Latina. In: LANDER, Edgardo (Org.). *A colonialidade do saber*: eurocentrismo e ciências sociais. Perspectivas latino-americanas. Buenos Aires: Clacso, 2005. (Colección Sur-Sur).

QUIJANO, Aníbal. *Cuestiones y Horizontes*: antología esencial de la dependencia histórico/estructural a la colonialidad/decolonialidad del poder. Buenos Aires: Clacso, 2014.

REIS, João José. O jogo duro do dois de julho: o "partido negro" na independência da Bahia. In: REIS, João José; SILVA, Eduardo. *Negociação e conflito*: a resistência negra no Brasil escravista. São Paulo: Companhia das Letras, 1989, p.79-98.

RESTREPO, Eduardo; ROJAS, Axel. *Inflexión decolonial*: fuentes, conceptos y cuestionamientos. Colombia: Universidad del Cuca, 2010.

RODÓ, José Enrique. *Ariel*. Biblioteca Virtual Universal, Editorial Del Cardo, 2003.

RODRÍGUEZ, Edwin Cruz. El problema indígena y la construcción de la nación en Bolivia y Ecuador: siglo XIX. *Diálogos Latinoamericanos*, n.19, p.33-68, 2012.

RODRÍGUEZ, Lidia Mercedes. Historia de la educación latinoamericana: aportes para el debate. In: ARATA, Nicolás; SOUTHWELL, Myriam (Comps.). *Ideas en la educación latinoamericana*: un balance historiográfico. Argentina: Gonnet; UNIPE – Editorial Universitaria, 2014. p.65-78.

RODRÍGUEZ, Romero J. *Mbundo Malungo a Mundele*: desde la persona negra al hombre blanco. Uruguay: Rosebud Ediciones, 2006.

ROMAÑACH, Alfredo Boccia. *Esclavitud en el Paraguay*. Paraguay: Centro Unesco Assunción, 2004.

ROUSSEAU, Jean-Jacques. *Emílio ou da educação*. Rio de Janeiro: Bertrand do Brasil, 1992.

SABATO, Hilda. Soberania popular, cidadania e nação na América Hispânica: a experiência republicana do século XIX. *Almanak Brazilense*, n.9, p.5-22, maio 2009.

SAID, Edward W. *Orientalismo*. O oriente como invenção do Ocidente. São Paulo: Companhia de Bolso, 2007.

SALAS, Jesús María Herrera. *Economía política del racismo en Venezuela*. Caracas: Editorial Salas, 2009.

SALMORAL, Manuel Lucena. *Leyes para esclavos*: el ordenamiento jurídico sobre la condición, tratamiento, defensa y represión de los esclavos en las colonias de la América española. 2010. Disponível em: http://www.larramendi.es/es/consulta/registro.do?id=1151. Acesso em: 18 jun. 2021.

SANTOS, Boaventura de Souza; MENESES, Maria Paula. *Epistemologias do Sul*. Coimbra: Almedina, 2010.

SANTOS, Jocélio Teles dos. *De pardos disfarçados a brancos pouco claros*: classificações raciais no Brasil dos séculos XVIII-XIX. *Afro-Ásia*, 32, p.115-37, 2005.

SANTOS, Luciano dos. O Brasil como parte da América Latina: o projeto identitário-integracionista de Leopoldo Zea. *Temporalidades. Revista Discente do Programa de Pós-Graduação em História da UFMG*, v.4, n.2, ago./dez. 2012, p.254-277.

SARASOLA, Carlos Martínez. *Nuestros paisanos los indios*: vida, historia y destino de las Comunidades indígenas en la Argentina. Argentina: Emece Editores, 2005.

SCHEEL, Sylvia Dümmer. *Sin tropicalismos ni exageraciones*: la construcción de la imagen de Chile para la Exposición Iberoamericana de Sevilla en 1929. Chile: RIL Editores, 2012.

SCHWARCZ, Lilia Moritz. *O espetáculo das raças*: cientistas, instituições e questão racial no Brasil (1870-1930). São Paulo: Companhia das Letras, 1993.

SEED, Patricia. *Cerimônias de posse na conquista europeia do novo mundo (1492-1640)*. São Paulo: Editora Unesp, 1999.

SEGARRA, C. Enrique Mena; PALOMEQUE, Agapo Luis. *Historia de la educación uruguaya*. Montevideo: 2009.

SEPÚLVEDA, Juan Mansilla et al. Instalación de la escuela monocultural en la Araucanía, 1883-1910: dispositivos de poder y Sociedad Mapuche. *Educ. Pesqui.*, São Paulo, v.42, n.1, p.213-28, jan./mar. 2016.

SEYFERTH, Giralda. A invenção da raça e o poder discricionário dos estereótipos. *Anuário Antropológico*. Rio de Janeiro: Tempo Brasileiro, 1995. p.175-203.

SHAPIRO, Harry L. O povo da terra prometida. In: COMAS, Juan et al. *Raça e ciência I*. São Paulo: Perspectiva, 1970.

SILVA, Ana Rosa Cloclet da. *Construção da nação e escravidão no pensamento de José Bonifácio*. Campinas: Unicamp, 1999.

SILVA, Marcilene da. Índios civilizados e escolarizados em Minas Gerais no século XIX: a produção de uma outra condição de etnicidade. 2003.

163f. Dissertação (Mestrado) – Universidade Federal de Minas Gerais, Faculdade de Educação, Belo Horizonte, 2003.

SILVA, Maria Beatriz Nizza da. A carta-relatório de Pero Vaz de Caminha. *IDE*, São Paulo, 33 [50], p.26-35, jul. 2010.

SILVA, Rosa Virgínia Mattos e. *Ensaios para uma sócio-história do português brasileiro*. São Paulo: Parábola, 2004.

SOARES, Thais Gonsales. Louis Agassiz e seu discurso racial. *Revista Tecer*, Belo Horizonte, v.4, n.7, p.49-57, nov. 2011.

SOUSA, Ricardo Alexandre Santos. A extinção dos brasileiros segundo o conde de Gobineau. *Revista Brasileira de História da Ciência*, Rio de Janeiro, v.6, n.1, p.21-34, jan.-jun. 2013.

SOUZA, Gizele de; ANJOS, Juarez José Tuchinski dos. A criança, os ingênuos e o ensino obrigatório no Paraná. In: VIDAL, Diana et al. (Orgs.). *Obrigatoriedade escolar no Brasil*. Cuiabá: EdUFMT, 2013.

SOUZA, Juliana Beatriz Almeida de. Las Casas, Alonso de Sandoval e a defesa da escravidão negra. Topoi, v.7, n.12, jan.-jun. 2006, p.25-59.

SPIVAK, Gayatri Chakravorty. *Pode o subalterno falar?* Belo Horizonte: UFMG, 2014.

STEPAN, Nancy Leys. *"A hora da eugenia"*: raça, gênero e nação na América Latina. Rio de Janeiro: Fiocruz, 2005.

TEJADA, Jaime Moreno. Microhistoria de una sociedad microscópica: aproximación a la misión jesuita en el Alto Napo (Ecuador), 1870-1896. *Revista Complutense de Historia de América*, v.38, p.177-95, 2012.

TELESCA, Ignacio. Paraguay a fines de la colonia: ¿mestizo, español o indígena? *Jahrbuch für Geschichte Lateinamerikas – Anuario de Historia de América Latina*, v.46, n.1, 2015. Disponível em: https://doi.org/10.7767/jbla.2009.46.1.261.

TORAL, André Amaral de. A participação dos negros escravos na Guerra do Paraguai. *Estudos Avançados*, 9 (24), p.287-96, 1995.

TOSTES, Ana Paula Cabral. Um olhar social sobre o século XVIII: os significados da categoria pardo numa sociedade de Antigo Regime. In: ENCONTRO REGIONAL DA ANPUH-RIO: MEMÓRIA E PATRIMÔNIO, 14., jul. 2010, Rio de Janeiro. *Anais...* Rio de Janeiro: NUMEM, 2010.

UZCATEGUI, Emilio. Cartilla de divulgación ecuatoriana no. 3: desarrollo de la educación en el Ecuador. Quito: Casa de la Cultura Ecuatoriana, 1976. Disponível em: https://repositorio.flacsoandes.edu.ec/handle/10469/11893. Acesso em: 18 jun. 2021.

VAINFAS, Ronaldo (Org.). *Dicionário do Brasil Imperial* (1822-1889). Rio de Janeiro: Objetiva, 2008.

VEIGA, Cynthia Greive. *História da educação*. São Paulo: Ática, 2007.

VEIGA, Cynthia Greive. Obrigatoriedade escolar em Minas Gerais no século XIX: coerção externa e autocoerção. In: VIDAL, Diana et al. (Org.) *Obrigatoriedade escolar no Brasil*. Cuiabá: EdUFMT, 2013.

VEIGA, Cynthia Greive. Trabalho infantil e escolarização: questões internacionais e o debate nacional (1890-1944). *Rev. Bras. Hist. Educ.*, Maringá, v.16, n.4 (43), p.272-303, out./dez. 2016.

VEIGA, Cynthia Greive. Crianças pobres como grupo outsider e a participação da escola. *Educ. Real.*, Porto Alegre, v.42, n.4, p.1239-56, out./dez. 2017.

VEIGA, Cynthia Greive. The body's civilization/decivilization: emotional, social and historical tensions. *Paedagogia Historica*: International Journal of the History of Education, v.54, n.1-2, p.20-31, 2018.

VEIGA, Cynthia Greive. Infância subalterna: dimensões históricas das desigualdades nas condições de ser criança (Brasil, primeiras décadas republicanas). *Perspectiva*, v.37 n.3, p.767-90, 2019a.

VEIGA, Cynthia Greive. Escola pública, processo civilizador, modernidade eurocêntrica e exclusão sócio-racial: diálogos com Aníbal Quijano e Norbert Elias. In: VEIGA, Cynthia Greive; OLIVEIRA, Marcus Aurelio Taborda de (Orgs.). *Historiografia da educação*: abordagens teóricas e metodológicas. Belo Horizonte: Fino Traço, 2019b.

VERA, Eugenia Roldán. Realidades y posibilidades en la historiografía de la educación latinoamericana: una perspectiva mexicana. In: ARATA, Nicolás; SOUTHWELL, Myriam (Comps.). *Ideas en la educación latinoamericana*: un balance historiográfico. Argentina: Gonnet; UNIPE – Editorial Universitaria, 2014. p.45-64.

VERDESIO, Gustavo. La mudable suerte del amerindio en el imaginario uruguayo: su lugar en las narrativas de la nación de los siglos XIX y XX y su relación con los saberes expertos. *Araucaria*: Revista Iberoamericana de Filosofía, Política y Humanidades, n.14, p.161-95, dic. 2005.

VIDAL, Diana. Mapas de frequência a escolas de primeiras letras: fontes para uma história da escolarização e do trabalho docente em São Paulo na primeira metade do século XIX. *Revista Brasileira de História da Educação*, v.8, n.2 [17], p.41-67, 2008.

VIDAL, Diana et al. (Org.). *Obrigatoriedade escolar no Brasil*. Cuiabá: EdUFMT, 2013.

VILAR, Pierre. *Oro y Moneda en la historia (1450-1920)*. Barcelona: Ariel, 1974.

VILLEGAS, Luis Fernando Botero. Ecuador siglos XIX y XX: República, "construcción" del indio e imágenes contestadas. *Gazeta de Antropología*, 29 (1), artículo 03, 2013. Disponível em: http://hdl.handle.net/10481/24586. Acesso em: 18 jun. 2021.

VOLTAIRE. *Tratado de metafísica*. 1736. Disponível em: https://docero.com.br/doc/nxssv5n. Acesso em: 18 jun. 2021.

WADE, Peter. *Gente negra, nación mestiza*. Colombia: Editorial Universidad de Antioquía, 1977.

WAHLSTRÖM, Viktor. *Lo fantástico y lo literario en las Crónicas de Indias*: Estudio sobre la mezcla entre realidad y fantasía, y sobre rasgos literarios en las obras de los primeiros cronistas del Nuevo Mundo. Lund: Universidad de Lund, 2009. Disponível em: http://lup.lub.lu.se/luur/download?func=downloadFile&recordOId=1485594&fileOId=1497036.

WALLERSTEIN, Immanuel Maurice. *Capitalist Agriculture and the Origins of the European World-Economy in the Sixteenth Century*. New York/London: Academic Press, 1974. (The Modern World-System, v.1).

WALSH, Catherine. *Pedagogías decoloniales*: prácticas insurgentes de resistir, (re)existir y (re)vivir. Ecuador: Editora Abya-Yala, 2017. (Serie Pensamiento Decolonial).

WASSERMAN, Cláudia. A primeira fase da historiografia latino-americana e a construção da identidade das novas nações. *História da Historiografia*. Ouro Preto, n.7, nov.-dez. 2011, p.94-115.

WEINBERG, Gregorio. *Modelos educativos en el desarrollo histórico de América Latina*. Nueva versión. Proyecto Desarrollo Y Educación en América Latina y Caribe. UNESCO; CEPAL, PNUD, 1981.

WITTMÜTZ, Volkmar. Die preußische Elementarschule im 19. Jahrhundert. In: *Themenportal Europäische Geschichte*, 2007. Disponível em: https://www.europa.clio-online.de/essay/id/fdae-1436. Acesso em: 18 jun. 2021.

ZAGAL, Rodrigo Ruz et al. Caricaturas del Perú negro en magazines chilenos: referentes iconográficos y alteridad (1902-1932). *Revista de Antropología Chilena*, v.49, n.3, p.397-409, 2017.

ZANATA, Loris. *Uma breve história da América Latina*. São Paulo: Cultrix, 2017.

ZEA, Leopoldo. Discurso desde la marginación y la barbarie. México: Fondo de Cultura Económica, 1990.

ZULUAGA, Marcela Quiroga. Las políticas coloniales y la acción indígena: la configuración de los pueblos de indios de la provincia de Páez, siglos XVII y XVIII. *ACHSC*, v.42, n.1, p.23-50, jun. 2015. Disponível em: http://dx.doi.org/10.15446/achsc.v42n1.51341. Acesso em: 18 jun. 2021.

Documentos

Carta del contador Rodrigo de Albornoz, al emperador. Diciembre 15, 1525. Disponível em: http://www.biblioteca.tv/artman2/publish/1525_283/Carta_del_contador_Rodrigo_de_Albornoz_al_emperado_472.shtml.

CONFÉRENCE INTERNATIONALE DE BERLIN, 1890, Paris. *Actes...* Paris: Imprimerie Nationale, 1890. Disponível em: https://gallica.bnf.fr/ark:/12148/bpt6k5613751c.image. Acesso em: 18 jun. 2021.

CONGRESSO AGRÍCOLA, 1878, Rio de Janeiro. *Anais...* Rio de Janeiro: Fundação Casa de Rui Barbosa, 1988. Disponível em: https://archive.org/details/congragri1878josemur. Acesso em: 18 jun. 2021.

CONGRESSO BRASILEIRO DE INSTRUÇÃO PRIMÁRIA E SECUNDÁRIA, 2., 1912, Belo Horizonte. *Anais...* Belo Horizonte: Imprensa Oficial, 1913.

DECOUD, Arsenio Lopez (Ed.). *Álbum gráfico de la República del Paraguay*: un siglo de vida nacional, 1811-1911. Buenos Aires: Talleres Gráficos de la Compañía de Fósforos, 1911. Disponível em: https://archive.org/details/albumgraficodela00lope/page/296/mode/2up. Acesso em: 18 jun. 2021.

PÁGINAS DA HISTÓRIA. Noticias da II Conferência Nacional de Educação da ABE. Belo Horizonte, 4 a 11 de novembro de 1928. SILVA, Arlete Pinto de Oliveira e (Org.). Brasília: Instituto Nacional de Estudos e Pesquisas Nacionais Anísio Teixeira, 2004. Disponível em: http://inep.gov.br/informacao-da-publicacao/-/asset_publisher/6JYIsGMAMkW1/document/id/488303.

SILVA, José Bonifácio. Apontamentos para a civilização dos índios bravos do Brazil. 1823. Disponível em: www.obrabonifacio.com.br/colecao/obra/1072/digitalizacao/pagina/2/#.

SILVA, José Bonifácio. Representação à Assemblea Geral Constituinte e Legislativa do Imperio do Brasil Sobre a Escravatura. 1825. Disponível em: http://www2.senado.leg.br/bdsf/handle/id/518681.

Jornais e revistas

Portugal

A BATALHA: SUPLEMENTO LITERÁRIO ILUSTRADO. Lisboa, n.14, p.3, 3 mar. 1924. Disponível em: http://ric.slhi.pt/Suplemento_de_A_Batalha/obra?id=obr_0000009819. Acesso em: 18 jun. 2021.

Espanha

EL SOL. España, año 8, n.2052, p.8, 7 mar. 1924. Disponível em: http://hemerotecadigital.bne.es/details.vm?q=id:0000182002&lang=es. Acesso em: 18 jun. 2021.

Argentina

AMÉRICA HISPANA: REVISTA MENSAL ILUSTRADA. Buenos Aires, n.1, p.18-20, 1920.

ANALES DE LA EDUCACIÓN COMÚN, año 4, n.9, mayo 2009. Disponível em: http://servicios.abc.gov.ar/lainstitucion/revistacomponents/revista/default.cfm?page=sumario&IdP=37. Acesso em: 18 jun. 2021.

ARGENTINA. Consejo Nacional de Educación. *El Monitor de la Educación Común*. Buenos Aires, n.1, set. 1881a. Disponível em: http://www.bnm.me.gov.ar/proyectos/medar/publicaciones_educativas/fondos_historicos/monitor/index.php. Acesso em: 18 jun. 2021.

ARGENTINA. Consejo Nacional de Educación. *El Monitor de la Educación Común*. Buenos Aires, n.3, dic. 1881b. Disponível em: http://www.bnm.me.gov.ar/proyectos/medar/publicaciones_educativas/fondos_historicos/monitor/index.php. Acesso em: 18 jun. 2021.

ARGENTINA. Consejo Nacional de Educación. *El Monitor de la Educación Común*. Buenos Aires, n.4, ene. 1882. Disponível em: http://www.bnm.me.gov.ar/proyectos/medar/publicaciones_educativas/fondos_historicos/monitor/index.php. Acesso em: 18 jun. 2021.

CARAS Y CARETAS. Buenos Aires, n.176, 15 feb. 1902. Disponível em: http://hemerotecadigital.bne.es/results.vm?q=parent:0004080157&lang=es. Acesso em: 18 jun. 2021.

CARAS Y CARETAS. Buenos Aires, n.242, 23 mayo 1903. Disponível em: http://hemerotecadigital.bne.es/results.vm?q=parent:0004080157&lang=es. Acesso em: 18 jun. 2021.

CARAS Y CARETAS. Buenos Aires, n.373, 25 nov. 1905. Disponível em: http://hemerotecadigital.bne.es/results.vm?q=parent:0004080157&lang=es. Acesso em: 18 jun. 2021.
MATE AMARGO. Buenos Aires, n.1, 5 jul. 1911.

Bolívia

REVISTA DE INSTRUCCIÓN PÚBLICA DE BOLIVIA, año 1, n.5, 1896a.
REVISTA DE INSTRUCCIÓN PÚBLICA DE BOLIVIA, año 1, n.7, t.2, 1896b.

Brasil

A CIGARRA. São Paulo, n.223, 1924.
A CLASSE OPERÁRIA. Jornal de trabalhadores. Feito por trabalhadores. Para trabalhadores. Rio de Janeiro, n.9, 27 jun. 1925.
A ESCOLA: REVISTA BRASILEIRA DE EDUCAÇÃO E ENSINO. Rio de Janeiro: Serafim José Alves, ano 1, n.1-2, 1877.
A ESCOLA: REVISTA BRASILEIRA DE EDUCAÇÃO E ENSINO. Rio de Janeiro: Serafim José Alves, ano 2, n.21, 1878.
A PLEBE. São Paulo, ano 1, n.5, 9 jun. 1917. Disponível em: https://bibdig.biblioteca.unesp.br. Acesso em: 18 jun. 2021.
ÁLBUM LITERÁRIO. Rio de Janeiro, ano 2, n.15, 15 mar. 1861.
ALMANAQUE BRASILEIRO GARNIER. Rio de Janeiro, 1910.
FON FON. Rio de Janeiro, n.39, 27 set. 1913.
FON FON. Rio de Janeiro, n.52, 29 dez. 1917.
JORNAL DO BRASIL. Rio de Janeiro, 24 abr. 1903.
O MENTOR DAS BRASILEIRAS. São João del Rei, n.47, 22 out. 1830.
O PAIZ. Rio de Janeiro, n.11180, 18 maio 1915.
O PAIZ. Rio de Janeiro, n.12065, 21 out. 1917.
O PAIZ. Rio de Janeiro, n.14137, 05 jul. 1923.
O PAIZ. Rio de Janeiro, n.14407, 31 mar. 1924.
O SOL. Rio de Janeiro, n.1, 1927.
O TICO-TICO. Rio de Janeiro, n.106, 16 out. 1907a. Disponível em: http://memoria.bn.br. Acesso em: 18 jun. 2021.
O TICO-TICO. Rio de Janeira, n.108, 30 out. 1907b. Disponível em: http://memoria.bn.br. Acesso em: 18 jun. 2021.

O TICO-TICO. Rio de Janeiro, n.702, 19 mar. 1919. Disponível em: http://memoria.bn.br. Acesso em: 18 jun. 2021.
O TICO-TICO. Rio de Janeiro, n.1236, 12 jun. 1929. Disponível em: http://memoria.bn.br. Acesso em: 18 jun. 2021.
O TICO-TICO. Rio de Janeiro, n.1360, 28 out. 1931. Disponível em: http://memoria.bn.br. Acesso em: 18 jun. 2021.
O TICO-TICO. Rio de Janeiro, n.1502, 18 jul. 1934. Disponível em: http://memoria.bn.br. Acesso em: 18 jun. 2021.
REVISTA AMERICANA. Rio de Janeiro, ano 1, n.1, out. 1909.
REVISTA ESCOLAR. Ouro Preto, ano 1, n.5, 25 mar. 1889.
REVISTA ILLUSTRADA. Rio de Janeiro, n.377, 1884.

Chile

CORRE VUELA, año 1, n.15, 1908a. Disponível em: http://www.memoriachilena.gob.cl/602/w3-article-2388.html. Acesso em: 18 jun. 2021.
CORRE VUELA, año 1, n.17, 1908b. Disponível em: http://www.memoriachilena.gob.cl/602/w3-article-2388.html. Acesso em: 18 jun. 2021.
CORRE VUELA, año 1, n.22, 1908c. Disponível em: http://www.memoriachilena.gob.cl/602/w3-article-2388.html. Acesso em: 18 jun. 2021.
CORRE VUELA, año 1, n.36, 1908d.
CORRE VUELA, año 1, n.49, 1908e.
CORRE VUELA, año 1, n.51, 1908f.
CORRE VUELA, año 1, n.68, 1908g.
SUCESOS, n.977, 1921. Disponível em: http://www.memoriachilena.gob.cl/602/w3-article-100809.html#documentos. Acesso em: 18 jun. 2021.
SUCESOS, n.1307, 1927. Disponível em: http://www.memoriachilena.gob.cl/602/w3-article-100809.html#documentos. Acesso em: 18 jun. 2021.
LA ILUSTRACIÓN, n.8, 1903.

Colômbia

PINOCHO. Barcelona, n.2, mar. 1925. Disponível em: http://www.idep.edu.co/wp_centrovirtual/. Acesso em: 19 jun. 2021.
REVISTA DE INSTRUCCIÓN PÚBLICA DE COLOMBIA. Bogotá: Typografia de La Luz: 1893a, t.1.

REVISTA DE INSTRUCCIÓN PÚBLICA DE COLOMBIA. Bogotá, Typografia de La Luz: 1893b, t.2.

Equador

REVISTA ECUATORIANA. Quito, t.1, n.2, 28 feb. 1889a.
REVISTA ECUATORIANA. Quito, t.1, n.6, 30 jun. 1889b.

Paraguai

EL CENTINELA. Asunción, 09 mayo 1867. Disponível em: http://bibliotecanacional.gov.py/hemeroteca/el-centinela-.
PARAGUAI. Consejo Nacional de Educación. *Revista Escolar*. Asunción, n.4, 1901.

Peru

AMAUTA. Lima, n.4, 1928.
REVISTA MUNDIAL. Lima, n.465, 17 mayo 1929.
LA REVISTA SEMANAL. Lima, n.134, 1930.

Uruguai

ANALES REVISTA NACIONAL. Montevideo, n.48, 1920.
EL TERRUÑO. Maldonado, año 1, n.6, 1917.

Documentos de governo/Legislação – por país

Argentina

ARGENTINA. Constituição (1853). *Constitución nacional argentina de 1853*. Disponível em: http://www.saij.gob.ar/alberto-dalla-via-constitucion-nacional-1853.
ARGENTINA. Ley 140 del Régimen Electoral Nacional, de 1857. Disponível em: https://es.wikisource.org/wiki/Ley_140_del_R%C3%A9gimen_Electoral_Nacional. Acesso em: 19 jun. 2021.
ARGENTINA. Ley 215 de 13 de agosto de 1867. Ordena la ocupación de los Ríos Negro y Neuquén como línea de frontera sud contra los

indios. Disponível em: http://www.mapuche.info/mapuint/ley215. html. Acesso em: 19 jun. 2021.

ARGENTINA. Ley 1420 de 8 de julio de 1884. Reglamenta la educación común. Disponível em: http://www.bnm.me.gov.ar/giga1/normas/5421.pdf. Acesso em: 19 jun. 2021.

ARGENTINA. Ley 8871 de 1912.

Bolívia

BOLÍVIA. Decreto Supremo de 15 de enero de 1874. Estatuto General de instrucción pública. Disponível em: . Acesso em: 19 jun. 2021.

BOLÍVIA. Constitución (1878). *Constitución política de 15 de febrero de 1878*. Disponível em: https://www.lexivox.org/norms/BO-CPE-18780215.html. Acesso em: 19 jun. 2021.

BOLÍVIA. Ministerio de Educación. Memoria del ministro de Justicia e Instrucción Pública Juan M. Saracho. Congreso Originario de 1905. In: JEROATA, Moromboeguasu et al. *Historia de la educación en Bolivia a través de las memorias del Ministerio de Educación, 1905-1911*, t.5. Bolivia, 2015.

Brasil

BRASIL. Alvará de 8 de maio de 1758. Finda a escravidão índia no Brasil. Disponível em: https://nacaomestica.org/blog4/?p=17862. Acesso em: 19 jun. 2021.

BRASIL. Carta Régia de 2 de dezembro de 1808. Sobre a civilização dos índios, a sua educação religiosa, navegação dos rios e cultura dos terrenos. Disponível em: https://www2.camara.leg.br/legin/fed/carreg_sn/anterioresa1824/cartaregia-40274-2-dezembro-1808-572464-publicacaooriginal-95565-pe.html. Acesso em: 19 jun. 2021.

BRASIL. Carta Régia de 1º de abril de 1809. Aprova o plano de povoar os Campos de Guarapuava e de civilizar os índios bárbaros que infestam aquele território. Disponível em: https://www2.camara.leg.br/legin/fed/carreg_sn/anterioresa1824/cartaregia-40045-1-abril-1809-571613-publicacaooriginal-94759-pe.html. Acesso em: 19 jun. 2021.

BRASIL. Constituição (1824). *Constituição política do Império do Brasil*: elaborada por um Conselho de Estado e outorgada pelo Imperador D. Pedro I em 25 de março de 1824. Disponível em: http://www.planalto.gov.br/ccivil_03/constituicao/constituicao24.htm. Acesso em: 19 jun. 2021.

BRASIL. Lei de 15 de outubro de 1827. Manda criar escolas de primeiras letras em todas as cidades, vilas e lugares mais populosos do Império. Disponível em: http://www.planalto.gov.br/ccivil_03/leis/lim/ LIM..-15-10-1827.htm. Acesso em: 19 jun. 2021.

BRASIL. Decreto nº 426 de 24 de julho de 1845. Contém o regulamento acerca das missões de catequese e civilização dos índios. Disponível em: https://legis.senado.leg.br/norma/387574/publicacao/15771126

BRASIL. Decreto nº 847, de 11 de outubro de 1890. Promulga o Código Penal. Disponível em: BRASIL. Decreto nº 1.313, de 17 de janeiro de 1891 (1891a). Estabelece providências para regularizar o trabalho dos menores empregados nas fábricas da Capital Federal. Disponível em: https://www2.camara.leg.br/legin/fed/decret/1824-1899/decreto-1313-17-janeiro-1891-498588-publicacaooriginal-1-pe.html. Acesso em: 19 jun. 2021.

BRASIL. Constituição (1891b). *Constituição da República dos Estados Unidos do Brasil*: de 24 de fevereiro de 1891. Disponível em: http://www.planalto.gov.br/ccivil_03/constituicao/constituicao91.htm. Acesso em: 19 jun. 2021.

BRASIL. Decreto nº 8.072, de 20 de junho de 1910. Cria o Serviço de Proteção aos Índios e Localização de Trabalhadores Nacionais e aprova o respectivo regulamento. Disponível em: https://www2.camara.leg.br/legin/fed/decret/1910-1919/decreto-8072-20-junho--1910-504520-norma-pe.html. Acesso em: 19 jun. 2021.

BRASIL. Decreto nº 13.706, de 25 de julho de 1919. Dá nova organização aos patronatos agrícolas. Disponível em: https://www2.camara.leg.br/legin/fed/decret/1910-1919/decreto-13706-25-julho-1919-521010-republicacao-95833-pe.html. Acesso em: 19 jun. 2021.

BRASIL. Decreto nº 17.943-A, de 12 de outubro de 1927. Código de Menores (1927); Código Mello Mattos. Disponível em: https://www2.camara.leg.br/legin/fed/decret/1920-1929/decreto-17943-a--12-outubro-1927-501820-norma-pe.html. Acesso em: 19 jun. 2021.

MINAS GERAIS. Relatório que a Assembleia Legislativa Provincial de Minas Gerais apresentou na sessão ordinária de 1868 o presidente da província José da Costa Machado de Souza. Ouro Preto: Typografia de J. F. de Paula Castro, 1868. Disponível em: http://www.crl.edu/catalog/index.htm.

MINAS GERAIS. Regulamento nº 84 a Lei nº 2.476 de 9 de novembro de 1878. Colecção de Leis de Minas Gerais. Arquivo Público Mineiro. Ouro Preto, 1879.

MINAS GERAIS. Secretaria do Interior. Códices 749, 797, 3567 e 3958. Arquivo Público Mineiro.

RIO DE JANEIRO. Constituição (1892). *Constituição do Estado do Rio de Janeiro*: promulgada em 9 de abril de 1892. Disponível em: http://www2.alerj.rj.gov.br/biblioteca/assets/documentos/pdf/constituicoes/rio_de_janeiro/constituicao_1892/Constituicao_1892.pdf. Acesso em: 19 jun. 2021.

RIO DE JANEIRO. Decreto nº 5.387 de 22 de julho de 1920. Disponível em: https://www.almg.gov.br. Acesso em: 19 jun. 2021.

Chile

CHILE. Constituição (1823). *Constitución política del Estado de Chile*: promulgada en 29 de diciembre de 1823. Disponível em: https://www.bcn.cl/Books/Constitucion_politica_de_Chile_1823/index.html#p=1. Acesso em: 19 jun. 2021.

CHILE. Constituição (1833). *Constitución de la República de Chile*: jurada y promulgada el 25 de mayo de 1833. Disponível em: https://www.bcn.cl/historiapolitica/constituciones/index.html. Acesso em: 19 jun. 2021.

CHILE. Ley general de instrucción primaria de educación, de 24 de noviembre de 1860. Disponível em: https://www.archivonacional.gob.cl/616/w3-article-28319.html?_noredirect=1. Acesso em: 19 jun. 2021.

CHILE. Ley de educación primaria obligatoria, de 26 de agosto de 1920. Disponível em: https://www.archivonacional.gob.cl/616/w3-article-8090.html?_noredirect=1. Acesso em: 19 jun. 2021.

Colômbia

COLÔMBIA. Decreto orgánico de la instrucción pública primaria de 1870. Disponível em: https://www.researchgate.net/publication/321055323_DECRETO_ORGANICO_INSTRUCCION_PUBLICA_NOV_11870. Acesso em: 19 jun. 2021.

COLÔMBIA. Ley 89 de 13 de diciembre de 1892 (1892a). Sobre instrucción pública. Disponível em: http://www.suin-juriscol.gov.co/viewDocument.asp?ruta=Leyes/1631047. Acesso em: 19 jun. 2021.

COLÔMBIA. Ley 89 de 1890 (25 de Noviembre) Por la cual se determina la manera como deben ser gobernados los salvajes que vayan reduciéndose a la vida civilizada. Disponível em: https://www.funcionpublica.gov.co/eva/gestornormativo/norma.php?i=4920.

COLÔMBIA. Decreto número 0349 de 3 de diciembre de 1892 (1892b). Orgánico de la instrucción pública. Disponível em: https://www.javeriana.edu.co/personales/hbermude/leycontable/contadores/1892-decreto-349.pdf. Acesso em: 19 jun. 2021.

COLÔMBIA. Decreto 0429 de 20 de enero de 1893. Por el cual se organiza la instrucción pública primaria. Disponível em: https://www.mineducacion.gov.co/1759/w3-article-102506.html?_noredirect=1. Acesso em: 19 jun. 2021.

Equador

EQUADOR. Decreto orgânico de 20 de febrero de 1836. Disponível em: http://repositorio.casadelacultura.gob.ec/. Acesso em: 19 jun. 2021.

EQUADOR. Decreto orgânico de 9 de agosto de 1838. Disponível em: http://repositorio.casadelacultura.gob.ec/. Acesso em: 19 jun. 2021.

EQUADOR. Ministerio de Negocios Eclesiásticos, Instrucción Pública, Justicia, Beneficencia y Caridad y Estadística. Informe del Ministro de Negocios Eclesiásticos, Instrucción Pública, Justicia, Beneficencia y Caridad y Estadística al Congreso Constitucional de 1892. Quito: Imprenta del Gobierno, 1892. Disponível em: https://repositorio.flacsoandes.edu.ec/handle/10469/11298. Acesso em: 19 jun. 2021.

Peru

PERU. Reglamento general de instrucción pública del 14 de junio de 1850. Disponível em: http://educacionperupc.blogspot.com/2010/06/4-reglamento-de-instruccion-publica-de.html. Acesso em: 19 jun. 2021.

Portugal

PORTUGAL, *Carta de Lei de 6-11-1772*. Disponível em: www.ige.min-edu.pt/upload/docs/lei 6-11-1772.

Uruguai

URUGUAI. Ley General de educación común, de 28 de junio de 1876. Disponível em: https://www.ineed.edu.uy/images/pdf/-18437-ley-general-de-educacion.pdf. Acesso em: 19 jun. 2021.

Venezuela

VENEZUELA. Código de instrucción pública de 20 de junio de 1843. Disponível em: http://acienpol.msinfo.info/bases/biblo/texto/LEYESYDECRETOS/2/1841_1850_173-207.pdf. Acesso em: 19 jun. 2021.

VENEZUELA. Decreto de 27 de junio de 1870. Disponível em: http://www.efemeridesvenezolanas.com. Acesso em: 19 jun. 2021.

VENEZUELA. Código de Instrucción Pública promulgado en 3 de junio de 1897. Disponível em: http://acienpol.msinfo.info/bases/biblo/texto/LEYESYDECRETOS/20/1897_T20I_424-462.pdf. Acesso em: 19 jun. 2021.

Geral

LARA, Silvia Hunold. Legislação sobre escravos africanos na América portuguesa. 2000. Disponível em: http://www.larramendi.es/i18n/catalogo_imagenes/grupo.cmd?path=1000203. Acesso em: 19 jun. 2021.

SALMORAL, Manuel Lucena. Leyes para esclavos: el ordenamiento jurídico sobre la condición, tratamiento, defensa y represión de los esclavos en las colonias de la América española. 2000. Disponível em: http://www.larramendi.es/es/consulta/registro.do?id=1151. Acesso em: 19 jun. 2021.

Livros/artigos de época

ABREU e LIMA, J. I. de. *Compendio da Historia do Brasil*. Tomo I. Rio de Janeiro: Eduardo e Henrique LAEMMERT, 1843.

ACOSTA, Cecilio. Cosas sabidas y cosas por saberse. Caracas: Imprenta de Jesús Maria Soriano y Compañía, 1856. Disponível em: http://sisbiv.bnv.gob.ve.

ADRIANI, Alberto. *Textos escogidos*. Selección, prólogo y bibliografía de Armando Rojas. Venezuela: Biblioteca Ayacucho, 1998.

ALBERDI, Juan Bautista. Bases y puntos de partida para la organización política de la República Argentina. Buenos Aires: La Cultura Argentina, 1852. Disponível em: https://bcn.gob.ar/uploads/BasesAlberdi.pdf. Acesso em: 19 jun. 2021.

ALMEIDA, José Ricardo Pires de. *História da instrução pública no Brasil (1500-1889)*: história e legislação. São Paulo: INEP; PUC-SP, 1989.

AMADO, Gilberto. *O problema nacional brasileiro*. São Paulo: Editora Nacional, 1948.

AMUNÁTEGUI, Miguel. De la instrucción primaria en Chile: lo que es, lo que debería ser. Santiago: Imprenta del Ferrocarril, 1856. Disponível em: http://www.memoriachilena.gob.cl/602/w3-article-7921.html. Acesso em: 19 jun. 2021.

ANGUITA, Ricardo. Leyes promulgadas en Chile desde 1810 hasta el 1º de junio de 1912, t.3. Chile: Typ. Barcelona, 1912. Disponível em: http://books.google.com.

ANTIPOFF, Helena. Assistência aos menores desamparados, trabalhadores da rua. In: *Boletim Infância Excepcional*, n.16. Belo Horizonte: Sociedade Pestalozzi, 1934.

ARLT, Roberto. *Aguafuertes cariocas*: crónicas inéditas desde Río de Janeiro. Argentina: Adriana Hidalgo Ed., 2013.

ARRUBLA, Gerardo; HENAO, Jesús María. Historia de Colombia para enseñanza secundaria. Bogotá: Bernardus, 1910. Disponível em: http://www.idep.edu.co/wp_centrovirtual/. Acesso em: 19 jun. 2021.

BARBOSA, Rui. *Reforma do ensino primário e várias instituições complementares da instrução pública*. Rio de Janeiro: Ministério da Educação e Saúde; [S.l.]: Casa de Rui Barbosa, 1946. v.10. Disponível em: http://rubi.casaruibarbosa.gov.br/handle/fcrb/372. Acesso em: 19 jun. 2021.

BARRETO, Tobias. *Menores e loucos em direito criminal*. Campinas: Romana, 2003.

BOMFIM, Manoel. *América Latina*: males de origem. Rio de Janeiro: Centro Edelstein de Pesquisas Sociais, 2008.

CALDERÓN, Francisco García. *Las democracias latinas de América*: la creación de un continente. 1949. Disponível em: https://eeihistoriaucv.files.wordpress.com/2014/07/democracias-a-latina.pdf. Acesso em: 19 jun. 2021.

COLOMBO, Cristóvão. *Diários da Descoberta da América*. As quatro viagens e o testamento. Porto Alegre: L&PM, 2001.

COMENIUS, J. A. *Didáctica Magna*. Tratado da arte universal de ensinar tudo a todos. Lisboa: Fundação Calouste Gulbenkian, 1985.

CAMPOMANES, Pedro Rodríguez. Discurso sobre la educación popular de los artesanos y su fomento. Madrid: Imprenta de Antonio Sancha, 1775. Disponível em: http://www.cervantesvirtual.com/obra/discurso-sobre-la-educacion-popular-de-los-artesanos-y-su-fomento--0/. Acesso em: 19 jun. 2021.

CARDOSO, Vicente Licínio (Org.). *À margem da história da República*. Brasília: EdUNB, 1981. v.1-2.

CONDORCET, Nicolas de. *Instrução pública e organização do ensino*. Porto: Livraria Educação Nacional, 1943.

CONDORCET, Nicolas de. *Cinco memórias sobre a instrução pública*. São Paulo: Editora Unesp, 2008.

COUTINHO, José da Cunha de Azeredo. Concordância das leis de Portugal e das bulas pontifícias, das quais umas permitem a escravidão dos pretos d'África, e outras proíbem a escravidão dos índios do Brasil. Lisboa: Oficina de João Rodrigues Neves, 1808. Disponível em: https://books.google.com.br/books/about/Concordancia_das_leis_de_Portugal_e_das.html?id=skFgAAAAcAAJ&redir_esc=y. Acesso em: 19 jun. 2021.

CRUZ, Guillermo Feliú. *La abolición de la esclavitud en Chile*. 1973.

ENCINA, Francisco Antonio. *Nuestra inferioridad económica*: sus causas, sus consecuencias. Santiago: Editorial Universitaria, 1955. Disponível em: http://www.memoriachilena.gob.cl/archivos2/pdfs/MC0016815.pdf. Acesso em: 19 jun. 2021.

FIGUEIRA, José H. *Los primitivos habitantes del Uruguay*: ensayo paleontológico. Montevideo: Imprenta Artística de Dornaleche y Reyes, 1892.

GANDAVO, Pero de Magalhães. Tratado da Terra do Brasil: história da província Santa Cruz, a que vulgarmente chamamos Brasil. Brasília: Senado Federal, Conselho Editorial, 2008. (Edições do Senado Federal, v.100). Disponível em: https://www2.senado.leg.br/bdsf/bitstream/handle/id/188899/Tratado%20da%20terra%20do%20Brasil.pdf. Acesso em: 19 jun. 2021.

GUZMÁN, Felipe Sdo. *La Educación del Carácter Nacional*. La Paz (Bolivia): Imp. Velarde, 1910a.

GUZMÁN, Felipe Sdo. *Manifiesto al pueblo de La Paz*. La Paz (Bolivia): Imp. La Universal, 1910b.

HARRIET, Fernando Campos. *Historia constitucional de Chile*. Santiago: Editorial Jurídica de Chile, 1956. (Colección de Estudios Jurídicos y Sociales). Disponível em: http://www.memoriachilena.gob.cl/602/w3-article-10408.html. Acesso em: 20 jun. 2021.

LANUZA, José Luis. *Morenada*: una historia de la raza africana en el Río de la Plata. 1946.

MALHEIRO, Agostinho Marques Perdigão. *A escravidão no Brasil*: ensaio histórico-jurídico-social. Parte 1. Rio de Janeiro: Typ. Nacional, 1866. Disponível em: https://www2.senado.leg.br/bdsf/handle/id/174437. Acesso em: 20 jun. 2021.

MALHEIRO. *A escravidão no Brasil*: ensaio histórico-jurídico-social. Parte 2. Rio de Janeiro: Typ. Nacional, 1867a. Disponível em: https://www2.senado.leg.br/bdsf/handle/id/174437. Acesso em: 20 jun. 2021.

MALHEIRO. *A escravidão no Brasil*: ensaio histórico-jurídico-social. Parte 3. Rio de Janeiro: Typ. Nacional, 1867b. Disponível em: https://www2.senado.leg.br/bdsf/handle/id/174437. Acesso em: 20 jun. 2021.

MALHEIROS, Antonio Marques Perdigão. A escravidão no Brasil. Ensaio Histórico Jurídico Social. Parte 2, Índios. Rio de Janeiro: Tipografia Nacional, 1867a. Disponível em: https://www2.senado.leg.br/bdsf/handle/id/174437.

MALHEIROS, Antonio Marques Perdigão. A escravidão no Brasil. Ensaio Histórico Jurídico Social. Parte 3 Africanos. Rio de Janeiro: Tipografia Nacional, 1867b. Disponível em: https://www2.senado.leg.br/bdsf/handle/id/174437.

MARIÁTEGUI, José Carlos. *7 Ensayos de la interpretación de la realidad peruana*. República Bolivariana de Venezuela: Fundación Biblioteca Ayacucho, 2007.

MOREIRA, Augusta Peik. *Homens de cor no Brasil*. Rio de Janeiro: Almanaque Brasileiro Garnier, 1910.

OITICICA, José. Como se deve escrever a história do Brasil. In: *Revista Americana*, T. III, Fasc. I (Abril), Anno I, n.7, Rio de Janeiro: Edificio do Jornal do Commercio, 1910a, p.109-117

OITICICA, José. Como se deve escrever a história do Brasil. In: *Revista Americana*, T. III, Fasc. II (Maio), Anno I, n.8, Rio de Janeiro: Edificio do Jornal do Commercio, 1910b, p.292-299

OITICICA, José. Como se deve escrever a história do Brasil. In: *Revista Americana*, T. IV, Fasc. I-II (Julho-Agosto), Anno I, n.10-11, Rio de Janeiro: Edificio do Jornal do Commercio, 1910c, p.182-202.

PALACIOS, Nicolás. Raza chilena: libro escrito por un chileno y para los chilenos. Santiago: Editorial Chilena, 1918. Disponível em: http://www.memoriachilena.gob.cl/archivos2/pdfs/mc0018474.pdf. Acesso em: 20 jun. 2021.

PALMA, Clemente. El porvenir de las razas en el Perú. Lima: Imprenta Torres Aguirre, 1897. Disponível em: https://www.revistasolar.org.pe/. Acesso em: 20 jun. 2021.

RADIGUET, Max. *Lima y la sociedad peruana*. 1971. Disponível em: https://www.biblioteca.org.ar/libros/134265.pdf. Acesso em: 20 jun. 2021.

RENAN, Ernest. O que é uma nação? *Plural*: Sociologia, USP, São Paulo, 4, p.154-75, 1º semestre 1997.

ROCHA, Manuel Ribeiro. *Etíope resgatado, empenhado, sustentado, corrigido, instruído e libertado*. São Paulo: Editora Unesp, 2017.

RODRIGUES, Nina. As raças humanas e a responsabilidade penal no Brasil. Rio de Janeiro: Ed. Guanabara, 1894. Disponível em: http://www.dominiopublico.gov.br/pesquisa/DetalheObraForm.do?select_action=&co_obra=61586. Acesso em: 20 jun. 2021.

ROMERO, Sílvio. História da literatura brasileira: fatores da literatura brasileira. [s.d.]. Disponível em: https://www.literaturabrasileira.ufsc.br/documentos/?action=download&id=93052. Acesso em: 20 jun. 2021.

ROSSI, Vicente. Cosas de negros: los orígenes del tango y otros aportes al folklore rioplatense – rectificaciones históricas. Buenos Aires: Librería Hachette, 1958. Disponível em: https://archive.org/details/VicenteRossi1958CosasDeNegros/page/n5/mode/2up. Acesso em: 20 jun. 2021.

SACO, D. José Antonio. Historia de la esclavitud de la raza africana en el nuevo mundo y en especial en los países Américo-hispanos. Barcelona: Imprenta de Jaime Jepús, 1879. t.1. Disponível em: http://www.latinamericanstudies.org/book/Historia_de_la_esclavitud.pdf.

SALAS, Darío. La educación primaria obligatoria: conferencia dada el 29 de junio de 1910 en el Salón Central de la Universidad de Chile. Santiago: Impr. Cervantes, 1910. Disponível em: http://www.memoriachilena.gob.cl/602/w3-propertyvalue-128188.html. Acesso em: 20 jun. 2021.

SARMIENTO, Domingo. *Educación Popular*. Buenos Aires: UNIPE, 2011. Disponível em: http://biblioteca.clacso.edu.ar/Argentina/unipe/20171121060454/pdf_346.pdf.

SARMIENTO. Memoria sobre educación común. Santiago: Imprenta del Ferrocarril, 1856. Disponível em: http://www.cervantesvirtual.com/obra/memoria-sobre-educacion-comun-presentada-al-consejo-universitario-de-chile--0/. Acesso em: 20 jun. 2021.

SARMIENTO. Conflicto y armonías de las razas en América. Buenos Aires: Imprenta de D. Tuñez, 1883. Disponível em: http://www.cervantesvirtual.com/. Acesso em: 20 jun. 2021.

SOUSA, Gabriel Soares de. *Tratado Descritivo do Brasil*. Apresentado por F. A. Varnhagen. Rio de Janeiro: Instituto Histórico, 1851.

THEVET, André. *Singularidades da França Antártica, a que outros chamam de América*. São Paulo: Companhia Editora Nacional, 1944.

TORRES, Alberto. *O problema nacional brasileiro*. São Paulo: Ed. Nacional, 1978.

VARELA, José Pedro. *La educación del pueblo*. Montevideo, 1964a. Disponível em: http://bibliotecadigital.bibna.gub.uy:8080/jspui/handle/123456789/1130. Acesso em: 20 jun. 2021.

VARELA. *La legislación escolar*. 1964b.

VARGAS, Frei José Maria. *Historia de la cultura Ecuatoriana*. Quito: Editorial Casa de la Cultura Ecuatoriana, 1965. Disponível em: http://www.cervantesvirtual.com/obra/historia-de-la-cultura-ecuatoriana--0/.

VARNHAGEN, Francisco Adolfo de. *História geral do Brasil, isto é, do descobrimento, colonização, legislação e desenvolvimento deste Estado, hoje império independente, escrita em presença de muitos documentos autênticos recolhidos nos arquivos do Brasil, de Portugal, da Espanha e da Holanda por um socio do Instituto Histórico do Brasil, natural de Sorocaba*. Madrid: Imprensa de V. de Dominguez, 1854. Disponível em: https://www2.senado.leg.br/bdsf/handle/id/28/browse?value=Varnhagen%2C+Francisco+Adolfo+de%2C+1816-1878&type=author. Acesso em: 20 jun. 2021.

VARNHAGEN, Francisco Adolfo de. Primeiro Juízo: submetido ao Instituto Histórico e Geográfico Brasileiro pelo seu Sócio Francisco Adolfo de Varnhagen, acerca do "Compêndio da História do Brasil" pelo Sr. José Ignácio de Abreu Lima. RIHGB, Rio de Janeiro, v.6, n.21, p.60-83, 1844.

VASCONCELOS, Simão de. *Crônica da Companhia de Jesus no Estado do Brasil*. Lisboa: A.J. Fernandes Lopes, 1865. Disponível em: https://www2.senado.leg.br/bdsf/handle/id/242811. Acesso em: 20 jun. 2021.

VERÍSSIMO, José. *A educação nacional*. Porto Alegre: Mercado Aberto, 1985.

VIANNA, Oliveira. *Evolução do povo brasileiro*. São Paulo: Cia Editora Nacional, 1933.

VON MARTIUS, Carl F. P. *O Estado do direito entre os autóctones do Brasil*. Belo Horizonte: Itatiaia; São Paulo: Edusp, 1982.

SOBRE O LIVRO

Formato: 14 x 21 cm
Mancha: 23,7 x 42,5 paicas
Tipologia: Horley Old Style 10,5/14
Papel: Off-white 80 g/m² (miolo)
Cartão Supremo 250 g/m² (capa)
1ª edição Editora Unesp: 2022

EQUIPE DE REALIZAÇÃO

Capa
Robson Castilho (Quadratim)

Edição de texto
Giuliana Gramani (Copidesque)
Luciana Moreira (Revisão)

Editoração eletrônica
Eduardo Seiji Seki

Assistência editorial
Alberto Bononi
Gabriel Joppert

Impressão e acabamento: